한국어로 내려온
New Bible

새로운
성 경

제59권

4부 | 총10부

하얀마음

하나님 말씀 중에서

1. 사랑의 하나님

- 세상을 창조하신 하나님은 모두를 사랑하신다. 인간만 특별히 더 사랑하지 않고, 우주 만물을 다 똑같이 사랑하신다. 그러니 하나님이 창조하신 천지 만물과 화친하고, 미물까지도 소중히 대하라.

- 하나님은 특정 종파나 민족만을 더 사랑하지 않으신다. 자기 자신만 구원받겠다는 욕심을 버리고, 자기 종파만 구원받는다는 편협한 교리에서 벗어나야 한다. 종파를 초월해서, 모두를 사랑하라.

- 원수까지 사랑하라 했으니, 이 세상에 사랑하지 못할 자가 누가 있겠는가? 종파가 다르다고 해서 부모 형제와 원수처럼 지내는 자는 인간의 근본을 모르는 자다. 가장 가까운 가족부터 사랑할 때 남도 진심으로 사랑할 수 있다.

- 한 사람을 원수같이 생각하던 마음에서 사랑하는 마음으로 돌리면, 자기 자신의 마음이 가장 기쁘고 행복하다. 하나님께서는 인간의 마음속에 무거움이 없이 기쁘고 행복한 삶을 살기를 바라신다.

- 이웃을 "내 몸처럼" 사랑하라 했으니, 마지막 한 장 남은 천국의 티켓도 이웃에게 양보하라. 자기 중심적인 신앙에서 벗어나서 남을 위해 살아야 한다.

- 독초도, 약초도, 이단도 사탄도 천사도 다 필요하기에 존재한다. 독초일지라도 극소량을 사용해서 생명을 살릴 수 있고, 약초라 하더라도 남용하면 생명을 잃을 수 있다.

- 세상 모든 것을 명약으로 활용하는 것은 인간의 지혜에 달렸다. 어떤 것이든 어떤 사람이든 적재적소에 꼭 필요한 명약으로 승화시키라.

- 사탄도 이단도 천사도 모두 하나님의 주관하에 존재한다. 진정한 하나님의 백성은 사탄과 마귀까지도 감화시켜서 천사로 거듭나게 한다.

2. 기도

- 하나님은 인간의 생각까지 모두를 다 알고 계신다. 우리의 소원도 이미 알고 계시기에, 소원의 기도를 할 필요가 없다. 우리가 받을 자격이 되면 내려 주신다.

- 죄를 짓고 아무리 회개를 해도 용서받지 못한다. 도둑질한 자는 용서해 달라고 기도하고, 도둑맞은 자는 도둑을 잡게 해 달라고 기도하면, 공의의 하나님은 누구의 편에 서시겠는가?

- 자기가 잘못한 것은 그 사람에게 직접 갚고 용서를 구하라. 그가 용서하면 하나님도 용서하신다. 땅에서 매면 하늘에서도 매이고, 땅에서 풀리면 하늘에서도 풀리는 이치다.

- "회당에서 기도하지 말고 골방에서 기도하라" 했다. 눈에 보이는 골방이 아니라, 골방과 같이 고요한 마음이다. 잡념을 버리고 하나님을 향해 마음을 집중하며, 사랑하고 용서하는 아름다운 생각만 나오도록 하라.

- "두드리면 열릴 것이다." 하는 것은 육의 소원을 위해 두드리라는 것이 아니라, 진리의 깨달음을 얻기 위해 두드리라는 것이다.

- 기도하는 방법: 생활 속에서 수시로 기도하는 삶을 살아야 한다.

- "저의 죄를 용서하여 주옵소서." 하는 회개의 기도를 하라.
- 범사에 "하나님! 감사합니다." 하라. 현재 가진 것에 감사하며, 과욕하지 말라. 자기 노력 이상의 것을 더 갖고자 기도하는 것은 도둑놈심보다. 공의의 하나님은 각자 노력한 만큼 주신다.
- "하나님 뜻대로 살아가겠나이다." 하며 마음의 각오를 다지라.

- 기도는 하나님의 말씀을 받아서 "행하는 것"이다. 하나님이 계심을 굳건히 믿고, 하늘을 향하여 한 점 부끄럼 없이 사는 삶 자체가 가장 위대한 기도이며, 삶이 곧 예배다.

3. 지도자

- 똑같이 사랑한다는 말을 해도, 순수하게 하는 말은 천사의 말이지만, 사기 쳐서 재산을 가로채려고 하는 말은 사탄의 말이다.

- 종교 지도자가 아무리 훌륭한 설교를 해도, 신도의 재물을 거둬서 더 큰 교회를 짓고 자기의 부귀영화를 바라며 설교하면 사탄의 가르침이 된다.

- "저희 교회는 만원사례요, 믿음은 다 같으니 이웃의 개척 교회에 가서 예배를 드리시오." 하며, 이웃 교회의 부흥을 먼저 생각하여 제 신도를 보내는 종교 지도자가 있나면 그를 따르라. 그가 하나님의 사랑을 실천하는 자다.

- "부자가 천국에 들어가는 것은 낙타가 바늘구멍을 통과하는 것보다 더 힘들다" 하였거늘, 지금의 교회에서는 부자가 되기만을 기도하고 소원하니, 이는 곧 천국을 포기하고 지옥 행 열차의 티켓을 사는 것과 같다.

- 예수는 빈손이었다. 종교 지도자가 예수보다 더 호화롭고 편안하게 살아간다면 잘못된 것이다. 부귀영화와 명예를 바라는 자는 절대로 갈 수 없는 좁고 협착한 길이 종교 지도자의 길이다.

- 종교 지도자는 유리로 비춰 봐 한 점의 부끄러움이 없이 살아야 한다. 의식주도 직접 일해서 해결하고, 예수의 가르침과 행함을 그대로 따라야 한다.

- 종말은 없다. 지금의 잘못 가는 종교 집단에게만 종말이 있다. 보이지 않는 하나님은 보이는 육의 종말은 관여하지 않으신다. 환경 파괴로 인간이 스스로 멸망을 자초하는 것이다. 종파끼리 싸우기 전에, 무너진 인성을 바로잡고 지구의 몸살을 해결하는 데 뜻을 모으는 게 급선무다.

4. 성전이란

- 이 세상 자체가 하나님께서 만드신 성전이다. 자연보다 더 아름다운 성전이 있는가? 보이는 건물이 성전이 아니라, 성스러운 마음가짐이 성전이다.

- 반석 위에 교회를 지으라 했다. 지상의 단단한 돌은 인간이 쪼갤 수 있으나, 마음속의 굳은 결의는 세상 무엇으로도 쪼갤 수 없다. 바르고 굳건한 믿음으로 성경의 가르침을 실천하는 것이 마음의 반석 위에 교회를 짓는 것이다.

- 손으로 지은 건물의 교회에 모여서 복음을 전하는 것이 아니라, 교회를 개인과 가정에 심어 주어야 한다. 무너지고 부서지는 건물을 짓지 말고, 마음속에 영원히 불변하는 참진리의 교회를 지으라.

5. 십계명

- 십계명은 인간이 죽어서 반드시 통과해야만 하는 열 개의 관문이다.

- 부모를 공경하지 아니한 자는 "네 부모를 공경하라." 하는 제5계명의 관문이 열리지 않으니 구원받을 수 없다.
- 살인, 간음, 거짓, 우상 등의 나머지 계명도 마찬가지다.

- 십계명은 하나님의 친필이다. 모기소리만 한 하나님의 음성이라도 들어 보겠다고 여기저기 찾아 헤매지 말고, 십계명부터 암송하고 지키라.

- 십계명은 영혼을 구원하는 양식이며, 십계명을 지키는 것이 구원을 받는 길이다. 인간이기에 지키고자 노력하고 또 노력한다면 지킬 수 있다.

- 십계명을 지키고 천사처럼 아름답게 살아가는 그 마음 하나면 세상에 이루어지지 않는 것이 없다.

6. 보물

- 하나님은 재물이 아니라 우리의 마음을 받으신다. 사랑을 실천하며 천사처럼 변하는 마음이 하나님께 바치는 보물이다.

- 보이지 않는 하나님께 재물을 바치려 하지 말고, 너희를 길러 준 부모에게 용돈 드리고, 찾아뵙고, 효성을 다하라. 그것이 하나님께 효도하는 것이다.

- 하늘에는 선과 악의 창고가 있다. 자기 창고에 선이 많으면 천국으로 구원을 받고, 악이 많으면 심판받아 지옥으로 간다. 그것이 바로 "선한 일을 행한 자는 생명의 부활로, 악한 일을 행한 자는 심판의 부활로" 나오는 것이다.

- "선악과를 따먹지 말라"는 것은 양심을 지키라는 것이다. 선과 악을 구분할 수 있는 양심을 최초에 인간에게 주셨다. 선한 열매는 취하고, 악한 열매는 버리며, 양심에 비추어 부끄럼 없는 삶을 살아가라.

- 가장 작은 거짓말을 하지 않고, 가장 작은 죄를 짓지 않으며, 가장 작은 선행을 하고, 가장 작은 악행을 멀리하는 것이 율법의 일점 일획도 빠뜨리지 말고 다 지키는 삶을 사는 것이다.

7. 우상

- 박물관에 있는 불상은 하나의 예술품이다. 그 조각품에 대고 제 소원을 빌 때 우상숭배가 된다. 십자가라 하여도 그 앞에서 소원을 빈다면 우상숭배하는 것이며, 하나님께 소원을 빈다면 하나님을 우상으로 전락시키는 것이다.

- 지금 기복신앙에 젖어 있는 모든 사람이 우상 앞에 절을 하고 있다. 조각품을 우상이라며 파괴하지 말고, 네 마음속에 있는 욕심의 우상을 무너트리라.

- 생수를 약초가 먹으면 약을 만들고 독사가 먹으면 독을 만든다. 같은 성경을 봐도 선한 지도자는 신도를 천사로 만드는 데 활용한다. 그러나 욕심이 가득한 지도자는 재물을 거두어들여 제가 부귀영화를 누리는 데 악용한다. 그가 바로 성경을 우상숭배의 도구로 전락시키는 거짓 선지자다.

- 성경을 한 획도 빼거나 더하지 말라는 것은, 그 가르침을 빠트리지 말고 온전히 지키라는 것이다. 성경 속에서 자기에게 유리한 구절만 보는 것은, 자기에게 불리한 구절들을 빼 버리는 것이다. 믿음이 제일이요, 행함은 구원과는 관계없다는 것은 자신에게 유리한 쪽으로 성경을 악용하는 것이다.

- 진정한 종교 지도자는 종파에 관계없이 어떤 종파든 어떤 책이든 접하고 보고 깨우쳐 견문을 넓히도록 인도한다. 참진리를 모르고 자신이 없는 자가 남을 이단이라며 배척하고, 신도들의 눈과 귀를 가린다.

8. 예수

- 예수의 재림은 없다. 예수가 다시 온다 해도, 과연 누가 그를 예수라고 믿겠는가? 예수와 같은 삶의 행함이 곧 예수의 재림이다. 각자 모두가 "재림 예수"가 되는, 차원 높은 믿음으로 가야 한다.

- 예수는 "주여 주여 하지 말고, 아버지의 뜻대로 행하라"고 했다. 예수가 전한 하나님의 뜻이 곧 "길이요, 진리요, 생명"이며, 그 가르침이 예수의 보혈처럼 소중한 것이다. 예수를 믿는 것은, 예수의 가르침을 믿고 따르는 것이다.

- 예수는 낮은 자로서 만백성을 섬기고자 했다. 만나는 모든 사람을 다 하나님이라 생각하라. 돈을 벌수록 겸손하고, 높은 지위를 얻을수록 낮아지라.

- 예수는 종파를 만들지 않았다. 인간이 만든 종교와 인간의 교리를 따르지 말고, 예수를 통해 전한 하나님의 참진리를 연구하고 따르라.

- 예수가 2천 년 전에 만백성을 위해 죽었으니, 지금 이 땅에는 예수의 가르침대로 사는 천사만 존재해야 한다. 예수가 죽어 가면서 바란 것은 만백성이 천사가 되어 예수의 자리를 채워 주는 것이지, 지금과 같이 재물을 바치면서 중언부언 제 소원만을 비는 백성들을 바란 것이 아니다.

9. 구원

- 천사가 사는 천국에는 천사만 갈 수 있으니, 천사 같은 마음을 길러야 한다.

- "천국 열쇠를 네게 주리니 땅에서 무엇이든지 매면 하늘에서도 매일 것이라" 했다. 땅에서 천사같이 사는 자가 하늘에서도 천사가 되어 천국에 들어간다. 모든 사람에게 천사같다는 말을 듣는 삶을 살아야 한다.

- 천사의 곱고 아름다운 마음은 부모를 공경하고 어른을 어른으로 대접하는 데에서 출발한다. 효도하는 자는 형제와 화목하게 지내기에 가정이 화목해지고, 이웃과 화목해지고, 국가가 화목해지고, 온 인류가 화목해진다.

- 그러므로 지상의 아름다운 소왕국은 가정에서부터 이루어야 한다.

- 선택된 14만 명만 구원받는 것이 아니라, 천사처럼 변하고자 하는 14만 명을 기초로 온 인류가 천사처럼 거듭나는 영적인 개혁이 시작되는 것이다.

- 천 년에 걸쳐서 하늘에서 이루어진 것같이 이 세상을 낙원으로 만들어, 만백성이 지상의 천국에서 살다가 죽어서 그대로 하늘의 천국으로 들어가는, 영원한 지상 낙원을 건설하는 것이 하나님의 계획이다.

- **이것이 구약과 신약에 이어 "새로운 성경"으로 역사하시는 하나님의 창조의 완성이다.**

- 지금의 믿음으로 구원받을 수 있다면 그 길을 가라. 그러나 자신이 없다면 하나님께서 직접 내리신 160권의 "새로운 성경"을 읽고 구원의 길을 보라!

하나님 머리말씀

이 새로운 성경을 읽는 너희 모두는
이 율법에 따라 행하면 영원히 구원받을 것이니라.

너희 인간이 수년, 수십 년, 평생
성서를 공부하고 기도하는 것은
하늘나라 나의 곁으로 오고 싶은 소망일진대,

몇천 년 전의 너희 인성과 생각이
지금의 너희와는 판이하게 다르니,

꺾여 가고 병들어 가는 너희를 고칠 수 있는 길은,
오늘 내가 선지자에게 내리는 새로운 성경과 같이
너희가 변화되는 것뿐이니라.

나의 예수가 태어난 것처럼
내가 아들 선지자를 선택하여
나의 새로운 성경을 온 세계에 전하고자 하니,

묵은 것은 버리고 새로운 것은 취하여,
너희 모두는
'여호와 하나님! 저의 죄를 용서하여 주옵소서.'
하는 기도문으로 기도하고, 죄를 뉘우치라.

이 새로운 성경은
수천 년간 내려온 성서를 요약한 것이니,
너희는 이 책을 정독하여 쉽게 깨달음을 얻고,
이대로 실천하여 하늘에 오르라.

대역자 머리말

■ 하나님의 율법을 지키는 선지자로 선택을 받도다.

저는 남들처럼 그저 열심히 살아온 평범한 사람이었습니다. 그러나 50대 중반에 사업에 실패하여 많은 부채에 시달렸으며, 건강도 악화되어 눈이 잘 안 보이고, 걷기도 어렵고, 두통이 심해서 잠을 이룰 수 없는 고통의 나날을 보냈습니다. 그때 제가 선택할 수 있는 것은 육의 삶을 끝내는 길뿐이었습니다.

죽기 직전에 그동안에 죄를 지은 이들에게 용서를 빌고 인생을 끝내기로 작정하였습니다. 어려서부터 지은 죄를 빌고 빌다 보니 끝이 없었고, 죽음으로도 그 많은 죄를 용서받을 길이 없다는 생각에 하염없이 눈물이 흘렀습니다. 그 순간 '재래식 화장실의 구더기는 죄를 짓지 않는데, 나는 인간으로서 구더기만도 못한 삶을 살았구나.' 하는 생각이 들면서 괴로움에 몸부림칠 때, 갑자기 하나님의 음성이 들렸습니다.

"나는 여호와 하나님이니라. 너는 십계명을 암송하고 내가 내려 주는 메시지를 받아 책으로 만들어 만백성을 구하라." 하시며, 제 눈을 손으로 문지르게 하시고, 아픈 머리와 다리를 손으로 두드리게 하셨습니다. 그러고 나니 눈도 잘 보이고 걸을 수 있었으며 머리의 통증도 말끔히 낫게 되었습니다. 그때부터 십계명을 암송하고 나면 들려주시는 말씀을 기록하였고, 1999년 8월부터 2004년 7월까지 권당 288쪽, 총 160권을 받아서 "새로운 성경"이라는 책으로 펴내게 되었습니다.

그러한 저에게 죽기보다도 힘든 길이 시작되었습니다. 모든 교인들이 저에게 사탄이요, 이단이요, 악마요, 마지막 시대에 온 거짓 선지자라 하면서 공격하였고, 저를 짐승을 보듯이 대하는가 하면, 편협한 종교 지도자들의 선동으로 신도들이 이 책을 직접 읽어보고 평가할 기회마저 막아 버렸습니다. 그래서 하나님의 말씀을 세상에 내는 데 많은 어려움을 겪으며, 피를 토하는 심정으로 책을 전하고 있습니다.

그러나 아무리 인간의 힘으로 막으려 해도, 하나님의 뜻이 세상에 전해지는 위대한 역사는 계속될 것입니다. 책으로 전해지는 "하나님의 말씀"은 세상 끝날까지 항상 우리와 함께하실 것입니다. 사람은 죽어도, 책에 기록된 말씀은 영원히 남으니까요.

■ 따뜻한 실천

하나님께서는 어려운 사람들에게 삶의 터전을 마련해 주고, 미래를 열어 주는 것을 기뻐하십니다. 어려운 이웃이 스스로 자립할 수 있도록 이끌어 주는 것이 진정으로 이웃을 돕는 것이라고 말씀하셨습니다. 그래서 일자리가 없는 제자들에게 작은 사업장을 만들어 주는 "달란트 사업"을 하고 있습니다. 식당, 반찬 가게 등을 차려 주고, 기존의 어려운 사업장이 자립할 수 있도록 돕고 있습니다(커피숍, 미용실, 의상실 등).

하나님께서는 교회에 나와서 모든 시간과 재물을 쏟기를 원하지 않으시고, 그 시간과 재물을 교육에 투자하여 스스로 미래를 열어 가기를 원하십니다. 그래서 제때 공부하지 못한 제자들에게 학업을 이어 가도록 하였습니다. 중화요리 주방장을 하며 초등학교 검정고시부터 공부하여 2012년에 방통대를 졸업한 36세 남성, 만학도들의 2년제 중학교에 입학해서 2007년에 명지대학을 졸업한 38세 여성, 중학교 검정고시를 시작으로 숭의여자대학을 졸업한 47세 여성 등이 있습니다. 그밖에도 많은 제자들에게 나이를 초월하여 배우고 깨우쳐서 사회 속의 당당한 일원이 되도록 인도하고 있습니다.

학자금 대출로 힘겨워하는 젊은이들을 위해 "따뜻한 바람 장학회"를 발족하여(2016년 12월) 대출받은 학자금 전액을 매월 갚아 주고 있습니다. 또한, 다문화 가정을 위해 "다문화 가족 랜드"를 조성하여, 각종 시설을 무료로 활용하도록 하고 있습니다.

이러한 따뜻한 실천이 아직은 미약합니다. 그러나 책의 수입이 늘고, 저와 뜻을 같이하는 분들이 늘어나면 계속 확대할 것입니다. 지도자로서 신도의 재물을 헌금으로 거둬들여 착복하는 것이 아니라, 하나님께서 기뻐하시는 일에 사용하도록 중매 역할만 하며 살아가고자 합니다. 이런 제가 과연 사탄이고 이단인가요? 하나님께서 기뻐하시는 일이라면, 저에게 사탄이라 하든 거짓 선지자라 하든 굽히지 않고 실천해 나갈 것입니다.

끝으로, 일상의 삶 속에서 "지금 내가 하는 행동이 과연 하나님께서 기뻐하실까, 슬퍼하실까?" 생각하고, 매사에 하나님께서 기뻐하시는 길을 택하기 바랍니다. 교회에 모여서 집단적으로 예배 드리는 것이 아니라, 개인이나 가정 단위로 새로운 성경을 읽어 스스로 깨우치고 그대로 행하면 충분합니다. 그것이 마음속에 성전을 짓고, 신령과 진정으로 예배 드리는 길입니다. 그러면 천국의 문에 들어서게 됩니다.

2017.2.1.

하나님 말씀 대역자 김용철

차 례

2003년 1월 ... 84

부 록 ... 152

간 행 사 ... 153

십 계 명

이 책은 십계명을 암송하고 나면 내려 주시는 "하나님의 음성"을 듣고 그대로 받아쓴 기록입니다. 하나님께서 십계명을 모세에게 내려 주셨지만, 그것은 만백성에게 내려 주신 것입니다. 마찬가지로 이 책의 모든 말씀도 저에게 내려 주셨지만, 만백성 각자에게 들려주시는 말씀입니다. 여러분도 이 책을 접할 때마다 십계명을 암송하고 나서 정독해 주시기 바랍니다.

제일은, 너는 나 외에는 다른 신들을 네게 있게 말지니라.
제이는, 너를 위하여 새긴 우상을 만들지 말고, 또 위로 하늘에 있는 것이나, 아래로 땅에 있는 것이나, 땅 아래 물 속에 있는 것의 아무 형상이든지 만들지 말며, 그것들에게 절하지 말며, 그것들을 섬기지 말라.
제삼은, 너는 너의 하나님 여호와의 이름을 망령되이 일컫지 말라.
제사는, 안식일을 기억하여 거룩히 지키라.
제오는, 네 부모를 공경하라.
제육은, 살인하지 말지니라.
제칠은, 간음하지 말지니라.
제팔은, 도적질하지 말지니라.
제구는, 네 이웃에 대하여 거짓 증거하지 말지니라.
제십은, 네 이웃의 집을 탐내지 말지니라.

나 여호와가 존재함을 믿는 그 자체가 구원의 길에 들어서는 기본이요 근본이며, 나의 새로운 성경을 가슴에 안고 정독하는 자, 반석 위에 서서 하늘에 오르는 찬란한 빛을 보게 되는 영광을 얻게 됨이니라. 진정 나를 따르고 믿는 자는 감히 사탄이나 마귀도 근접하지 못하느니라.

〈하나님 말씀〉

2002년 12월

4,346 번째 하나님 말씀

2002년 12월 28일 09시 49분

1 사랑하는 나의 아들아!
2 "네, 아버님! 말씀하옵소서."
3 너를 따르는 제자들과 나의 법전을 읽
은 만백성, 내가 사랑하는 나의 아들
딸 그들에게 진하라.
4 너희들은 너희들의 형제요, 이웃의 부
모가 정녕 나로부터 유죄 판결을 받아
나의 가슴으로부터 내 품에서 멀리 떨
어져 나가며 나에게서 멀어지는 것을
원하는가?
5 너희들은 그를 막아야 하며, 내 품에
서 그들이 떠나지 아니하도록 하는 것
이 위로는 나 여호와를 기쁘게 하는
것이요, 아래로는 너희들의 형제를 구
원하는 길이라 함을 잊지 말라 그리하
라.
6 그 대역사를 이루는 너희들이 자기의
희생이 없이는 이루어질 수도 없음을
또한 너희들이 깊이 새겨 가슴에 안아
야 할 것이니라.
7 영원히 절대적인 삶의 세상에서 너희
들이 그곳에 와 죄를 짓고 유죄 판결
을 받아, 밤하늘에 무심히 떠 있는 유
성의 별처럼 너희들이 나에게서 떨어
져 나간다 하면,
8 그 유성이 영원히 돌아올 수 없듯이
나의 품으로 돌아올 수 없는 것이 너
희들의 운명이니라.
9 그와 같이 내 가슴으로부터 영원히 떨
어지게 너희들의 형제들이 그리되어
야 하겠는가?
10 이를 막고자 함이 나 여호와의 뜻이
니, 이를 막을 수 있도록 행하는 것은
선택된 나의 아들딸 너희들뿐임을 알
아야 할 것이니라.
11 너희들 자신을 바쳐 그들을 구원하는
그 길만을 너희들은 생각해야 하며 그
리 가야 함이니라.
12 한 번 떨어져 나가면 영원히 돌아올
수 없는 유성처럼 그와 같이 떨어지는
것을 너희들이 잡아 주어야 함을 잊지
말라, 사랑하는 나의 아들딸들아!
13 그보다도 더 무서운 것이 나에게서 멀
어지는 것이며, 너희들이 유죄 판결을
받아 그 대가를 치러 나로부터 나의
품에서 멀어지는 것이니,
14 한 번 돌아가면 영원히 죽지 않는 그
세상에서 그 죄의 대가를 치르면서 살
아간다는 것이 얼마나 고통스러운 것
인가 그 의미를 너희들은 알아야 할
것이니,
15 이를 안다면 너희들이 나의 피조물 만
백성들을 구원하는 데 어찌해야 하겠
는가?
16 너희들이 그들을 구원할 수 있는 자격
은 또한 어떠하던가?
17 자격이 갖춰지지 않는 자, 그들을 구
원할 수 없음이니,
18 너희들이 자격을 갖춤은 너희 자신이
없음이니라.
19 자기 스스로 존재하지 아니하며, 자신

을 먼저 놓고 자신을 생각하고 자신을
사랑하는 마음으로써 너희들은 그를
구원할 수 있는 자격이 없음이니,
20 '나'를 사랑함이 아니요, '남'을 먼저
사랑하며 '나'를 생각하지 않는, '나'를
버린 그 마음으로만이 너희들이 떨어
져 가는 그들을 구원할 수 있음을 잊
지 말라, 사랑하는 나의 아들딸들아!

4,347 번째 하나님 말씀

2002년 12월 29일 10시 19분

1 사랑하는 나의 아들아!
2 "네, 아버님! 말씀하옵소서."
3 모세의 기적의 역사를 보았던 그 당시
의 백성들 또한 '설마, 설마 하니 나
여호와로부터 그가 받은 능력이요, 나
로부터 대명을 받은 능력자인가?' 그
를 의심하기 시작하였으며,
4 그들은 그 의혹을 저희들 나름대로 증
폭시켰음이니라.
5 그리하여 사악한 마음의 그 뿌리를 내
리기 시작하니, 그리하여 그들은 우상
을 만들기 시작했으며 그를 숭배하였
음이니,
6 과연 그들이 무엇을 거기서 얻을 수
있으며 무엇을 건졌다 할 수 있는가?
7 그와 같은 기적의 역사를 본 백성도
그와 같은 형국을 했음이니라.
8 나의 아들 예수를 따르던 제자들이요,
지금 너희들이 신과 같이 받들고자 하
는 그 제자들이 또한 어떠했던가?
9 그들도 '설마, 설마' 하며 나의 아들
예수의 그 역사의 기적과 그가 행하는
그 모두를 믿지 못하였음이니라.
10 정녕 그들이 믿었다면 그와 같은 역사
가 있었겠는가?
11 지금 너희들이 그러하니라.
12 지금 내가 나의 아들을 통하여 나의
성령이라 하여 160권의 법전을 세상
에 내려보내거늘,
13 너희들이 나의 형체를 보지 못하며 나
의 음성을 직접 듣지 못하니 이 기적
의 역사를 '설마, 설마' 하는 그와 같
은 마음으로 지금 가고 있음이니,
14 정녕 예수의 제자들이 그가 나 여호와
의 아들이요, 만백성을 구하기 위하여
온 자라 확실히 믿었다면 그들은 과연
그러한 행위를 할 수 있었겠는가?
15 지금 너희들 또한 마음이 그러하니라.
16 너희들 제자들의 마음 자세와 너희들
이 마음먹기를 굳건히 해야 할 것이며,
17 오늘의 대역사의 법전을 만드는 데 참
여하며 나의 강론을 들어 변하는 너희
들이 얼마나 위대하게 선택된 백성들
인가 그 뜻을 알아야 할 것이니라.
18 거기에 너희들이 어찌 부응하며 무엇
으로써 나에게 은혜의 그 길을 갈 것
인가를 한번 생각해 보면, 너희들이
스스로 가야 할 길을 알게 될 것이며
너희들이 해야 할 길을 알게 될 것이
니라.
19 그를 모르는 나의 백성들은 너희들 마
음이 변화된 것이 아니며, 예수의 제
자들과 같이 너희들이 완벽하게 이를
믿지 못하는 것이며,
20 모세 시대의 백성이 우상을 만들어 광
란의 짓을 하며 살인하며 포악한 그
모든 행위를 했던 그들처럼 너희도 다
믿지 못하는 자들이니,

21 너희들 마음이 언제 어찌 변할지 과연
누가 알겠는가?
22 너희들은 160권의 법전이 나 여호와
의 성령이며 나의 뜻이라 굳건히 믿는
마음을 가지며 그 은혜에 보답하고자
노력할 때,
23 거기서 참 삶의 기쁨과 행복과 영광과
영화를 얻게 될 것이며 깨달음을 얻게
될 것이니, 그리 행하도록 하라.

4,348 번째 하나님 말씀

2002년 12월 29일 12시 07분

1 사랑하는 나의 아들아!
2 "네, 아버님! 말씀하옵소서."
3 내가 너희들에게 깨우쳐 이르기를, 너
희들이 나로부터 받아 나간 그 생명의
시간을 너희들이 연장할 수도 없으며
멈출 수도 없으며 돌릴 수도 없는 것
이 너희들이 가지고 있는 능력이라 내
가 말하였느니라.
4 너희들이 모든 마음을 비우며 나의 뜻
에 따라 살아갈 수 있는 것은 가장 낮
은 자요, 겸손한 것이요, 겸허한 자세
요, 그것만이 너희들이 세상사 이치를
볼 수 있는 것임을 알아야 될 것이니
라.
5 과연 너희들 스스로 인간으로서 한계
가 어디에 있으며 능력이 어디에 있는
가 그와 같은 것을 너희들은 생각해
봐야 할 것이니라.
6 세상사 지금 너희들이 인간을 만들어
내며 인간의 형태를 만들어 내나,
7 그들이 가지고 있는 질병이요, 그들로
하여금 퍼져 가는 질병이며, 그들로
하여금 너희들이 원래의 나로부터 받
은 그 생명까지도 쓰러져 가는 그와
같은 참혹한 형국이 생기는 것을 너희
들은 모를 것이니라.
8 내가 너희들에게 생명을 준 백성은 너
희들이 정해진 그 틀 속에서 감이 있
으나,
9 너희들 스스로 인간을 만들며 인간의
형상을 만든다 하면, 그들은 내가 너
희들에게 준 것을 갖지 못함이니 그들
로 하여금 세상에 감염되는 병균이요,
너희들이 쓰러져 가며 무너지는 그 형
국은 이루 말할 수 없는 그와 같은 형
태가 벌어짐이니, 이것을 너희들이 모
르고 있음이니라.
10 오로지 너희들에게 내가 준 그 생명이
요, 내가 너희들에게 내려 준 그것은
너희들만이 가지고 있는 보배로움이
있으며 소중함이 있음이니,
11 너희들이 어떠한 형태로 인간을 만들
어 낸다 하나 그것을 그들은 받을 수
가 없음이니,
12 너희들이 너희들의 미래를 모르는 것
과 같으니라.
13 이와 같은 지금의 너희들의 형국이 얼
마나 사악한 짓이며, 얼마나 너희들이
나에게 도전하는 행위인가를 알아야
할 것이며, 그 단죄함을 머지않아 너
희들이 받게 될 것이니라.
14 나의 법전을 읽고 깨우치며 나의 성령
에 따르며 나의 계명에 따라 내가 지
상에 이루고자 하는 그 세상이 이루어
질 때, 그들로 하여금 너희들이 또 한
번 크나큰 시련과 고통의 역사가 있을
것이니,

15 그들은 내가 너희들에게 내려 준 그와
같은 것을 갖지 않았기에 그 질병이
요, 그들로 하여금 많은 나의 백성들
이 목숨을 잃는 그와 같은 무서운 대
소용돌이의 역사가 이루어질 것이니,
이를 너희들은 알아야 될 것이니라.

4,349 번째 하나님 말씀

2002년 12월 29일 15시 15분

1 사랑하는 나의 아들아!
2 "네, 아버님! 말씀하옵소서."
3 너는 나의 성령의 뜻을 기록하여 160
권의 책을 세상에 내는 데 네 모두를
다 바쳐 최선을 다하여야 할 것이며,
네가 게을리해서는 아니 됨을 알아야
할 것이니라.
4 네가 게을리하며 네가 최선을 다하지
아니할 때, 많은 생명들이 나의 법전
을 일찍 볼 수 없으며 그로 인하여 그
들이 구원의 길을 못 받는 그와 같은
결과가 된다는 것은 바로 무엇이던가?
5 구원받을 수 있는 백성을 구원받는 그
길로 인도하지 못함은 너희들이 그가
죽어 가는 것을 방관하는 것이며, 그
가 죽어 가도록 만드는 그 결과가 아
니던가?
6 너희들은 그 무서움을 깨달아야 할 것
이니, 나의 아들 너는 나의 법전 160
권을 세상에 내 만백성을 구하는 그
길에 최선을 다하여야 될 것이며, 잠
시도 네가 게을리해서는 아니 됨을 알
아야 될 것이니라.
7 죽어 가는 사람을 그냥 놔두는 그 죄
가 얼마나 큰 것이며, 구원할 수 있는
백성을 구하지 못함이 얼마나 큰 죄인
가를 너는 알아야 될 것이니라.
8 네가 게으르며 네가 나태함으로 인하
여, 네가 나의 뜻에 따라 최선을 다하
지 아니함으로 귀한 생명들이 죽어 감
을 너는 잊어서는 아니 될 것이니 그
리 알라.
9 나의 백성이 듣지 않고 그들이 보지
않는다 해도 그는 너와는 아무런 관계
가 없음이니라.
10 그들이 보지 않든 보든 너는 나의 열
여섯 권의 법전을 빨리 만들어 내 만
백성의 손에 전해 주는 그보다 더 큰
역사가 없음이니라.
11 그들이 보지 않는다 하여도 그중에 더
러 보는 나의 백성이 있으며 깨우치는
자가 있을 것이니, 너는 그를 의심치
말라.
12 지금 온통 세상은 다 사탄들이 지배해
도, 그들이 다 지배하며 영원히 사탄
의 세계가 존재할 것같이 그리 저희들
이 알고 있으나 그는 이룰 수 없음이
니라.
13 나 여호와가 이루고자 하는 이 변화를
반대한다 해도, 그들이 아무리 막고
너희들의 가는 길을 막는다 해도, 나
의 법전을 받아 기록하는 너를 쓰러트
리고자 한다 해도 그는 이루어질 수
없는 것이니라.
14 너는 어떠한 시련과 역경이 너를 휘몰
아쳐도 중단해서는 아니 되며, 또한,
네가 중단할 수도 없음을 알아야 할
것이니라.
15 그리하여 네가 선택된 것이며, 어떠한
시련과 고통이 있다 해도 네 마음 하

나 변동하는 자리 없이 그저 그 역사
를 이룰 수 있는 너이기 때문에, 그 누
구도 견딜 수 없는 시련과 고통을 너
는 넘어갈 수 있는 나의 아들이니라.
16 나 여호와가 온 지구를 멸망시키는 재
앙을 내리지 않는 한 너희들은 이 법
전을 만들 것이며, 사탄들은 이 세상
에 뿌리를 내리지 못할 것이며, 새로
내가 만들고자 하는 그 낙원은 이루어
질 것이니라.
17 하늘의 낙원을 반드시 지상에 만들어
내가 이루고자 하는 그 뜻은 이루어질
것이니, 그리 알라.
18 지금 세상을 사탄이 다 지배하고 다
뒤집히는 그와 같은 것이며, 사탄에게
쓰러져 가는 것이 너희들의 눈에 보이
는 그와 같은 변화가 있다 해도
19 선하게 살고자 하는, 참진리대로 살고
자 하는 나의 그 많은 백성들을 구하
는 길은 있음을 알아야 할 것이며, 너
희들이 해야 할 일이 있음을 알라.
20 지금 너희들이 법전을 세상에 내보냄
으로 인하여, 지금의 종교 집단에 대
하여 그들이 잘못 가는 것을 알고 있
으면서도 그들이 성경을 대신하며 나
의 뜻을 대신할 수 있는 성령의 가르
침이 없기에 선하게 살고자 하는 자,
참진리를 갈구하는 자들이 깨우치지
못함이니, 그들을 구원할 수 있는 길
을 너희들이 열어 줘야 할 것이니라.
21 그들을 구원할 수 있는 길은 나의 법
전밖에 없음을 너희들은 잘 알고 있을
것이며, 이 세상 어떠한 것도 그를 구
원할 수 있는 것은 없음이니라.
22 사악할 대로 사악해지며, 떨어질 대로
떨어진 그들을 구원할 수 있는 것은
나의 법전밖에 없으니, 곧 이는 무엇
이더냐?
23 나의 법전을 밝은 세상에 많은 백성이
읽을 수 있도록 그와 같이 역사하여
준비해 주는 것이 너희들이 해야 하는
길이며,
24 그게 준비되지 아니한다면 나의 법전
에 아무리 아름다운 말이 세상에 내려
온다 해도 네 가슴속에 묻어 놓으며
네 방에 묻어 놓는다면 나의 피조물
만백성의 그 귀중한 생명을 구할 수
없음이니라.
25 나의 아들 예수의 열두 제자가 배신하
며 등을 돌린 결과가 어떠한 것이던가?
26 그들이 등을 돌렸으며, 그 비유의 뜻
을 알지 못하였으며,
27 모든 것을 다 듣고 깨우쳐 저희들 것
으로 만드는 듯하였으나 그들의 속마
음은 그리하지 못하였으니,
28 나의 아들 예수가 어렵고 힘들 때 모
두가 등을 돌렸으니, 오늘에 그러한
것이니라.
29 그 후손들이 오늘 나의 피조물 만백성
을 깨우친다 하며 그들이 지금 이끌고
가는 것이니,
30 수억, 수십억의 잘못된 종교 집단의
허상이 난무하는 이 시대에 너희들이
얼마나 무서운 결과가 이루어질 것이
며, 그 재앙이 얼마나 무서울 것인가
를 너희들은 생각을 못 할 것이니라.
31 내가 너희들이 하고 있는 짓, 지금까
지 흘러오는 그 모두를 볼 때, 내가 모
두를 다 쓸어버리는, 너희들이 견딜
수 없는 재앙을 지상에 내리고 싶으나,

32 내가 나의 법전을 세상에 내려보내는
마지막 기회를 너희들에게 주며, 이를
받아 기록하는 나의 아들을 세상에 내
려보내 만백성을 깨우치고자 내가 한
번의 기회를 더 주었음이니,
33 이 아름다운 세상을 내가 손을 놓아
재앙으로써 벌하는 그와 같은 심판하
는 역사가 아니라,
34 하늘에서 이루어진 것같이 아름다운
지상의 낙원을 복구할 수 있는 그 길
을, 그 역사를 내가 다시 한 번 이루고
자 함이니라.
35 그리하여 그걸 이루기 위하여 나의 법
전과 너를 따르는 제자들을 내가 세상
에 보냈으니,
36 오로지 나의 법전과 너의 제자들만이
이 역사를 이룰 수 있다는 것을 알아
야 될 것이니,
37 너희들이 바르게 서 나 여호와의 그
격분하는 마음이 더 이상 진노하지 않
도록 하는 것이 너희들이 해야 할 것
이니라.
38 너희들이 나의 마음을 진노하게 하며
나를 격노하게 하며 도저히 너희들로
서 더 이상 견디고 볼 수 없을 때는 이
세상에 얼마나 처참한 결과의 나의 심
판이 내려질 것인가 그를 알라.
39 너희들을 내가 내려다보며 너희들에
게 기대를 하였으며 너희들을 기다리
고 있는 것이 나 여호와며,
40 오늘의 아픈 마음이요, 울분한 마음이
요, 너희들을 버리고자 하는 그 격분
한 마음을 참고 있음을 너희들은 알아
야 될 것이니라.

4,350 번째 하나님 말씀

2002년 12월 29일 15시 23분

1 사랑하는 나의 아들아!
2 "네, 아버님! 말씀하옵소서."
3 지금의 종파들은 과연 어떠한 형태로
지금까지 흘러왔는가?
4 지금의 종파들은 지금의 흘러가는 그
형태에서 영원히 변화될 수 없으며,
변할 수 없는 것이 그들이니라.
5 새로운 개혁도 그들은 받아들일 수 없
으며, 새로운 역사도 받아들일 수 없
으며, 새로 내리는 나의 성령의 뜻까
지도 그들은 받아들이지 아니함이니
라.
6 나의 아들 예수가 재림한다 하여도,
내가 직접 내려가 나 여호와라 말해도
변화되지 아니하며 받아들이지 않는
것이 그들이니라.
7 과연 그들의 믿음의 형태의 뿌리는 어
떠하던가?
8 예수의 열두 제자가 과연 누구였던가?
9 그들은 예수의 가르침을 완전히 저희
들이 믿고 따른다 말하였으며 그리하
여 그 모두를 받아들이는 것처럼 그와
같이 믿음의 세계를 갔을 것이니라.
10 그러나 그들은 어찌하였는가?
11 그들이 믿고 따르는 것을 나의 아들
예수도 그들이 정녕 그를 믿고 따르는
것으로 그리 믿었느니라.
12 그 제자들이 그와 같이 예수를 배신하
며 그를 팔았으며 등을 돌린 것이 과
연 무엇이었던가?
13 나의 아들 예수는 그를 믿으려 하지
아니하였으며, 그를 인정하지 아니하

였으며, 그를 생각지 아니하려 하였던
것이니라.
14 그들을 사랑하였으며, 그들이 정녕 나
의 아들 예수의 뜻을 따라 진정한 아
름다운 믿음으로 가는 자들이라 알고
있었음이니라.
15 그러나 그들은 등을 돌렸음이니라.
16 가장 믿었고 믿었던 제자들이 예수의
얼굴에 침을 뱉었으며, 그 사실을 안
예수의 고통은 얼마나 아프고 괴로웠
겠는가?
17 그 믿고 따르는 제자들이, 완전히 믿
었던 그들이 예수에게서 등을 돌리며
그 얼굴에 침을 뱉는 그와 같은 행위
를 하는 것을 알았을 때, 나의 아들 예
수는 얼마나 고통스럽고 슬펐으며 괴
로웠겠는가를 너희들은 한 번 생각해
보았는가?
18 지금의 믿음의 길을 가고 있는 그 백
성들이 어떻던가? 지도자들은 과연
어떻던가?
19 그들은 나의 성령이요, 성경의 나의
뜻대로 모두를 지키며 살아간다 말하
느니라.
20 그리고 나의 뜻에 의해서 사랑을 베풀
며, 만백성이 구원의 길로 가도록 저
희들은 자신을 다 버리며 희생하는 양
이요, 봉사하며 살아간다 말하느니라.
21 그러나 그들은 어찌 말하는가?
22 저희들이 가는 믿음이요, 저희들이 가
는 길 외에는 나 여호와와는 아무런
관계도 없는 집단이라 그리 말하며 나
의 뜻과는 아무런 관계도 없다 그리
말하니,
23 이 세상에 아무리 아름다운 참진리가
내려온다 해도 저희들 것 이외는 사탄
이요, 이단이라 말하는 지도자, 그들
이 과연 나를 알면 얼마나 아는가?
24 그러면서 그들은 나를 대신하여 산다
말하며, 내가 이루고자 하는 역사를
저희들이 대신 이루어 가는 나로부터
선택된 종이라 말하여,
25 저희들에게 순종하라 하며 저희들을
따라가라 하며 만백성을 그와 같이 가
르치고 세뇌시켜 끌고 가고 있느니라.
26 그러면서 그들은 뭐라 하는가?
27 정녕 저희들은 사랑이라는 그 자체는
말로써 하나, 행위로써는 실천하지 않
는 그들이 나의 예수를 팔아먹고 사는
데 빠져 있으며 거기에 바쁨이니라.
28 그러니 그를 내려다보는 나 여호와의
피눈물 나는 이 아픈 가슴을 너희들은
알고 있는가?
29 그리고 격분하며 격노해 있는 나 여호
와의 마음을 과연 너희들은 아는가?
30 창조주요, 나의 뜻을 가르치며 나의
뜻에 의하여 하늘에 오르는 만백성의
길을 인도한다는 종교 지도자 그들이
하는 그 행위를 보는 나 여호와의 눈
에서는 피눈물이 남을 너희들은 알아
야 될 것이니라.
31 지금 나의 아들을 따르는 제자라는 너
희들은 과연 어떠하던가?
32 너희들이야말로 나의 아들 앞에 말하
느니라.
33 너희들이 가장 충실한 제자요, 법전대
로 살아가는 제자요, 법전을 가장 많
이 정독했으며 영원히 법전과 더불어
너희 목숨을 바쳐 같이 갈 것이라 그
리 말하느니라.

34 그러나 너희들은 과연 어떠하겠는가?
35 너희들이 정녕 나의 아들을 따라 죽음
의 그 길을 넘어갈 수 있으며, 영원히
그와 같이 한 길을 갈 수 있다 생각하
며, 갈 수 있는 사람이라 생각하는가?
36 너희들의 마음을 돌이켜 봐야 할 것이
니라.
37 너희들이 정녕 나의 법전과 더불어 나
의 아들과 더불어 영원히 등 돌리며
배신하지 않는 그와 같은 길을 간다
한다면,
38 너희들은 지금 나의 아들이 나로부터
선택된 자요, 나의 법전이 나의 진정
한 성령으로서 만백성을 구하는 마지
막 시대의 역사함을 먼저 깨달아야 될
것이며,
39 그와 같은 사실에 대한 것을 너희들
마음속에 깊이 간직하지 아니하면 너
희들이 이 길을 갈 수 없음을 알아야
할 것이니라.
40 너희들의 마음부터 다스리라. 그리고
너희들이 구약 시대의 그 역사했던 것
과 그리고 신약 시대에 또 역사하여
배신했던 것, 등 돌렸던 것, 그와 같은
전철을 너희들 세대에서는 밟아서는
아니 될 것이니라.
41 모세의 기적이요, 예수의 기적보다도,
160권의 역사에 나의 참진리요, 나의
성령을 글로 제시하여 너희들에게 전
하는 이 역사보다 더 위대한 역사는
없음을 알아야 할 것이니라.

4,351 번째 하나님 말씀

2002년 12월 29일 15시 32분

1 사랑하는 나의 아들아!
2 "네, 아버님! 말씀하옵소서."
3 만백성을 창조한 나 여호와 창조주는
너희들이 잘못 가며 잘못 흘러가는 그
것을 바로잡기 위하여 밤과 낮을 가리
지 아니하고 나의 아들을 독촉하고 또
다스려 너희들에게 깨우침을 줄 수 있
으며 너희들이 구원의 빛을 볼 수 있
는 나의 참진리를 지금 세상에 수없이
내려보내며,
4 이것으로써 내가 마지막 너희들에게
메시지를 내려보내는 것이라 말하였
음이니,
5 이후로는 다시 선지자요, 나의 종이
요, 나의 아들이라 하여 그 누구도 세
상에 내려보내지 아니한다 하였음이
니, 내 마음이 그리 굳어져 있음이니
라.
6 그는 너희들이 그와 같이 나 여호와를
만들었음이니라.
7 내가 너희들을 통하여 무엇인가를 깨
우치고자 많은 백성들에게 메시지를
내렸으며 너희들을 선택하여 그때그
때 그들에게 깨우침을 전했음이니라.
8 그러나 나의 메시지를 받은 백성들이
과연 어찌 변화되었는가?
9 겸손하며 사랑하며 하늘의 두려움을
알며 나 여호와의 은혜를 받음을 알아
아름답고 가장 낮은 자의 삶의 생활로
써 만백성의 근본이 되어 살아가면 되
거늘,
10 나로부터 은혜를 받아 무엇인가를 깨

달은 백성 너희들은 육신의 제왕적인
그와 같은 형국으로 변하고자 하며,
재물을 많이 쌓아 놓고자 하며, 육신
의 편안함을 위하여 모두를 다 악용하
는 그와 같은 것으로써 너희들이 변하
느니라.
11 선한 백성도 내가 선택하여 지혜와 능
력을 주었을 때, 스스로 무너지는 그
와 같은 삶을 사는 것이 나로부터 선
택된 백성들이 지금까지 흘러온 과정
이니라.
12 너희들은 제왕적인 그 자리에 욕심에
눈이 어두워 탐욕하며 스스로 불의를
저지르며, 나의 이름을 위장하여 사악
한 행위를 하는 것으로써 타락하고 전
락되는 것이 이제까지 내가 은혜를 주
어 기적의 역사를 이루고자 선택했던
백성들이 살아온 과정이니라.
13 내가 많은 백성들로 하여금 모세와 같
이 너희들에게 깨우침을 주어 능력을
주어 다스리라 하였으나,
14 너희들이 조금만 나로부터 은혜를 받
았을 때, 너희들은 세상 것을 다 얻은
것이며 나로부터 저 하나만이 선택되
었다는 그와 같은 착각 속에서 제왕적
인 자세로 변화되는 것이 지금까지 수
없이 나로부터 선택된 백성들이니,
15 그리하여 내가 그 모두를 닫는다 하였
으며, 이제 더 이상 세상에 내려보내
지 아니하는 이와 같은 시대가 되었음
을 너희들은 알아야 될 것이니라.
16 그리하여 너희들이 타락하고 전락한
그 모습을 이제는 내가 더 내려다볼
수도 없으며 더 이상 볼 수도 없는 이
와 같은 형국에 이르렀기에,
17 오로지 나의 아들을 통하여 나의 성령
을 태워 나의 법전이요, 책으로 '하늘
에 오르는 길'이라 하여 내가 160권으
로 세상에 내려보내니,
18 이것이 너희들의 구원의 길이요, 너희
들이 구원의 빛을 볼 수 있는 길이라
는 것을 잊어서는 아니 될 것이니라.
19 내가 너희들의 믿음의 가는 길이요,
수천 년 동안 믿음에 종사한 나의 백
성 너희들을 통하여 너희들로 하여금
그 역사를 이루고자 하나,
20 너희들은 그 고집불통에 의하여 변화
하지도 못하며 세상을 변화시키지도
못하는 것이 너희들이니라.
21 너희들은 너희 집단 속에서 내가 깨우
침을 주고 지혜를 준 자로서 너희들
그 집단 속에서 그가 옳은 소리를 하
며 진리를 말해도 그는 너희들이 사탄
이요, 이단이라 그저 돌려놓으며 그를
상대하지 않으려 하는 것이 너희들이
니라.
22 너희들이 한 성전이요, 한 집단에서
같이 배우고 깨우친 자, 내가 진솔되
고 아름다운 자를 선택하여 그에게 진
리의 말씀의 문을 열게 하며 그로부터
깨우치고자 할 때,
23 너희들은 단번에 어제의 형제를 오늘
의 원수처럼 '그를 만나지 마라, 그는
사탄에 뒤집어쓰인 지니 그를 적대시
하라.' 그리 가르쳐 인간관계의 맺고
지내는 그와 같은 것도 외면하고 살아
가도록 그리 만드는 것이 지금 너희들
이니,
24 너희들 것만이 옳다는 그 고집불통으
로 인하여 나의 많은 백성들이 지옥

불로 가고 있음을 알아야 할 것이니라.
25 너희들은 변화할 수도 없으며 변화될
수도 없으니, 악의 뿌리를 악으로 너
희들은 계속 변화시켜 가고 있음을 알
라.
26 너희들이 참진리요, 아름다운 그 진실
로 나의 뜻대로 변해가지 못한다는 것
은 악의 뿌리를 계속 내리는 곳에 너
희들이 악역을 맡아 가며 악마로 변해
있는 것임을 너희들은 알아야 할 것이
니라.
27 이제 너희들은 사악하게 변하고 변해,
너희들이 나 여호와요, 창조주가 존재
하는 그 의미조차도 잊고 살고자 하며
그를 기억하고자 아니 하는 것이니,
이와 같이 너희들이 지금 사악하게 변
한 것이니라.
28 너희들은 형식에 치우치며, 너희들 집
단의 모임에 치우치며, 나의 아들 예
수의 보혈로써 구원을 받았다는 그 한
가지로써 너희들이 거기에만 낚싯밥
에 걸린 붕어처럼 물려 끌려들어 가고
있음이니,
29 붕어보다도 더 꼼짝 못 하고 더 움직
이지 못하며 소신을 밝히지 못하며 제
뜻을 피우지 못하고 끌려가는 것이 너
희들이니라.
30 그와 같이 살아온 자, 너희들은 나에
게 와 심판을 받는 것도 의식하지 아
니하며, 나로부터 심판을 받아 너희들
이 그 죄의 대가를 치른다는 것, 그 자
체도 모르고 살아가는 것이 너희들이
니라.
31 오늘 내가 나의 아들을 통하여 내리는
나의 160권의 법전, 이것만이 너희들
을 변화시킬 수 있으며 너희들이 하늘
에 오르는 길을 볼 수 있음을 잊어서
는 아니 될 것이니라.
32 이제는 내가 조그만 기적을 주며 역사
를 했을 때, 육신의 제왕적인 그곳에
그와 같은 자리를 지키며 그와 같이
서고자 하는 그 사악한 욕심을 갖는
나의 백성들에게 어떠한 지혜의 능력
도 내려보내지 아니함이니,
33 오로지 나의 법전만이 영원히 지속되
는 나의 가르침이요, 너희들이 구원을
받을 수 있는 길이라는 것을 잊어서는
아니 될 것이니 그리 알라.

4,352 번째 하나님 말씀

2002년 12월 29일 15시 39분

1 사랑하는 나의 아들아!
2 "네, 아버님! 말씀하옵소서."
3 너희들이 정녕 믿음의 길이요, 하늘에
오르는 그 길은 무엇이더냐?
4 그 이치는 간단함이니라. 그리고 너희
들은 그 모두를 지키고 오를 수 있는
것이니라.
5 오르지 못하며 지키지 못할 것을 내가
지키고 따라오라 하며 너희들에게 행
하라 하면 나는 공의의 하나님이 아니
지 않은가?
6 내가 자식을 사랑함이니, 너희들 말에
열 손가락 깨물어 아프지 않은 손가락
이 없다 하듯이, 내가 어떤 자식은 버
리고 어떤 자식은 구원하고 그 나의
백성들에게 차별화를 두며, 내 마음이
한계가 정해져 있으며 더 가고 덜 가
는 사람이 있겠는가?

7 나 여호와의 뜻은 항상 너희들을 똑같
이 사랑함이니라.
8 너희들이 곧 하늘에 오르는 길은 무엇
이더냐?
9 창조주 나 여호와의 뜻에 따라 너희들
이 행하며, 내가 행하고자 하는 뜻에
따라 너희들이 변하여 오는 그 삶을
사는 것이 곧 너희들이 하늘에 오르는
길이요, 그 진리는 영원히 변할 수 없
으며 변질될 수 없는 것이니라.
10 창조주인 나 여호와가 내리는 모든 성
령의 뜻이요, 너희들에게 지키라는 그
계명은 영원히 지속되는 것이며, 그가
변화됨이 아니니라.
11 너희들은 그러나 지금 어찌 믿음의 길
을 가는가?
12 믿음이라는 것이 너희들은 환경에 따
라 변하며 지역에 따라 변하며 그때그
때에 따라서 변화되는 것이 지금 나
여호와의 참진리라 그리 믿고 있으며,
13 그리 너희들이 만들어 행하고 가면서
그것이 나의 뜻이라 만백성에게 전함
이니,
14 나의 진리요, 참뜻은 어떠한 환경이나
여건이나 어떠한 지역에 따라서, 어떠
한 변화에 따라서도 변하지 않는 것이
나의 진리임을 너희들은 알아야 될 것
이니라.
15 인간 세상에 너희들이 살아가면서도
무엇을 원하는가?
16 자유를 원하고 부르짖음이니라.
17 노예 제도라는 그와 같은 종이요, 상
전의 그 시대를 없애며 너희는 다 똑
같이 평등하게 자유를 누리고 살 수
있다 하는 그와 같은 원칙을 부르짖으
며, 민주주의라는 것을 너희들은 갈망
하며 그를 위하여 모든 투쟁을 다하지
아니하는가?
18 그러나 너희들이 쟁취하고 또 이루고
자 하는 그 민주주의라는 것이 통치하
는 자에 따라서, 또 지역에 따라서, 나
라에 따라서, 여건에 따라서, 그 시대
의 형편에 따라서 너희 인간이 짜고
변화시키며 만들어 놓은 그 민주주의
의 틀이 진정한 민주주의라 너희들이
할 수 있는가?
19 그것은 진정한 민주주의가 아니지 않
던가?
20 인간 세속에 살아가는 너희들이 자유
를 부르짖으며, 그 자유를 억압하는
곳에 그를 풀어 주며 그와 같이 너희
들이 누구나 평등하게 살아갈 수 있는
민주주의의 여건을 부르짖는 것도 너
희들의 임의로 만드는 것은 진정한 민
주주의가 아님이니,
21 너희들이 나에게 오르는 길이요, 하늘
에 오르는 길이요, 나 여호와의 진정
한 뜻이요, 내가 만백성을 구하며 가
르치고자 하는 그 교리는 과연 어떠하
여야 하겠는가?
22 그는 정녕 변함이라는 '변'자가 들어
가서도 안 되며, 어떠한 형태로든 그
리 변질되어서는 아니 되는 것이 너희
들이 가야 할 그 교리이니라.
23 그러나 지금 너희들이 가고 있는 모든
종교 집단이요, 수천 년 동안 흘러오
는 그 수많은 세월 속에 수많은 수억
의 종파들이 어찌 가는가?
24 너희들은 환경에 따라서, 그때의 능력
에 따라서, 지도자에 따라서, 그 형편

에 따라 수시로 나의 모든 교리요, 믿
음이 다 변화되어 왔음이니, 그것은
곧 무엇이더냐?
25 하늘의 뜻이요, 창조주 나의 뜻에 의
한 것이 아니라, 너희들 인간의 입맛
에 맞도록 너희들이 만들어 가르치고
다스리고 이끌어 온 것이 그 교리이
니, 그와 같이 너희들의 믿음이 타락
하고 전락하였음을 너희들은 아는가?
26 이는 나 여호와의 뜻이 아님이니라.
27 너희들이 지금 가고 있는 그 길은 정
녕 여호와의 뜻이 아니며 창조주 나의
뜻이 아니니라.
28 그러니 내가 너희들에게 뭐라 하는가?
29 최소한 너희들이 구원을 받는 그 길은
내가 만든 십계명이라도 지키는 그 마
음을 갖고 살라 함이 아니던가?
30 너희들이 그 십계명을 지키는 최소한
의 그와 같은 마음의 자세로 살 때 너
희들이 구원의 길을 볼 수 있다 내가
함이니라.
31 인간의 조건과 환경과 그 형편에 따
라, 그때그때 닥치는 그와 같은 상황
에 따라 변화되는 것은 참진리가 아니
요, 교리가 아니며, 나의 뜻이 아님이
니라.
32 그러니 변질되고 변화되는 그 모두는
나의 뜻이 아니니, 곧 나의 십계명에
기록된 것을 위배하며 지금 내가 마지
막 너희들을 구원하기 위하여 내리는
나의 법전의 내용에 위배되는 그 모두
는 나의 뜻이 아니요, 참진리요, 교리
가 아님을 너희들은 알아야 될 것이니
라.

4,353 번째 하나님 말씀

2002년 12월 29일 15시 51분

1 사랑하는 나의 아들아!
2 "네, 아버님! 말씀하옵소서."
3 나 여호와가 세상을 창조하였음이니,
내가 풀 한 포기, 나무 한 그루, 돌 하
나, 흙 한 주먹을 사랑하지 아니하는
게 어디 있겠는가?
4 땅속에 사는 미물들이요, 또 하늘을
날며 사는 새들과 자연의 그 아름다
움, 그리고 모든 동물들과 깊은 물 속
에 사는 물고기까지 그 모두를 내가
사랑하지 아니하는 것이 없거늘,
5 하물며 창조주인 나 여호와가 인간 너
희들을 얼마나 사랑하겠는가?
6 그러니 너희들은 여기서 모두의 내 사
랑하는 그 마음을 들여다보며 내가 너
희들을 사랑하는 것을 안다 하면, 너
희들은 어느 집단이든, 어느 종파든,
개인이든, 나 여호와의 뜻에 의해 사
는 백성은 누구든지 내가 구원하고자
하며, 구원한다는 것을 알아야 할 것
이니라.
7 내가 이 세상에 있는 그 모두를 다 사
랑하거늘, 그보다도 더 사랑하는 것이
나의 피조물 만백성 너희들이니,
8 내가 어느 개인을 사랑하지 아니하며
어느 종파에 너희들이 속해 있다 하여
어느 집단에 속해 있다 하여 내가 너
희들을 사랑하고 사랑하지 아니함이
어디 있겠는가?
9 다만 나의 뜻을 거역하지 아니하며 나
의 뜻에 순종하며 사랑을 베풀며 살아
가는 그와 같은 백성이라면 너희들이

어디에 속해 있든 어느 곳에 가 있든
나는 나의 백성 너희들 모두를 사랑함
이니,
10 내가 누구를 사랑하고 사랑하지 않는
다 그리 구분하여 나 여호와의 마음을
아프게 하지 말라.
11 지금 가장 사악한 자들이 무엇인 줄
알겠는가?
12 지금의 모든 종교 집단에 속해 있는
자들이 저희들 집단만이 구원의 길이
라 그리 말하는 그 어리석은 자들로
하여금 나의 피조물 만백성이 구원의
길을 보지 못하게 하며 그들의 마음을
열지 못하게 함이니라.
13 나의 피조물 만백성 너희들은 누구든
지 어느 곳에 있든지 내가 구원하고자
한다는 그와 같은 깨달음을 얻어야 할
것이며,
14 그를 깨닫지 못할 때 너희들은 지금처
럼 제 것만이 최고라 하여 남의 아름
다움을 보지 못하는 그와 같은 형국으
로써 살다 나에게 와 심판받는다는 걸
잊어서는 아니 될 것이니라.
15 나의 피조물 너희들을 구원하고자 하
며 나의 진리를 깨우치고자 함이 나
여호와의 뜻이니라.
16 그리하여 너희들에게 수천 년 동안 흘
러오는 세월 속에 너희들이 진정한 내
가 원하던 그 뜻대로 살아왔으며 그리
행하여 왔더라면 오늘의 이와 같은 역
사는 정녕 없었을 것이니라.
17 그러나 내가 너희들에게 마지막 한 번
더 기회를 주어 너희들을 깨우치고자
오늘의 이와 같은 역사를 이루고 있음
을 너희들은 알아야 될 것이니라.
18 모든 집단은 부분적으로 나 여호와의
뜻에 의해 행하도록 역사하였음을 알
라.
19 어떠한 집단이든 그들은 모두 나 여호
와의 뜻에 의하여 일부의 역할을 행하
고 있음을 알아야 될 것이니라.
20 너희들이 나 여호와가 너희들만을 구
분해서 사랑하며, 어느 한 집단을 사
랑하며, 어느 한 집단만을 기억하며,
어느 개인만을 기억하며 누구는 기억
하지 아니한다 그리 생각하는 백성이
얼마나 어리석은 것인가!
21 너희는 창조주 나 여호와는 한 분이라
말하며, 나 하나뿐임을 알고 있지 않
은가?
22 내가 만든 이 세상에 사는 어떤 종파
든 개인이든 그 모두는 결국 나에게로
종결되지 아니하는 것이 없으며, 나로
부터 연결되지 아니한 것이 없음이니
라.
23 어떠한 종파요, 어떠한 색깔의 어떠한
형태로 살아가든 그 모두의 집결지는
나 여호와이니,
24 너희가 결국은 나 여호와에게 와 심판
을 받으며 나와 직결되어 있음이니,
내가 너희를 사랑하고 구원하고자 하
는 것은 당연한 것이 아니던가?
25 나의 뜻에 거역하지 아니하고 순종하
며 사는 백성, 이웃을 사랑하며 저 자
신보다 남을 사랑하는 그와 같은 마음
으로 살아가는 자라면 어느 종파나 어
느 집단에 있든 그것은 관계가 없음을
알라.
26 내가 하늘에 오르는 길이 무엇이라 말
하였느냐?

27 '사랑'이라 하였음이니라.
28 그리고 너희들은 모든 종파요, 너희들
이 속해 있는 그곳만이 위대한 줄 아
나, 그 모두를 집결하여 묶어 놓은 하
나의 고리는 바로 무엇이더냐?
29 창조주 나 여호와에게 직결되어 있음
을 안다 하면, 너희들은 내가 베풀며
살라는 사랑, 그것을 가지고 그와 같
이 행하고 살면 나의 백성이요, 구원
을 받는 백성이라는 걸 알라.
30 어떠한 종파요, 어떠한 곳에 소속해
있는 것을 가지고 탓하는 것이 얼마나
어리석은 것인가를 알아야 할 것이니,
내일을 못 보는 자이니라.
31 너희들이 서 있는 지상의 세상에서 한
자리 더 높이 볼 수 있는 그와 같은 눈
을 뜨지 못한 백성임을 너희들이 알아
야 할 것이니라.

4,354 번째 하나님 말씀

2002년 12월 29일 19시 51분

1 사랑하는 나의 아들아!
2 "네, 아버님! 말씀하옵소서."
3 네가 너 자신이 바로 지킬 수 있으며
천사와 같은 마음, 나 여호와와 같은
마음으로 가게 해 달라 나에게 기도하
였느니라.
4 모든 종교 지도자요, 나로부터 명을
받았다 하는 자들, 또는 깨달음을 얻
었다 하는 자들이 사탄의 말에 움직이
든 나의 뜻을 받아 움직이든 무엇인가
능력이 있다 말하는 그들이 다 쓰러진
것은 여자로부터 쓰러지며, 또한 너희
들이 말하는 재물이요, 금화와 은화를
거둬들이기 위한 방법으로써 다 쓰러
지며 거기에 유혹됨을 벗어나지 못한
다 하였느니라.
5 그리하여 많은 자들이 많은 이야기를
했으며 많은 것을 전하고자 했으나,
그들이 다 잘못 가는 결과로 인하여
다 사탄이요, 사악한 자로 눈에 비취
니, 나의 백성들이 어떠한 역사에도
믿지 아니하는 그와 같은 결과를 이루
었으니,
6 너는 그와 같은 전철을 밟지 않을 수
있는 힘을 달라 네가 눈물의 기도를
하였음이니라.
7 사랑하는 나의 아들아!
8 모든 것을 지키고 못 지키는 것은 자
기와의 싸움이니라.
9 네가 나에게 기도하는 그 시간이요,
경배하는 것이요, 네가 나의 성령을
받아 책으로 만들어 내는 그것도 너
자신이 스스로 가는 길이 아니던가?
10 네가 말하기를, 나 여호와가 원하는
것, 나 여호와가 즐거워하는 일을 하
며, 나 여호와가 노하는 일을 하지 아
니한다 하며 네가 그와 같이 기도하고
경배하니,
11 네가 나에게 기도하여 법전을 만들어
내는 그것이 너 스스로 노력에 달린
게 아니던가?
12 네가 스스로 자리에 앉아 기도함으로
내가 너에게 성령의 뜻이요, 모두를
내려 주듯이,
13 너희들이 구원을 받고 못 받는 그와
같은 것은 모두 너희들 자신에게 달렸
으니, 모두는 자신과의 싸움임을 알아
야 할 것이니라.

14 너의 제자들에게도 이르라.
15 너의 제자들이 말하느니라. 어디까지
마음을 비우는 것이며 어찌 살아야 바
른 삶이냐 너에게 묻느니라.
16 그 모두에게 말하라.
17 모두는 너희들 자신과의 싸움이며, 너
희들이 어찌 생각하고 살며 어찌 노력
하느냐에 달렸으니,
18 마음을 비우는 것도 아무것도 아니며,
구원을 받는 것도 아무것도 아니며,
너희들이 나로부터 받은 모든 성령을
만백성에게 가르칠 수 있는 지도자로
설 수 있는 것 또한 아무것도 아니라
그리 전하라.
19 너희들의 마음 하나에 달렸으니, 자기
수양이며 자기 다스림에 달렸음이니
라.
20 자기를 다스리지 못하는 자, 지도자가
될 수 없으며,
21 자신을 다스리지 못하는 자, 하늘의
그 빛을 볼 수 없으며,
22 자신을 다스리지 못하는 자, 구원을
받을 수가 없는 것이니라.
23 모두는 너희들 마음의 수양이며, 마음
을 다스리는 곳에 답이 다 있음이니,
24 너희들 스스로 그 결정을 하며 마음을
다스리며 너희들이 스스로 수양을 바
르게 하여 쌓아 갈 때 모두는 다 이루
어짐이니라.
25 노력 없이 이루어지는 것이 없으며,
너희들이 기도하고 깨달음 없이 이루
어지는 것이 하나도 없으며 얻어짐이
하나도 없음이니라.
26 너희 제자들은 말하느니라.
27 '우리가 여호와 하나님을 위해서 이만
큼 일을 해서 노력했으면 그만큼 대가
가 있어야 할 것이거늘, 어찌하여 그
대가가 없으며 시련과 고통의 길을 계
속 가는가?' 너희들은 그런 말을 할
것이니라.
28 너희들이 정녕 시련과 고통 속에서 그
것이 아니면 깨달음이 있겠는가? 그
리고 너희들이 매달려 그 길을 가려
하겠는가?
29 부자가 구원을 받을 수 없다는 것은,
그 부자는 재물에 의하여 게을러지며
재물에 의하여 무너짐이니라.
30 너희들이 권력이 있는 자 그 권력을
탐하다 그를 지키기 위하여 다른 길을
갈 수 없음이니 스스로 거기에 무너진
다 하는 것이 바로 부자가 구원을 받
지 못한다는 것이니,
31 부자가 바로 서며 바로 깨달음을 갖는
다면 어찌 가지고 있는 재물이 죄가
되며 그로 하여금 구원을 받지 못할
수 있겠는가?
32 거기에 얽매여 거기에 지배를 받으며,
그것에 마음을 버리지 못하고 마음을
놓지 못하는 그와 같은 삶을 사는 자
들이기 때문에 그러하니,
33 부자가 가지고 있다 하여 죄 됨은 없
느니라.
34 그가 진정한 깨달음을 얻어 그것을 나
누며 제가 진심으로 살아갈 때, 그는
없어서 베풀지 못하는 자보다 더 위대
하니라.
35 부자가 자신의 그 부귀영화에 만족하
여 시련과 고통의 길을 갈 수 없듯이,
너희들이 부를 얻어 편안한 마음으로
갈 때 과연 믿음의 길을 갈 수 있겠는

가?
36 아직 너희들이 깨달음이 부족하기에
내가 너희들을 훈련시킴이니라.
37 너희들이 좀 더 고통과 시련 속에서
참진리가 무엇인지 알며 그것을 이기
고 갈 수 있는 용기와 마음이 너희 스
스로 굳어졌을 때, 영원히 불변하는
그와 같은 나의 백성이요, 나의 아들
을 따르는 너희들이 될 것이니라.
38 모세의 시대에 그를 따랐던 많은 백성
들, 그를 스승으로 따랐던 제자들, 그
리고 그와 인생을 같이하겠다 하여 약
속한 자들이, 모세가 기도요, 십계명
의 명을 받으러 시내산에 올라갔을
때, 그들은 광란의 짓을 했으며, 해서
는 안 되는 우상을 만들어 섬기며, 그
우상 앞에 많은 백성들의 생명까지도
아무런 가치가 없게 생각하는 그와 같
은 무서운 변화를 가졌으니, 그게 바
로 무엇이더냐?
39 모세의 제자들이요, 모세를 따르던 백
성들이 아니었던가?
40 나의 아들 예수도 또한 그러했느니라.
41 그 열두 제자요, 또 그를 따르는 많은
제자들이 어찌하였는가?
42 그로부터 모두 등을 돌렸음이니라.
43 지금의 너희들도 시련과 고통의 그 길
을 견디지 못한다면 나의 법전을 정녕
버릴 것이니, 너희들이 나를 버리는
것임이니,
44 그 죄를 너희들이 어찌 사할 길이 있
으며, 너희들이 구원의 길을 오를 수
있겠는가?
45 너희들이 나를 버리는 그 길을 내가
막고자 함이니,
46 너희들은 오늘의 시련과 고통 속에서
굳게 다져지고 깨달음을 깊이 얻었을
때 너희들이 영원히 나의 아들에게서
등 돌리지 않으며, 나의 법전을 너희
손에서 놓지 아니하며,
47 나로부터 내린 진정한 나 여호와의 성
령의 뜻이 아니라는 그 말이 너희들
입에서 나올 수가 없음이니,
48 오늘의 생활을 가장 행복하다 생각하
는 그 속에서 참고 인내하고 견디는
너희들 스스로 마음의 수양이요, 너희
자신의 인격의 수양이 다져졌을 때 너
희들이 바로 설 수 있음이니, 오늘의
고통을 시련이라 생각하지 말라.
49 그와 같은 마음을 가지고 있으며 그와
같은 계산을 하고 있으며, 제가 나 여
호와의 뜻에 따라 많은 법전을 전했으
니 그 대가를 몇 배로 주지 않겠느냐
는 생각을 한다면 너희들이 기존 종교
요, 종파에서 하나를 주면 열배 백배
로 받는다는 그 믿음의 세계의 생각을
아직도 버리지 못하고 있는 것이니,
그들과 무엇이 다르던가?
50 나에게 하나를 바쳤을 때 너희들이 재
물로 받는다는 생각을 버리라.
51 너희들이 나에게 재물로 바쳤을 때 그
금화와 은화의 재물보다도 더 소중한
깨달음을 얻으며, 너희들의 변화를 얻
으며, 너희 스스로 바로 서며 세상을
볼 줄 아는 그와 같은 은혜를 나로부
터 얻는 것이 너희들임을 잊어서는 아
니 될 것이니라.
52 너희들은 정녕 나에게 바친 그 모두에
대한 대가를 금화와 은화로써 받으려
하는가?

53 명예와 재물로써 너희들이 부귀와 영
화를 받고자 한다면 내가 줄 수도 있
음이니라.
54 그러나 그것으로써 너희들이 깨달음
을 얻지 못하며 나의 뜻을 모르며 너
희들이 정녕 영원히 사는 나의 나라에
오를 수 없다면, 너희들의 육의 짧은
생활을 위하여 그 모두를 포기하고 사
는 백성들과 무엇이 차이가 있겠는가?
55 마음을 다스리며, 마음의 수양을 하라.
56 너희들 스스로 마음을 다스리며 마음
의 수양에서만 모두의 문을 열 수 있
음을 잊어서는 아니 될 것이니라.

4,355 번째 하나님 말씀

2002년 12월 30일 08시 01분

1 사랑하는 나의 아들아!
2 "네, 아버님! 말씀하옵소서."
3 너희들이 살아가는 인간의 그 세속에
서 나로부터 명을 받아 살아가는 백성
너희들은 자기 자신을 다스려 자기가
바로 서지 못하며 스스로 자기의 가정
을 다스리지 못하며 그로 하여금 이웃
에 있는 많은 사람들과 너희들 형제와
또한 부모요, 자식에게 그 도리를 다
못 하고 사는 자,
4 너희들이 해야 할 그 지워진 책무와
너희들이 또한 해야 할 그 임무를 소
홀히 하며 남에게 폐를 끼치며 자기
자신이 바로 서는 그와 같은 삶을 살
지 못하는 자,
5 그리고 남들에게 한 약속을 지키지 못
하며 남들로부터 신망을 받지 못하는
자,
6 인간의 도리를 다하지 못하며 자기 직
분을 다하지 못하고 사는 백성을 과연
너희들은 대우해 주며 그를 믿고 따르
는가?
7 인간 세속에서 너희들은 그와 같은 자
를 따르지 아니하며 그를 믿지 아니하
며 그를 신뢰하지 아니함이니라.
8 그리하여 그와 같은 자와 너희들이 같
이하기를 두려워하며, 그와 같은 자와
무엇을 이루고자 할 때 너희들은 두려
워하며 그와 접하기를 싫어하는 것이
너희들의 마음에 가진 자세이며 세상
을 살아가는 너희들의 형태이니라.
9 너희들은 그가 스스로 인간으로서 자
기 직분을 다하지 못할 때, 종으로서
그 일을 다하지 못했을 때, 그는 제자
리를 지키지 못하며 주인에게 쫓겨나
는 것이며,
10 품삯을 받고자 일하는 자가 그 품삯만
큼 일하지 아니하였을 때, 그를 주는
주인이요, 그를 다스리는 자의 그 불
쾌한 마음은 이루 말할 수 없으며, 그
를 주지 않으려 하는 것이 너희들 인
간 세상의 살아가는 이치이니라.
11 너희들의 소임을 다했을 때, 자기의
도리를 다했을 때, 그는 남으로부터
칭찬을 받으며 남으로부터 신뢰를 받
으며, 너희들 인간의 세상에서 더불어
살아갈 수 있는 그와 같은 자격을 얻
은 자이니라.
12 그와 같지 아니하는 자, 너희들의 자
식으로부터, 아내로부터, 가정으로부
터, 형제로부터 모두 불신임을 받으며
스스로 설 자리를 잃고 살아가는 것이
너희들 인간 세상에 살아가는 모습이

아니던가?
13 사랑하는 나의 아들아!
14 지금 남들이 생명을 갖고 그들이 영원
히 사는 길을 가느냐 못 가느냐 하는,
믿음으로써 그들을 가르치고 깨우치
는 종교 지도자들이 과연 어떠해야 하
겠는가?
15 지금 수천 년 동안 흘러오며 수억의
종교 지도자들이요, 그곳에서 믿음의
길을 가다 살아와 나에게 와 심판을
받은 그 헤아릴 수 없는 많은 백성들
이 자기의 직분을 다하지 못했을 때,
과연 어떠한 형국으로써 그를 나 여호
와가 심판해야 하겠는가?
16 너는 들어서 너의 제자들과 만백성에
게 전하여야 할 것이니라.
17 지금 많은 종교 지도자들이 스스로 자
기의 해야 할 일이요, 자기 임무요, 자
기가 어찌 가르치며 어찌 가야 하는지
그 길을 그들이 알지 못하느니라.
18 가야 할 일과 해야 할 일을 지키지 못
하는 종교 지도자들이 지금 어찌 가는
가?
19 저희들이 받을 저희들의 권리만을 주
장하며 저희들이 챙길 권리만을 주장
하는 그와 같은 지금의 종교 집단이
요, 종교 지도자들의 그 자세가 되어
있음을 너희들은 알아야 할 것이니라.
20 인간 세속의 너희들이 살아가는 인간
의 법도 속에서 자기가 자기 스스로
임무를 다하는 사람이 아니었을 때,
그 권리를 박탈당하며, 그 권리를 주
장할 수 없는 것이 인간 세상의 너희
들이 살아가는 법도가 아니더냐?
21 하물며 나 여호와의 뜻을 따라 만백성
이 영원히 사는, 그들을 구원하는 길
을 간다는 종교 지도자들이, 그 구원
의 길이요, 참진리요, 참진리의 빛을
찾아 새로운 생명으로써 구원의 길을
열어 주는 그와 같은 어렵고 힘든 역
사를 함이 아니요, 그저 저희들이 재
물을 거둬들이는 것에 나의 피조물 만
백성들을 종과 같이 부리는 데만 연연
하며 저희들의 그 권리만을 주장하고
부르짖는 그와 같은 종교 지도자들과
같으니라.
22 해야 할 일은 하지 아니하며, 저희들
이 지켜야 할 계명은 지키지 아니하
며, 내가 내린 율법을 지키지 아니하
며, 내가 내린 성경을 그들이 깊이 깨
우쳐 거기에서 내가 가르치고자 하는,
내가 뜻하는 바가 무엇인가를 그 비유
의 뜻을 공부하고 깨우쳐 기도로써 그
답을 얻으려 하는 것이 아니라,
23 그저 저희들은 나의 아들 예수의 보혈
로써 구원을 받았으며 저희들이 큰 성
전을 지어 그 속에 많은 사람을 모아
놓으면 그것으로써 그들이 스스로 구
원을 받는다 그리 생각하고 있으니,
24 너희들은 그와 같이 너희 주장과 너희
들이 이룰 수 있다는 것, 받을 수 있는
것만을 주장하며,
25 나 여호와의 참뜻이요, 참진리에 대해
서는 등을 돌리고 있는 것이 너희들의
실정임을 알아야 할 것이니라.
26 이와 같은 너희들의 깨달음을 바로잡
아, 너희들의 재물이요, 금화를 거둬
들여 너희 육의 편안한 삶을 위해 가
고자 하는 종교 지도자 너희들이 되어
서는 아니 될 것이니라.

27 종교 지도자는 너희들이 나의 백성들
로 하여금 금화와 은화를 거둬들이며
제왕적 군림을 하고자 하는 그와 같은
믿음으로 가서는 절대 구원의 길을 볼
수도 없으며, 가르칠 수도 없느니라.
28 너희들에게 헌금을 바치는 그 백성보
다 열배 백배 더 고통스럽고 힘든 속
에서 너희들이 기도하고 경배하며 너
희들의 마음을 다스려 가고자 모두를
비울 때, 거기에서 너희들이 깨달음을
얻을 수 있으며,
29 너희들이 거기에서 진리를 알아 나의
사랑하는 백성들이요, 불쌍한 나의 백
성들을 구원의 길로 인도하는 그 역사
를 이룰 수 있다는 것을 잊어서는 아
니 될 것이니라.
30 지금의 모든 종교 집단에서 종교 지도
자로 살아가는 너희들은 부귀와 영화
요, 금화와 재물을 거둬들이며 큰 성
전을 짓는 것에 연연하는 것이 아니요,
31 나의 성서를 밤과 낮을 가리지 아니하
며 깨우치고 기도하고 경배하며 너희
들이 거기서 스스로 자신이 깨달을 수
있는, 그리고 성서의 비유의 뜻을 알
수 있는 그 고통과 어렵고 힘든 그 길
을 열배 백배 더 노력하는 그와 같은
삶으로 살아야 함을 알라.
32 너희들이 비유로 된 그 성서를 깨닫는
자, 진정한 참 빛이요, 진정한 진리요,
내가 내린 계명 하나하나를 지키고자
살아갈 때 너희들이 그 비유의 뜻을
알 수 있음이니, 고통과 시련의 그 길
을 마다하지 아니하고 가는 것이 종교
지도자이니라.
33 지금처럼 너희들이 나의 사랑하는 백
성보다도 더 단단하게 더 따뜻하게 더
편안하게 살아가면서 단상에 서서 아
무리 설교를 하며 그들을 가르치려 해
도 너희들은 나의 뜻을 들을 수 없으
며 성경의 깊이를 알 수 없음이니,
34 너희들이 가르치는 것이 참진리가 아
니요, 지옥으로 나의 피조물 만백성을
이끌어 가며, 자기 자신만을 사랑하는
백성으로 만들어 가고 있음을 잊지 말
라.

4,356 번째 하나님 말씀

2002년 12월 30일 08시 13분

1 사랑하는 나의 아들아!
2 "네, 아버님! 말씀하옵소서."
3 만백성을 지도하는 지도자는, 내가 너
에게 뭐라 말하였느냐?
4 유리로 비춰 봐서 한 점의 부끄럼이
없는 사람이요, 한 점의 부끄럼이 없
는 사람이 지도자라 내가 말하였으며,
만백성 앞에 설 수 있다 말하였느니라.
5 너희 제자들보다 죄를 많이 지며 악행
을 많이 하는 자가 아름답고 착하게
사는 그 제자의 머리 위에 손을 얹어
과연 그를 인도한다며 기도할 수 있는
가?
6 그 경지의 높이가 너희보다 더 높이
가 있으며 지도자보다 더 높이 가 있
는 그를 가르친다 말할 수 있는가?
7 너희들이 말하는 초등 학문을 가지고
있는 자가 고등 교육을 마친 자를 가
르친다고 나서는 그와 같은 형국이지
아니하던가?
8 믿음이 바로 그러하니라. 그러하니 어

찌하겠는가?
9 그리하여 종교 지도자는 그 신도요, 많은 백성들이 비춰 봤을 때 정녕 한 점의 부끄럼이 없는 삶을 살아가는 자, 그와 같은 자가 지도자가 되어야 한다는 그 간단한 이치요,
10 그렇지 않은 자는 그 자격이 없다는 것을 알아야 하지 않겠는가?
11 만백성을 구하는 자로서 나로부터 메시지를 받으며 나로부터 법전을 받아 기록하는 너는 과연 어찌 가는가?
12 네가 바로 가고자 바로 서고자 싸우는 그것이 무엇이던가?
13 너 자신과의 싸움이요, 너 자신의 수양이 아니던가?
14 네가 싸워서 이겨야 그 길을 온전하게 갈 수 있으며, 영원히 지켜질 수 있는 것이니라.
15 그 누구의 가르침으로 또 그 누가 대신하는 것으로써 결코 변할 수 없음이니라.
16 너 자신이 변하는 것은 너의 노력이요, 너 자신과의 싸움이요,
17 그 모두를 물리칠 수 있는 마음 또한 너 자신이 싸워서 이기는 것이기에 그리하여 그는 영원히 지켜질 수 있으며, 가장 값진 것이며, 그리고 만백성 앞에 부끄럽지 아니하게 설 수 있는 그와 같은 자세인 것을 알아야 할 것이니라.
18 이제 사랑하는 너의 제자들 앞에 네가 바로 서지 못할 때, 네가 당당하지 못할 때, 네 음성이 그들의 귀에 파장을 이룰 것이며,
19 네가 한 점의 부끄럼이 없이 서 당당히 살아오고 난 그 후에 네가 단상에 서서 너의 제자들에게 강론할 때 너의 음성은 하늘의 천둥소리와 같이 그들의 가슴을 울릴 것이며 귀를 울릴 것이며 그들이 그 뜻을 알아들을 것이니,
20 네가 강론하는 그 음성을 듣고도 네가 얼마만큼 당당히 변해 있으며 무서우리만큼 자신과 싸워서 이김의 길을 가는가 그들이 먼저 알고 있음이니라.
21 그리고 그를 볼 수 있고 알 수 있는 지혜를 내가 그들에게 내려 줄 것이니, 그들이 알 것이니라, 사랑하는 나의 아들아!
22 너는 바로 한 점의 부끄럼이 없는 삶을 살 수 있으며, 너 자신이 싸워서 가야 할 것이니라.
23 나의 사랑하는 아들이요, 나의 160권의 법전을 써 만백성을 구하며, 사탄이 이 세상을 지배하는 그들의 뿌리를 뽑는 네가 정녕 한 점의 부끄럼이 있는 삶을 살아서는 아니 됨이니라.
24 그리하여 이제 너의 제자들로 하여금 네가 당당히 섰을 때 강론하는 그 음성이 들리고, 네가 비굴한 짓, 추한 짓, 남을 속이는 짓을 했을 때 너의 음성이 갈라지며 그들의 귀에 들리지 않는 그와 같은 능력을 그들 제자들에게 부여할 것이니,
25 네가 알아서 바로 서도록 그리하여야 할 것이니라.
26 내가 나의 아들이요, 너를 통하며 만백성을 구하는 목자인 네가 남으로부터 부끄러운 짓, 유리로 비춰 봐 한 점의 부끄럼이 있을 때 과연 네가 나의 지도자로 설 수 있는가?

27 그는 나 여호와가 다른 모든 종교 지
도자들은 그 신도들이요, 그 백성이
유리로 비춰 봐 한 점의 부끄럼이 없
는 자가 지도자라 말을 하며,
28 그와 같이 가지 못하는 자들을 체벌하
며 내가 그들을 벌하며, 그들 입에서
나오는 것은 진정한 깨달음이 아니요,
진리가 아니라 말하면서,
29 나의 아들 너의 입에서 나오고 네가
행동하는 것이 진리만이 아니요, 네가
잘못된 것을 가르친다 하면,
30 네가 한 점의 부끄럼이 있는 삶을 사
는 자로서 만백성의 지도자로 선다는
것은 나 여호와가 아니며, 나 여호와
가 공의의 하나님이 아니며, 내가 너
를 사랑하지 아니함이니라.
31 우선 내가 많은 종교 지도자들이 한
점의 부끄럼이 없이 살아가기를 바라
며 그들이 변하기를 바란다면, 나의
아들 너부터 먼저 완벽하게 세워 놓고
내가 그들을 책망하는 것이 당연한 도
리가 아니던가?
32 너는 내가 나의 모든 백성들에게 거짓
하는 여호와가 되기를 바라는가?
33 네가 한 점의 부끄럼이 없이 유리로
비춰 봐 부끄럼이 없는 그 삶을 살 때,
내가 많은 백성들이요, 모든 수십억의
종교 지도자들에게 한 점의 부끄럼이
없는 삶을 사는 자만이 종교 지도자라
내가 말할 수 있으며, 그리 가라 함이
니,
34 네가 나를 거짓 하는 자요, 위선자인
나 여호와로 만들고 안 만드는 것은
너에게 달렸음이니 그리 알라, 사랑하
는 나의 아들아!

35 그 길은 너에게 달렸으며, 네 선택의
길에 달렸으며, 네가 어찌 서느냐에
달렸음이니,
36 나의 법전이 낙엽이 되어 쓰러져 퇴비
로 가도록 하는 것과, 네가 만백성을
구하는 하늘의 진리요, 하늘의 빛으로
써 나의 뜻을 대신하여 만백성을 구하
는 그 역사를 이루고 못 이루는 것은,
네가 하늘에 비춰 봐 한 점의 부끄럼
이 있는 삶을 살면 아니 되니,
37 너 스스로 싸워서 이겨야 할 것이며
너 스스로 다스려 나가라.
38 내가 공의의 하나님이요, 내가 모든
지금의 종교 지도자들이 잘못되었으
며 나의 자식이 아니며 사악한 길로
갔다는 것을 그들에게 말함이니,
39 네가 바로 섬으로써 그를 증명할 수
있으며 그 말을 그들에게 당당히 쓸
수 있으며, 사탄들을 멸할 수 있는 자
격이 나에게 있음을 알라.
40 네가 한 점의 부끄럼이 없는 삶을 살
지 못할 때 나 여호와는 사탄을 지배
할 수 없으며, 그들을 체벌할 수 없으
며, 그들에게 벌을 주고 이 지상의 낙
원에서 그들의 뿌리를 뽑을 수 있는
힘이 없음을 알라.
41 나의 아들이요, 내가 내린 목자가 한
점의 부끄럼이 없는 삶을 살 때, 그 모
두가 세상을 지배할 수 있는 힘을 네
가 나에게 줌이니, 그 모두는 너의 책
임이니라, 사랑하는 나의 아들아!

4,357 번째 하나님 말씀

2002년 12월 30일 08시 24분

1 사랑하는 나의 아들아!
2 "네, 아버님! 말씀하옵소서."
3 나 여호와가 지금 네가 마지막 선지자
요, 나의 아들이라 하였으며, 지금 내
가 성령을 내려보내 법전을 만들어 만
백성을 구하는 것이 또한 마지막이라
내가 말하였으며, 이제는 그와 같은
역사가 더 이상 이루어질 수 없다 말
하였음이니, 너희들은 그 말을 믿으려
하지 아니하는 것이니라.
4 그렇다면 너의 제자들과 만백성에게
전하여 깨우쳐 주도록 그리하라.
5 하늘의 비밀이요, 천기요, 내가 이루
고자 하는 그 역사를 어찌하여야 너희
들에게 다 가르쳐 주며 깨우쳐 주겠는
가?
6 영원히 너희들이 알지도 못하며 생각
하지도 못할 그와 같은 나 여호와만이
가지고 있는, 하늘의 역사하고자 하는
그 비밀을 내가 너희들에게 어찌 전하
여 주며 그를 깨우쳐 주어 너희들에게
전하겠는가?
7 그와 같은 이치와 뜻을 알 때, 이제는
지상에서 이루어질 그 모든 역사의 비
밀을 너희들에게 전함이니, 그리하여
마지막 시대라 내가 말함이니라.
8 내가 너희들에게 뭐라 법전에 기록하
여 전하였던가? 너희들이 그 이치를
음미해 보도록 하라.
9 너희들의 대명이 무엇인가?
10 이 지상에서 너희들이 하늘에서 이루
어지는 낙원처럼 작은 소왕국의 집단
을 만들라 하였음이니라.
11 그리하여 나의 백성들이 인간이 만든,
하늘에 오르는 길이요, 하나님의 말씀
을 듣고 만들어 놓은 이곳이야말로 이
세상의 어느 곳과도 견줄 수 없는 아
름다운 천국이라 그리 말하여,
12 '인간이 만든 이 지상의 낙원이 이리
아름답고 소중하거늘 하늘에 계신 아
버님이 만든 그 하늘의 나라는 어떠할
것인가?'를 알아 너희들이 그와 같이
깨우칠 수 있는 백성을 만드는 그 소
왕국을 만들라 하였음이니라.
13 그리하여 그 소왕국의 힘이 번지고 또
번져 그와 같은 소왕국의 형태가 전국
방방곡곡에 만들어짐으로 인하여 너
희들이 천 년에 걸쳐서 하늘에서 이루
어지는 그 낙원의 아름다움처럼 지상
을 만들어 놓는다 하였으며,
14 하늘에서 이루어진 것같이 그 모두가
이 땅에서 이루어질 수 있도록 그와
같은 지상의 낙원을 내가 만드는 것이
라 하였음이니, 이게 바로 모든 하늘
의 비밀이며 내가 하고자 하는 역사며,
15 아무도 모르고 있던 그것을 내가 나의
법전에 기록하여 너희들에게 전함이
니, 이제 모두를 다 털어놓았음이니
그것이 바로 마지막이며,
16 내가 더 이상 더 가르치는 것이 없으
며 더 원하는 것이 없으며 더 이루고
자 하는 것이 없음이니, 그 모두를 너
희들에게 이루라 대명을 내렸음이니,
17 과연 너희들은 이것을 알며 들으면서
도 나의 뜻이 마지막이라는 그 의미를
모르겠느냐?
18 하늘의 비밀을 들어서 알며 하늘의 비

밀의 이치를 알며 내가 무엇을 하고자
하는가를 다 알고 있는 백성 너희들이
바로 서지 못하며 그 뜻을 이루고자
노력하지 아니한다면 과연 누가 그 역
사를 이룰 수 있겠는가?
19 아무것도 모르는 자, 내가 원하는 것
이 무엇인가 그저 성서의 겉핥기만 알
듯이 그와 같이 깨달음을 가는 백성이
그 뜻을 이룰 수 있겠는가?
20 내가 원하는 뜻이요, 내가 이루고자
하는 것을 아는 백성만이 그 일을 역
사할 수 있지 않던가?
21 바로 그리하여 너희들이 소중하며, 너
희들이 바로 서야 된다 함을 잊어서는
아니 될 것이니라.
22 이제 내가 모든 비밀을 너희들에게 말
하였음은, 이것은 어떠한 사탄이요,
어떠한 역사하는 것이 이를 반대하고
거부한다 해도 그는 이루어지고 시행
된다는 것을 너희들은 알아야 할 것이
니라.
23 나 여호와가 너희들을 통하여 하늘의
비밀을 전했으며 나의 뜻을 알아 너희
들에게 행하도록 내가 명하였음이니,
이는 어떠한 방해요, 어떠한 사탄이
요, 어떠한 역경이 있다 해도 반드시
이루어지게 되어 있으며 이루어짐이
니라.
24 그러기에 너희들이 승자라 말하였음
이니, 너희들이야말로 승자의 자격으
로서 자질을 갖추는 데 너희들 스스로
노력하며 너희들 스스로 변화되는 그
와 같은 삶을 살지 아니하면 아니 됨
이니라.
25 모든 것을 바로 서고 바로 설 수 없는
것은 너희들의 노력이요, 수양이요,
너희들의 마음가짐에 달렸음을 잊어
서는 아니 될 것이니,
26 너희들 스스로 자신을 다스리는 데 게
을리해서는 아니 될 것이니라.

4,358 번째 하나님 말씀

2002년 12월 30일 08시 38분

1 사랑하는 나의 아들아!
2 "네, 아버님! 말씀하옵소서."
3 예수가 만백성에게 참진리를 깨우치
고자 그가 죽음을 선택한 그 후 2천
년이라는 긴 역사의 세월이 너희들 세
상에서 흘러왔느니라.
4 그 속에서 나에게 구원을 받는 그 길
을 인도한다는 지금의 종교 집단이요,
그와 같은 단체들이요, 그들이 끌고
가는 그 형태가 과연 어떠한 줄 알겠
는가?
5 너희들 인간 세속에 그런 말이 있지
않더냐? '장님이 코끼리를 만지는 격'
이라 하였음이니,
6 눈을 뜬 자가 코끼리 전체를 보고 설
명하는 것이 아니요, 앞을 못 보는 자
가 제 손으로 만지는 부분만을 말하고
설명할 수 있음이니 그가 일부분만을
만지며 그게 코끼리 전체인 것처럼 그
리 설명하는 그와 같은 말을 너희들이
알고 있지 아니하는가?
7 그러니까 그는 전체를 보지 못하며 어
리석게 일부분만을 보고서 말하는 자
의 그 교훈을 너희들에게 가르치고자
하는 말이 아니던가?
8 전체를 보지 못하는 것이 바로 지금의

너희들의 그 믿음임을 알라.
9 너희들이 2천 년 동안 하늘에 오르는
길이요, 참진리요, 너희들만이 구원의
길이라 그리도 소리 지르며 광란의 믿
음으로 오는 그 길이 구원의 길이 아
님을 알라.
10 너희들이 일부만을 보는 것이며, 일부
만을 보고 만져 그것이 하늘에 오르는
길이라 그리 가르치며 너희들 자신이
그리 알고 있음이니, 그것이 지금 너
희들 믿음의 집단들이 하고 있는 형태
이니라.
11 진정한 참진리의 믿음의 길을 아는 백
성은 어찌해야 그를 알겠는가?
12 너희들이 손으로 지은 성전에 가지 아
니하여도, 재물을 바치지 아니하여도
너희들이 스스로 마음을 비운 자, 마
음을 스스로 비웠을 때 너희들은 나
여호와에게 들을 수 없는 것을 듣게
됨이니라.
13 너희들이 손으로 지은 그 성전에 가
재물을 바치며 믿음의 길을 가지 않는
백성이라 하여도 그들 스스로 마음을
비웠을 때 마음을 비운 자 나 여호와
가 그 마음을 열게 하니, 그가 하늘의
문을 볼 수 있으며,
14 너희들이 볼 수 없는 하늘나라의 그
모두의 위대함을 너희들에게 보여 주
며, 내가 나의 음성을 듣게 하며, 내가
너희들에게 임하여 그를 바로 구원의
길에 인도하도록 하는 것이 나 여호와
의 뜻이니라.
15 그러나 지금까지 수천 년 동안 흘러온
너희들은 정녕 진정한 전체의 믿음이
요, 내가 원하는 것을 알고 깨우치는
것이 아니라 일부분만을 가지고 너희
들이 구원의 길이라 그리 매달리며,
그를 놓을 줄을 모르며, 거기에 거부
하는 자 이단이요, 사탄이라 그리 말
하느니라.
16 너희들은 코끼리 전체를 본 사람이 설
명을 해도, 다리를 만져 본 자, 귀를
만져 본 자, 그것을 가지고 그것이 전
체요, 옳은 길이요, 그것만이 코끼리
라 부르짖는, 앞을 보지 못하는 자가
만진 것으로써 평가하는 그와 같은 형
국의 믿음을 오고 있는 것이 2천 년의
역사가 흐른 지금의 믿음이요, 그리고
너희들이 또 앞으로도 그와 같은 형국
을 벗어나지 못함이니라.
17 그리하여 한 마리의 코끼리를 놓고 말
하여 너희들이 귀를 만진 자는 귀가
하늘에 오르는 길이요, 다리를 만진
자는 다리가 하늘에 오르는 길이요,
꼬리를 만진 자는 꼬리만이 하늘에 오
르는 길이요, 코를 만진 자는 코만이
하늘에 오르는 길이라 그리 가르치며
너희들이 그와 같은 형국에서 벗어나
지 못하고 있으며,
18 지금의 믿음이라 가고 있는 백성과 지
도자 또한 그와 같은 형국이니,
19 과연 지도자가 한 부분만을 만지고 그
것이 하늘에 오르는 길이라 가르치니
거기서 보고 배우는 백성들이 또 어찌
하는가?
20 코를 만진 지도자가 코를 설명하는데
듣는 자에 따라서 또 다르며 생각하는
자에 따라 다 다르며, 그를 보지 아니
하고 만지지 않은 백성은 이해할 수
없으며 그를 제대로 설명할 수도 없으

니, 너희들이 지금 얼마나 잘못 가고
있는 것인가?
21 오죽하면 내가 나의 아들 예수가 났을
때 믿음의 부르짖음은 금의 말이요,
그다음에 변질된 것은 은의 말이요,
너희들이 또 변질되어 전한 것은 동의
말이요, 지금은 너희들이 무쇠를 전하
는 것 같은 그와 같은 말로 하고 있음
이니,
22 그 무쇠라도 차라리 원통이 살아 있으
면 덜할 것이나, 너희들은 무쇠가 쇠
진되고 또 썩고 변하여 날아가 그 쇳
가루가 자리를 잡은 것이 바로 너희들
이 손으로 지은 그 성전이라 나 여호
와가 그리 비유하여 너희들에게 채찍
을 가하며 너희들에게 깨우침을 주고
자 하겠는가?
23 지금의 모든 종교 지도자들이 그러하
니라.
24 그러하기에 코를 만진 자, 귀를 만진
자, 꼬리를 만진 자가 그것만이 하늘
에 오르는 길이라 너희들이 죽기 아니
면 살기로 악을 쓰고 있음이니, 그러
하니 얼마나 어리석은 믿음을 가고 있
는가?
25 마음을 비우라.
26 그리고 마음을 비웠을 때 전체를 다
볼 수 있는 것이 너희들이니, 전체를
보는 그 믿음을 봐야 할 것이니라.
27 지금 내가 나의 법전이요, 나의 성령
이요, 하늘에 오르는 길이라 하여 나
의 아들을 통하여 160권의 법전을 세
상에 내려보내니 이것이 완성된 코끼
리의 형태이니라.
28 너희들이 완성된 이 코끼리의 형태를
보지 아니하고 만져 보지 아니하고는
너희들이 제대로 가르칠 수 없으며 전
할 수 없음을 알라.
29 이제 나의 법전을 내려보내 이를 다
봤으며 이를 다 만져 본 나의 선택된
아들과 딸들을 통하여 너희들을 깨우
치고자 하나,
30 너희들이 부분만을 만져 본 그와 같은
종교 지도자들이 그들을 핍박하고 그
들을 무너트리고자 하나, 과연 이를
보고 이를 다 깨달아 만져 보며 눈으
로 본 그 백성들은 너희들이 어떠한
말로써 한다 해도 그들은 물러나지 아
니하며 양보하지 아니할 것이니,
31 너희들은 결국 다 만져보고 눈으로 본
자의 그 의미와 그리고 진정한 진리
요, 그 형태를 하나하나 설명해서 가
르칠 때 너희들은 정녕 나의 법전을
읽고 깨우친 백성들이 가고 있는 길이
참진리라는 것을 알게 될 것이니라.
32 지금 너희들이 마음을 비우지 못한 자
들이 코는 코를 가지고 설명을 하는
것이 아니라, 너희들은 코를 가지고
설명하면서 무엇을 하는가?
33 그 대가를 받아들이는 데 연연하고 있
음이니, 너희들이 재주를 부리고 거둬
들이는 동물의 형태와 무엇이 다르던
가?
34 코를 만져 본 자는 코를 만져 본 대가
를 거둬들이고자 하는 것이며, 발을
만져 본 자는 발을 만져 본 대로 그 대
가를 거둬들이며 받아들이며, 꼬리를
만진 자 그에 대한 만진 만큼 그 대가
를 거둬들이는 데만 연연하며 재물을
모으는 데 욕심을 버리지 못하고 있으

니,
35 그것이 너희들이 지금 가고 있는 형국
이니 이를 어찌해야만 되겠는가?
36 몇천 년 동안 그리 흘러온 것이 지금
의 종교 집단이며, 그와 같은 속에서
서로 물고 뜯고 싸움이니, 그러니 코
끼리를 만져 봤다는 자들이 서로 싸우
는 것이 바로 거기에 있음이니라.
37 코끼리를 다 봤으며 그 몸통을 만져
본 자는 성서의 비밀을 앎이니, 그는
모두를 다 알고 있음이니 아는 자만이
지도자가 될 수 있는 것이니라.
38 너희들은 일부분을 만져 보고 너희들
이 옳다 말하니, 하나의 코끼리를 가
지고 수천수만 가지로 만져 본 사람마
다 다르게 그리 말하고 지금 악을 쓰
고 있으며 그것이 옳다 말함이니,
39 바로 몸통을 보지 못한 자가 성서를
가지고, 너희들이 그 성서 한 권을 놓
고 제가 가는 것이 옳다 하며 제가 가
르치는 것이 옳다 주장하는 그와 같은
지금의 형국이니, 하나의 성서를 가지
고 수만의 종파가 형성되고 갈라지고
찢어진 그 역사이니라.
40 그것이 바로 코끼리 한 마리를 놓고
만져 본 자가 그 뜻에 의해서 옳다고
강조하며 고집을 세우는 그와 같은 형
국에 있음을 너희들은 알아야 할 것이
니라.
41 이제 내가 이루고자 하는 것, 내가 역
사하고자 하늘에서 이루어진 것같이
이 땅에서 이루고자 하는 것은 그 코
끼리를 다 본 자만이 나의 아들딸로서
설 수 있으며 그 역사를 이룰 수 있음
을 알라.
42 이 지상을 만들고자 하는 그 위대함은
그 코끼리의 전체를 봐야 하니, 너희
들이 마음의 문을 열지 아니하면 볼
수 없음이니라.
43 너희들이 모두가 다 존재하는 것은
내가 이루고자 하는 그 방향을 위해서
존재하며, 내가 역사하고자 하는 것에
너희들이 동참하게 되어 있으며, 거기
에 그 일을 위하여 너희들이 지금 나
로부터 선택된 나의 아들딸이요, 나의
법전을 읽고 깨우친 백성이요, 나의
아들을 따르는 백성 너희들이 그와 같
은 자임을 알라.

4,359 번째 하나님 말씀

2002년 12월 31일 01시 08분

1 사랑하는 나의 아들아!
2 "네, 아버님! 말씀하옵소서."
3 너희들이 깨우쳐 변하는 것이 너희들
의 마음을 다스림이니, 그 마음이 다
스려지고 다스려질 때마다 너희들 자
신이 낮아지며 작아지는 그와 같은 형
국으로 변하는 모습을 너희들이 알게
될 것이니라.
4 너희들의 크나큰 몸집이요, 형체를 작
은 틀 속에 집어넣는 그와 같은 고통
과 시련이 바로 너희들이 깨우쳐짐이
요, 변해감이니,
5 너희들이 들어갈 수 없는 그 작은 틀
에 너희들의 몸을 집어넣는 형국이 바
로 너희들의 마음이 변하는 것이며 너
희들이 다스려져 가는 형국이니라.
6 그러니 너희들이 얼마나 고통스럽고
힘들며 어려운 길을 가는 것이 깨우침

의 길인가 너희들은 알 것이니라.
7 너희들이 말하기를, 인간 세상에서 무
엇 하나 목적을 이루며 남들에게 뒤지
지 않게 이름을 알리고자 하며 남들이
할 수 없는 역사를 이루고자 할 때, 얼
마만큼 많은 노력과 얼마나 많은 고통
이 따름으로써 너희들이 계획했던 그
소기의 목적을 달성할 수 있던가?
8 너희들이 계획했던 것을 이루는 사람
이 과연 몇 명이나 있으며, 너희들이
어려서부터 갖고 있던 그 꿈을 실현하
는 사람이 과연 얼마나 된다 생각하는
가?
9 너희들이 가지고 있던 그 꿈을 실현할
수 있는 사람은 너희들의 상상을 초월
하는 노력과 고통이 동반되어 그 속에
서 무엇인가가 이루어짐이니,
10 너희들은 말로써는 세월을 엮을 것같
이 말하며 말로써는 못 이룰 게 없을
것같이 말하나, 너희들이 막상 이루어
지는 것은 과연 무엇이 있던가?
11 얼마나 이루어진다 생각하는가?
12 더구나 너희들 인간 세상에서 똑같은
조건에서 노력하면 노력할수록 얻을
수 있는 그와 같은 너희들의 인생의
삶에서도 목표했던 것을 이루고 뜻을
이루는 사람이 몇 퍼센트가 되지 아니
함이니,
13 너희들이 구원을 받는 길이요, 하늘에
오르는 길이요, 보이지 아니하며 만질
수도 없는 나의 음성이요, 나를 향하
여 달려오는 그 길은 하루아침에 이루
어지는 것이 아니니라.
14 너희들이 몇 년 동안 노력하고 거둬들
인 것에 대해서 육의 삶에서는 얻어지
는 결과가 있듯이 눈으로 보이는 것이
있음이니,
15 그러나 너희들이 하늘에 오르는 그 길
은 평생을 간다 해도 보이는 것이 없
으며 잡히는 것이 없으며 얻어지는 결
과가 없음이니라.
16 너희들 인간이 살아가는 것은 노력하
는 만큼 그것이 너희 눈으로 보이며
너희 손으로 건질 수 있으며 볼 수 있
는 것이 너희들의 삶이니라.
17 그러나 너희들의 믿음이라는 길은 평
생을 바쳐도 보이지 아니하며 들여다
볼 수 없으며 만질 수도 없으며 또한
나의 음성을 들을 수 없는 것이니라.
18 그 무엇도 이룰 수 없는 무아지경의
그 속에서 너희들의 모두를 다 바치고
살아온다는 것이 얼마나 어렵고 힘든
것이며,
19 보통 사람이면 누구도 겪을 수 없는
그와 같은 너희들 자신의 마음을 다스
리며 나의 계명에 맞춰 살아가는 그
삶의 길이 얼마나 고통스럽고 힘든가
를 너희들은 알아야 할 것이니라.
20 인간 세상에 하나의 목적을 달성하려
해도 그가 피나는 노력이 있을 때 그
결과가 있을까 말까 하거늘,
21 영원히 구원을 받는 길을 달려오는 너
희들이 얼마만큼 고통과 시련의 그 인
내 속에서 이루어지는 것인가?
22 지금의 너희들의 몸을 너희 손으로 쥘
수 있는 그 안에, 그보다 작은 틀 속에
너희들의 몸을 집어넣는 그와 같은 역
사가 이루어졌을 때 너희들이 변화의
역사가 이루어짐을 알게 되는 것이니
라.

23 너희들은 고통과 시련 속에 이루어지
며 그 속에서 얻어짐이니,
24 평생 너희들이 잠시도 마음을 소홀히
해서도 안 되며 긴장을 놓아서도 안
되며 자세를 풀어도 아니 되는 것이
너희들이 나에게 오르는 그 길임을 알
라.
25 너희들이 평생을 쌓아 올린 그 모든
업적이 일순간에 무너지는 것이 믿음
에서 사탄으로 가는 길이니, 이를 너
희들이 명심하여 행하도록 그리해야
할 것이니 잊지 말라.

4,360 번째 하나님 말씀

2002년 12월 31일 01시 15분

1 사랑하는 나의 아들아!
2 "네, 아버님! 말씀하옵소서."
3 나 여호와가 창조한 이 아름다운 나라
가 지금 어떠한 형국으로 흘러가고 있
는지 너희들은 알고 있는가?
4 내가 창조하여 하늘의 나라와 같이 지
상에 낙원을 이루고자 하는 아름다운
이 지상을 지금 사악한 자들이 지배하
고 있음이니, 나 여호와의 아픈 마음
을 너희들이 정녕 아는가?
5 이 지상의 낙원을 사악한 자들이 지배
하니, 내가 새로운 천 년 후의 역사를
계획하여 새로운 지상의 낙원이 탄생
하도록 그를 만들고자 함이니,
6 지금 사악한 자들이 이 세상을 지배하
고자 새로운 낙원의 새 역사를 만드는
그 자체가 탄생하지 못하도록 하며,
영원한 악의 세상이 존재하도록 하려
고 그 욕망과 그 욕심에 그들이 그득
히 차있음이니,
7 선한 백성들이 나의 나라에 새로운 시
대를 탄생하는 그 자체를 못 하도록
그들이 그 근본인 나의 법전을 세상에
나오지 못하도록 하며, 나의 법전을
탈취하며, 이를 만드는 나의 아들을
그들이 쓰러트리고자 하는 것에 지금
그들이 모든 수단과 방법을 가리지 아
니하고 있음이니,
8 나의 아들 또한 수시로 그들에게 걸려
언제 넘어질지 모를 정도로 그와 같은
위험한 지경에 있음을 너희들은 알아
야 할 것이니라.
9 그들은 사탄의 시대가 문을 닫는 그
시점에 와 있음을 스스로 알고 있기에
모든 수단과 방법을 동원하는 데 그곳
에서 지금 믿음의 길을 가고 있는 모
든 백성들이 동조하고 있음을 너희들
은 알아야 할 것이니라.
10 하늘에 오르는 길이요, 나를 믿으며
천국에 오는 길이라 하여 가르치는 너
희들이 진정한 참진리의 뜻이요, 진정
한 새 생명의 빛을 비추는 나의 뜻에
의해 가르침을 가지 않으면 그 사악한
자들이 이 세상을 지배하고자 하는 것
에 힘을 실어 주는 그와 같은 역할을
하고 있는 자들임을 알아야 할 것이니
라.
11 지금 사탄이 이 세상을 지배하고자 하
며 그 사탄의 시대가 종말이 왔음을
그들이 알고 있음이니, 그들이 온갖
수단과 방법을 가리지 아니하고 지금
새로운 시대를 역사하려는 나의 법전
이 세상에 나오지 못하도록 하고 있음
이니,

12 잘못 가고 잘못 가르치는 종교 지도자
들이 사탄의 앞잡이가 되어, 그와 같
은 사악한 시대를 열고자 하는 그들에
게 근본이 되며 뿌리가 되는 그와 같
은 원흉으로서 사탄의 지시를 받아 가
고 있는 것이 지금 수천 년 동안 믿어
온 믿음의 형국이 흘러가는 형태라는
것을 나 여호와는 알고 있음이나, 어
찌하여 너희들은 그리도 그를 모르는
가?
13 이제는 내가 너희들의 그 속성을 알고
있으며, 사탄들의 지배하고자 하는 마
음을 알고 있으며, 나의 법전이 세상
에 나오지도 못하도록 그들이 하려는
그 마음을, 그 형국을 나 여호와가 알
고 있음이니, 내가 그대로 두지 아니
함을 너희들은 알아야 할 것이니라.
14 너희들의 그 속성과 너희들이 가지고
있는 사탄의 그 심성을 알고 있는 한
내가 어떠한 희생과 고통을 겪는다 해
도 이 160권의 법전을 세상에 내보내
나의 만백성을 구하는 그 일은 중단되
지 아니할 것이며,
15 이는 너희들이 말하는 사탄과 사악한
너희들의 뜻에 따라 이를 중단하는 그
와 같은 형국은 절대 있지 아니할 것
이니,
16 너의 제자들에게 이르라.
17 어떠한 희생과 고통이 따른다 해도 너
희들은 이 세상의 승자요,
18 내가 이루고자 하는 새 역사요, 새 시
대는 반드시 이루어진다는 것을 알아
야 할 것이니라.
19 너희들이 여기서 마음이 흔들리며 마
음이 약해지며 여기서 포기하고 주저
앉는 그와 같은 형국이 생긴다 하면,
이 지상의 낙원은 모두가 황폐하여 어
떠한 생명체도 존재할 수 없는 그와
같은 형국으로 변화되는 무서운 재앙
이 내린다는 것을 너희들은 알아야 할
것이니라.
20 오로지 내가 모든 생명체를 거둬들이
는 재앙을 내리기 전에, 내가 나의 아
들을 통하여 160권의 법전을 세상에
내려보내니, 이를 가지고 깨우치고자
하는 너희들이 있기에 내가 오늘의 그
재앙을 중단하고 있음을 너희들은 확
실히 알아야 할 것이며,
21 이 세상 만백성 너희들은 세상에 나의
법전이요, 나의 성령이 내려감으로 인
하여 지금의 너희들이 모두를 다 버려
야 하는 그와 같은 재앙을 내리지 않
고 있음을 알아야 할 것이니,
22 이는 내가 나의 아들을 통하여 법전에
기록하여 전하나 너희들이 죽어 내 앞
에 올 때 이것의 진실 여부를 알게 될
것이니,
23 육의 삶이 있을 때 너희들이 깨닫는
자가 되어야 할 것이니라.
24 내가 일찍이 나의 아들을 통하여 너희
들에게 전하였느니라, 너희들이 나에
게 용서를 받을 수 있으며 회개할 수
있으며 바로 설 수 있는 그 변화의 역
사를 이룰 수 있는 것은, 지금 육의 생
명이 있는 이 속에서, 너희들의 생명
이 존재하고 숨을 쉬고 있는 지금에
너희들이 그 모두를 이룰 수 있는 것
이라는 것을.
25 그 모두가 끝나 너희들이 나에게 와
심판을 받을 때 너희들은 어떠한 형국

으로써도 돌이킬 수 없으며 죄 사함
받을 수 없으며 용서받을 수 없으며
너희들이 다시 나로부터 구원을 받는
그와 같은 기회가 없음을 너희들이 알
아야 할 것이니라.

4,361 번째 하나님 말씀

2002년 12월 31일 01시 19분

1 사랑하는 나의 아들아!
2 "네, 아버님! 말씀하옵소서."
3 네가 이 깊은 밤 나 여호와에게 경배
하며 기도함은 만백성을 구하는 나의
성령의 160권을 세상에 내고자 함이
니,
4 너는 때로 괴롭다 하며 고통스럽다 하
며 너 스스로 하염없이 눈물을 흘리
며, 네가 오늘에 가고 있음을 너 자신
이 고통이라 생각하는 그와 같은 마음
의 자세를 갖고 있음이니,
5 너는 나로부터 선택된 나의 목자요,
나의 아들이라 말하였거늘, 어찌하여
네가 그와 같은 나약한 마음이요, 흔
들리는 자세로써, 네가 이 세상을 지
배하는 나의 아들로서 서려 하는가?
6 너는 과연 얼마나 힘들고 어려운 그
길을 지금 네가 가고 있는가?
7 너는 십자가의 고통 속에 그리 죽어
가며 눈물을 흘리고 간 나의 아들 예
수의 고통보다도 네가 더 고통스럽고
네가 그보다 더 어려운 길이라 지금
생각하는가?
8 사랑하는 자식을 살릴 수 있는 나 여
호와가 그 죽어가는 자식을 살리지 아
니하며 그를 바라보는 나의 아픈 가슴
의 그 아픔보다도 네가 오늘에 더 고
통스러우며 더 힘들다 생각하는가?
9 그보다 네가 더 힘들며 너의 제자들이
더 고통스럽고 어려운 길이라면 너희
들이 나의 법전을 덮고, 나의 성전에
와 나의 아들이 내리는 그 강론을 듣
지 아니하여도 될 것이며,
10 네가 기도하여 나로부터 성령을 받아
160권의 법전을 만들어 만백성을 구
하는, 길이 남는 그 역사를 이루지 아
니하여도 될 것이니라.
11 나의 성령은 영원히 존재함이니라.
12 내가 일찍이 성서에 기록하여 말했듯
이, 새로운 보혜사가 세상에 왔을 때
는 영원히 존재하는 새로운 성경을 갖
고 세상에 온다 하였음이니,
13 이게 바로 나의 성령이 그 시대를 맞
춰 이루어지는 오늘의 역사를 내가 말
하였음이니, 바로 새로운 시대에 새
역사를 이루는 새로운 성경이 지금 세
상에 내려오고 있음이니,
14 너희들이 이와 같은 대역사를 이루는
것이 그리도 힘들고 어렵다 하며 나
여호와를 원망한다면 너희들이 떠나
도 내가 두말하지 아니할 것이니, 선
택의 길은 너희들이 가도록 하라.
15 사랑하는 나의 아들아!
16 눈물을 흘리며 죽어 갔던 나의 아들의
그 비참한 모습과 고통스러워 몸부림
치는 그 모습을 네가 생각해서, 그보
다 너와 너의 제자들이 더 고통스럽다
하면 너희들은 이곳에서 떠나도 된다
내가 그리 전함이니라.
17 그렇지 아니하고 너희들이 정녕 그보
다 고통스럽지 아니하며 그보다 너희

들의 시련이 깊지 아니하다면, 너희들은 두 가지 마음을 가져서도 안 되며 두 가지 마음을 생각해서도 아니 되며 두 가지 마음을 가지고 살아가는 삶을 살아서는 아니 됨을 너의 제자들에게 깨우쳐 주도록 그리하라.
18 너희들의 오늘의 고통이 있을 때 나에게 구원이 있으며 나에게 상이 반드시 있음을 너희들은 잊어서는 아니 될 것이니 그리 전하도록 하라.

4,362 번째 하나님 말씀

2002년 12월 31일 01시 26분

1 사랑하는 나의 아들아!
2 "네, 아버님! 말씀하옵소서."
3 내가 만든 이 아름다운 지상의 낙원이 사악한 자들로써 지배되며 그들이 이 세상을 통제하는 이와 같은 형국이 되었음이니,
4 그 모두는 누구의 책임이며, 그 모두를 나 여호와는 과연 어느 선까지 내가 너희들을 사랑하며 너희들에게 인내하는 것을 보여야만 하겠는가?
5 너희들이 지금보다 더 사악해져 간다면, 지금의 종교 집단 너희들이 바로 서지 못하며, 진정한 깨달음의 길이요, 나 여호와의 뜻에 의하여 만백성을 구하는 그와 같은 마음으로 돌아서지 아니하고 지금의 이 형국으로 간다하면,
6 너희들은 악마의 뜻에 움직이는 자들이 될 것이며 사악하기가 이루 말할 수 없는 사악한 나의 백성들로 너희들이 변하게 됨이니라.
7 이와 같이 너희들이 사악한 나의 백성으로 변하여 악마의 뜻에 움직이는 그와 같은 세월이 지나가고 또 지나간다면 나 여호와는 너희들을 그대로 둘 수 없음이니, 내가 재앙의 칼을 뽑아 너희들을 단죄할 것이며, 그 단죄할 때가 머지않았음을 너희들은 알아야 할 것이니라.
8 그와 같이 내가 칼로써 너희들을 단죄하기 전에, 내가 나의 성령이요, 나의 법전을 세상에 내려보내 너희들을 깨우치고자 하나, 너희들이 이를 듣지 아니하며 이를 따르지 아니하며, 사악한 자요, 거짓 선지자의 말세의 장난이라 그리하며,
9 내가 만일 칼로써 너희들을 단죄하며 재앙으로써 다스릴 때 너희들은 말할 것이니라.
10 사탄의 자식으로서 너희들의 그 모습이 드러나며 너희들이 전락되며 너희들이 구원의 길을 받지 못하게 될 때 너희들은 말할 것이니라.
11 지금까지는 너희들이 천국이 있으며, 나 여호와가 있으며, 구원의 길을 가는 것은 너희들이 만든 성전에 와 금화와 은화를 많이 바치는 자 구원을 받을 것이며,
12 구원을 받는 자는 하늘에 많은 재물을 쌓아 놓아 너희들이 하늘에 가서 재물의 창고를 열었을 때 거기에 쌓여 있는 그 재물의 양에 대하여 너희들의 죄를 용서받으며 면죄받는다 그리 가르치며 나 여호와가 존재한다 수없이 가르치나,
13 너희들이 직접 나로부터 단죄의 칼을

받게 될 때 너희들은 돌변하여 과연
무어라 말할 것인가?
14 지금 천국이 있다 하며 나 여호와가
있다 말하는 너희들이 그리 말할 것이
니라.
15 '여호와요, 무슨 하나님이 있는가? 그
하나님이 있다는 말라비틀어진 그와
같은 소리 하지 말라. 천국과 지옥이
어디 있는가? 그 모두는 아무것도 없
는 것이니라.
16 그저 육에서 즐겁게 살면 되는 것이
며, 너희들은 지금 우리에게 바친 그
성전에 더 많은 재물을 바쳐 너희들이
향락과 즐거운 그와 같은 모든 프로그
램을 제작하며 너희들을 즐겁게 만드
는 그곳에 참여하는 사람으로서 살아
가는 것이니라.' 너희들은 그렇게 무
섭게 돌변할 것이며,
17 또한 나의 백성들을 그리 이끌어 갈
것이며, 그 말에 현혹되어 또 그리 따
라가는 백성이 수없이 있을 것이니라.
18 지금 너희들이 천국이 있으며 나 여호
와가 있으며 구원이 있으며 심판이 있
다 말하는 자, 너희들이 정녕 나의 법
전이요, 십계명대로 살아가지 아니하
고 지금처럼 재물만 긁어모으는 데 연
연한다면 결국 너희들은 나의 단죄를
받게 될 것이니,
19 그 단죄의 순간에 그와 같이 무섭게
돌변할 것이 지금의 종교 집단이며 너
희들의 가고 있는 형국이니라.
20 너희들은 그때 나의 피조물 만백성으
로부터 너희들 스스로 단죄받는 것을
모면하기 위하여 갖은 수법으로써 말
할 것이니,
21 '인간이 천국이 어디 있으며 지옥이
어디 있으며 여호와 하나님은 무슨 여
호와 하나님이 있느냐? 그 말라비틀
어진 소리 할 필요 없다,
22 우리가 잘못 살아왔으니 이제 바른길
을 가도록 함이니, 우리는 인간의 향
락을 최고로 즐기며 그 즐거움 속에
살다 가면 그것으로 끝나는 것이며,
육이 죽은 다음에 아무것도 남는 것이
없는 것이니라.' 너희들이 그리 가르
칠 것이니라.
23 그리하며 얼마 남지 않은 너희들의 인
생을 향락과 즐거움에 그 모두를 다
바치며 너희들이 스스로 짜 놓은 그
프로그램에 의하여 너희들은 같이 춤
추고 즐기면 될 것이라 그리 말할 것
이며,
24 그 프로그램에 의하여 너희들이 즐겁
고 죽을 때까지 향락을 만들 수 있는
그 프로그램의 역사를 위하여 너희들
은 재물을 바치기만 하면 된다 그리
가르치며 그들에게 또 재물을 거둬들
이는 그 수법을 버리지 못하는 그와
같은 사악한 자들로 변할 것이 지금
너희들의 종교 집단이니라.
25 너희들이 이를 거부하며 그렇지 아니
하다 하면, 지금의 믿음의 길을 가는
자, 높은 직함에 있는 자, 모든 단상에
높이 앉아 기도드린다는 자, 그리고
몇십 년 동안 믿음을 간 자요, 천사와
같이 변했다는 자, 너희들의 어려움을
풀어 주며 내가 금화를 한 보따리 너
희들 앞에 주고 나 여호와가 존재하는
것은 잘못된 것이라 이야기하라 할 때,
26 그 금화를 받고 내가 내리는 권력을

받고 내가 너희들에게 시험하는 것을
받고 과연 너희들이 내가 존재한다 대
답할 수 있는 사람이 얼마나 있겠는가?
27 너희들이 가장 어렵고 힘든 그 고통에
서 내가 구원해줄 것이니 너희들이 반
대로 나 여호와가 있지 않다 말하라
할 때, 말하지 않을 사람이 과연 몇 명
이나 있는가?
28 너희들은 내가 없다 말할 것이며, 수
없이 내려 주는 금화와 은화의 그 재
산 앞에서 그리 돌변할 것이 너희들의
마음 자세이니,
29 지금의 믿음이 얼마나 허황된 것이며
계산된 것인가를 너희들은 알아야 할
것이니라.
30 그러기에 너희들이 그와 같이 변절자
가 될 수 있다 함을 내가 나의 법전을
통하여 너희들에게 전함이니,
31 내가 전하는 이 뜻은 너희들이 그와
같은 마음을 갖고 그와 같은 생각으로
살아간다면 바로 고치고 바로잡으라
함이니, 그리하여 너희들에게 구원을
받으라 하는 것이 어버이로서 사랑하
는 자식에게 간절히 내리는 나의 뜻임
을 잊지 말라.

4,363 번째 하나님 말씀

2002년 12월 31일 01시 33분

1 사랑하는 나의 아들아!
2 "네, 아버님! 말씀하옵소서."
3 사랑하는 나의 아들아, 너를 따르는
제자들과 나의 법전을 읽고 깨우친 그
백성들이 얼마나 소중한 나의 아들딸
인가 너는 그들에게 깨우쳐 줘야 할
것이니라.
4 너희들이 있음으로 나 여호와의 노여
움을 내가 이겨 내며, 너희들이 있기
에 내가 모두를 단죄하려는 그 마음을
거둬들이며,
5 너희들이 지금 나의 법전을 읽는 그
소리를 들으며 너희들이 변하는 그 모
습을 보며 너희들이 하나의 마음으로
되고자 아름답게 서로 형제지간에 사
랑하며 살아가는 그것을 바라보는 나
여호와가 모든 재앙을 내리고자 하는
것을 중단하고 있다 함을 알라.
6 너희들이 무너질 때, 너희들이 쓰러질
때, 나 여호와가 모두를 단죄하는 그
와 같은 역사의 소용돌이가 이루어진
다는 것을,
7 다만 나의 법전을 받아들이는 나의 아
들이 160권의 법전을 만드는 데 최선
을 다하고 네가 그 역사를 이룰 것이
며, 그를 보고 읽고 깨우치는 너의 제
자들이 있기에 나 여호와의 노여움을
이제 내가 다스려 가고 나 스스로 인
내함을 너희들은 잊어서는 안 될 것이
니라.
8 이제 너를 따르는 제자들과 나의 법전
을 지금 읽는 백성, 이 법전의 뚜껑을
열어 읽는 백성 너희들은 들어야 할
것이니라.
9 너희들은 어떠한 고통과 어떠한 시련
과 어떠한 소용돌이가 너희들에게 몰
아친다 해도, 너희들이 견딜 수 없는
그와 같은 형국이라 해도, 너희들이
태풍을 맞아 쓰러져 침몰하는 배에서
죽어 가는 그 순간이 된다 해도, 나의
법전을 너희들 손에서 절대로 놓아서

는 아니 된다는 것을 그들에게 일러
주라.
10 나로부터 선택된 자들은 어떠한 상황
에서도 나의 법전을 놓아서는 아니 됨
을 그들에게 깨우쳐 주라.
11 너희들이 죽음은 던질 수 있다 하더라
도 나의 법전을 너희들의 손에서 가슴
에서 놓는 그와 같은 일을 하지 말라
이르라.
12 그는 곧 그것만이 너희들의 구원의 길
이요, 너희들이 하늘에 오를 수 있는
길이며, 나 여호와에게 올 수 있는 길
이기 때문에 내가 너희들에게 깨우쳐
줌을 알아야 할 것이니라.
13 이제는 너희들이 새로운 역사요, 새
시대를 열고자 함이니, 지금까지 그
모두의 잘못된 종파들을 다 내가 다스
리고 그들을 단죄함이니,
14 너희들이 가는 길에 너무나 무서운 회
오리바람이 불어닥칠 것이며, 너희들
가슴으로 인내할 수 없으며 너희들의
능력으로 견딜 수 없을 것 같은 무서
운 그와 같은 형국이 닥쳐올 것이니라.
15 그때 너희들이 나의 법전을 놓는다면
너희들이 쓰러짐이며 영원히 구원의
길을 볼 수가 없음을 알아야 할 것이
니라.
16 2천 년 전 나의 아들이 세상에 내려와
만백성을 말로써 구원하고자 전하고
전하던 그 시대에 나의 아들 예수를
십자가에 못 박아 그 고통 속에 눈물
흘리며 피눈물을 흘리며 죽어 가게 했
던 그 백성들보다도, 지금에 사는 나
의 피조물 만백성 너희들의 마음이 더
사악해지며 더 간악해진 그와 같은 형
국으로 되어 있음이니라.
17 그보다도 더 무서운 일을 저지를 수
있는 것이 지금의 너희들의 형국이니
라.
18 자식이 부모를 살해하며, 자식이 부모
를 버리며, 형제지간에 재물 앞에서는
혈육을 자르며, 형제지간에도 송사를
하며 서로 법으로 다스리고자 하는 그
와 같이 인간 이하의 견딜 수 없는 피
치 못할 이 사악한 시대에 사는 너희
들이 얼마나 잔학한 자들인지 알겠는
가?
19 2천 년 전의 나의 백성보다도 더 사악
한 너희들이 지금 사탄의 행위에 견디
고 못 견디는 것은 너희들이 얼마만큼
나의 법전을 가슴에 안고 놓지 않느냐
에 달렸음이니,
20 어떠한 상황에도 너희들이 나의 법전
을 놓아서는 안 됨을 너의 제자들에게
깨우쳐 주며,
21 나의 법전을 읽는 백성 너희들은 이를
깊이 깨우쳐 실행하여, 구원의 길에서
낙오자가 되지 말도록 그리하라.
22 지금 무섭게 몰아닥치는 그 회오리바
람이요, 너희들 가슴으로 감내하기 어
려우며, 너희들이 스스로 따랐던 나의
아들 선지자로부터 등을 돌리며, 너희
들이 등을 돌려서는 아니 된다는 걸
알면서 너희들이 눈물을 자욱자욱 흘
리며 나의 선지자 앞을 떠나게 되는
그와 같은 어려운 그 상황과 너희들이
정녕 견딜 수 없는 그와 같은 무서운
바람이 너희들에게 몰아칠 것이니,
23 너희들이 그때를 견딜 수 있는 것은
나의 법전을 정독하며, 너희들이 많은

기도를 나에게 드리며, 너희들이 회개
를 하는 기도를 나에게 수없이 지금서
부터 드리며,
24 계명을 읽고 나의 법전을 정독하여 너
희들의 마음의 씨를, 검은 마음이요,
잘못된 점이요, 너희들이 지금까지 죄
를 지었던 그 모든 마음을 씻어 내는
그것만이, 너희들 마음속이 얼마나 깨
끗하고 아름다운 마음으로써 충만되
어 있으며 그 빈자리에 나의 성령이
얼마나 너희들 가슴에 임했느냐에 따
라서 너희들이 견디고 이길 수 있음이
니,
25 기도하고 회개함을 소홀히 하지 말며
게을리하지 말라 이르며, 나의 십계명
을 암송하며 나의 법전을 읽어 너희들
것으로 만드는 데 게을리하지 말라 그
리 전하도록 하라, 사랑하는 나의 아
들아!

4,364 번째 하나님 말씀

2002년 12월 31일 01시 47분

1 사랑하는 나의 아들아!
2 "네, 아버님! 말씀하옵소서."
3 내가 구약 시대의 그 백성들이 우상을
만들어 환란의 시대의 역사를 이루는
것을 하늘에서 보았음이니, 그것이 얼
마나 너희들이 비참하며 나 여호와를
짓뭉개며 나를 짓이기는 그와 같은 행
위였는가?
4 너희들이 우상을 만들고 숭배하고 하
는 그 행위는 나 여호와의 얼굴에 침
을 뱉는 그와 같은 행동임을 알아야
할 것이니라.
5 너희들 인간관계에서도 상대방의 얼
굴에, 사람이 사람의 얼굴에 침을 뱉
는다면 그보다 더한 모욕이 없으며 그
보다 더 저주하는 것이 없을 것이거늘,
6 우상을 만들며 그 광란의 짓을 했던
구약 시대의 그 백성들은 나로부터 받
은 그 은혜요, 저희들이 노예 생활로
부터 탈출하는 그 역사를 얻은 그들이
나의 얼굴에 침을 뱉는 그와 같은 형
국의 형태임을 너희들은 알아야 할 것
이니라.
7 나 여호와는 그와 같은 역사를 참았음
이니라.
8 너희들을 구원해준, 구원의 길을 인도
한 나 여호와에게 너희들이 침을 뱉는
그와 같은 행동도 나 여호와는 참았으
니, 나에게 얼마나 더 굴욕적인 행위
를 너희들이 하고자 하는가?
9 그리하여 내가 그를 다 참고 인내하였
으며, 또 신약의 시대는 나의 아들을
직접 보내 너희들을 구원하고자 하였
으며 너희들을 나의 피조물 만백성으
로서 내 가슴에 오를 수 있도록 그와
같은 역사의 시기를 열었으나, 너희들
은 또한 그를 어찌하였는가?
10 사랑하는 나의 아들을 내가 바라보는
그 앞에서 너희들은 피눈물이 흐르도
록 하며, 그를 창과 칼로써 죽였으며,
십자가라는 그것에 가장 가혹한 형국
으로써 그를 죽였음이니라.
11 그 모두를 바라본 나 여호와에게 너희
들은 과연 무엇을 말할 수 있다 생각
하는가?
12 구약 시대의 후손이요, 신약 시대에
나의 아들을 죽인 너희들의 그 후손들

이 과연 어찌하여 나의 아들의 보혈로
써 구원을 받으며 은혜를 받았다는 그
철면피보다도 더한 말을 하는가?
13 너희들이 기르는 애완동물도 해 준 만
큼 그 은혜를 갚는 것이 그들이니라.
14 그러나 너희들은 내가 내린 사랑이요,
그 은혜를 다 역으로 갚았음이니, 그
러고도 너희들은 그 아들의 피로써 구
원을 받았으며 그 피로써 너희들이 다
영원히 구원받은 사람이며 너희들의
죄를 속죄하고 갔으니 너희들은 죄가
없는 자들이라 그와 같이 말함이니,
15 너희들이 과연 짐승보다 얼마나 더 나
으며 그 짐승보다 너희들이 무엇이 더
낫다 말할 수 있는가?
16 그러나 나 여호와는 다시 또 그를 참
았음이니라.
17 내가 그리하여 지금 마지막 나의 성령
을 직접 내려보내 새로운 역사를 이루
고자 나의 법전을 내려보내니,
18 너희들이 우상을 만들어 나의 얼굴에
침을 뱉었던 그 구약 시대의 백성들
과, 내가 보는 그 앞에서 사랑하는 나
의 아들을 너희들이 난도질하여 죽이
는 그와 같은 형국을 바라보고 참은
나 여호와가 나의 성령을 직접 내려보
내는 이 법전을 과연 너희들은 어찌
생각하는가?
19 이를 더 처참한 방법으로, 더 참혹한
방법으로 짓밟으며 태우며 찢어 버리
려 하는 것이 너희들이니, 이를 보는
나 여호와가 어찌 그 분노함을 참으
며, 나에게 더 이상 무엇을 인내하라
하는가?
20 그러나 지금 내가 나의 아들을 통하여
법전을 세상에 내려보내며 이를 정독
하고 따르는 내 사랑하는 선량한 나의
아들딸들이 있기에 나 여호와가 오늘
모두를 인내하고 있음을 내가 너희들
에게 여러 번 강조하여 전했음이니,
이 무서운 사실을 너희들이 알아야 할
것이니라.
21 사랑하는 나의 선택된 백성들이며 나
의 아들을 따르는 제자, 너희들은 들
으라.
22 너희들이 마음가짐을 어찌 가지며 너
희들이 행동을 어찌하며 너희들이 어
찌 나의 법전과 나의 십계명대로 변화
되어 그 삶을 오고 안 오느냐 거기에
따라서, 내가 영원히 너희들이 지속될
수 있는 이 지상의 낙원을 만들 것이
냐 만들지 못할 것이냐 하는 것은 너
희들에게 달렸음이니라.
23 하늘에서 이루어진 것같이 이 지상에
천국을 만들어 나의 백성들이 천사와
같은 자들만 사는 그 역사의 세상을
만들고 못 만드는 것은 지금 나의 법
전을 정독하는 선택된 백성 너희들의
행동과 마음에 달렸음을 잊어서는 아
니 될 것이니라.
24 너희들이 가는 길, 너희들이 행하는
모습, 너희들이 변하는 것을 보고 나
여호와가 하늘과 같은 천국을 지상에
내려 너희들의 후손들이 대대손손 누
리며 살 수 있는 그와 같은 새 건설을
하고 아니함은 너희들에게 달렸음이
니라.
25 너희들의 손에 달렸음을 잊어서는 아
니 될 것이니라.
26 이제 나의 아들을 통하여 내리는 법전

을 너희들이 정독하고 회개하며 너희
들의 회개의 기도를 수없이 드릴 때,
오로지 너희들의 그 기도 소리만을 내
가 들을 수 있으며 너희들의 회개하는
그 기도만이 진정한 회개이니,
27 너희들이 지난날 지은 죄요, 잘못했던
그 모두를 하나하나 꺼내어 씻는 그와
같은 마음의 기도이니라.
28 지금 수천수만의 종교에 따른 종파들
은 그 가슴에 있는 죄를 씻어 내어 너
희들이 부끄러움을 용서받으며 씻으
려는 것이 아니라,
29 감히 너희 조상들이 죽이고 짓밟은 나
의 아들의 피로써 너희들의 죄를 사함
받았다고 당당히 태양을 바라보며 하
늘을 보며 활보하는 그와 같은 형국이
니, 그들을 위하여 내가 무엇을 새로
지상의 낙원을 여기서 이루겠는가?
30 그들을 보고 내가 하늘에서 이루어진
것같이 지상의 낙원을 여기서 이룬다
는 것은 너희들이 꿈에도 생각하지 말
라.
31 오로지 너희들에게 무서운 재앙을 내
릴 뿐이니라.
32 황폐한 땅이요, 모든 생명체가 존재하
지 못하는 그와 같은 무서운 재앙으로
써 내가 너희들에게 내리고자 하나,
내가 마지막 너희들에게 한 번의 기회
를 주어 내가 직접 나의 성령 속에 내
려가 너희들이 나의 법전을 읽을 때
내가 너희들과 같이한다 하였음이니,
이는 곧 내가 내려온 것과 마찬가지임
을 알라.
33 그리하여 한 번의 기회를 너희들에게
줌이니, 지금 나의 아들을 따라 법전
을 읽고 정독하는 선택된 백성 너희
들, 그리고 천사와 같이 변하고자 몸
부림치는 너희들이 있기에 내가 오늘
을 인내하고 있음을 만백성에게 전해
야 할 것이니라.
34 이제는 선택된 백성 너희들이 천사와
같은 마음으로 너희들 자신을 스스로
다스리는 데 잠시도 쉬어서도 아니 되
며 게으름을 피워서도 아니 됨이니,
너희들이 바로 그와 같은 백성들임을
잊어서는 아니 될 것이니라.

4,365 번째 하나님 말씀

2002년 12월 31일 01시 58분

1 사랑하는 나의 아들아!
2 "네, 아버님! 말씀하옵소서."
3 나로부터 선택된 백성이요, 내가 직접
내려와 책의 뚜껑을 열 때 내가 같이
한다는 '하늘에 오르는 길'이요, '하나
님! 말씀하옵소서' 이 법전을 읽고 깨
우치는 너희들이 지금은 당당히 일어
설 때가 되었으며, 너희들이 할 말을
해야 할 것이며, 너희들이 나의 법전
을 전함에 있어서 당당히 전할 수 있
는 그와 같은 너희들의 굳은 의지의
모습으로 변할 때가 되었음을 알라.
4 그리해도 너희들이 한 점의 부끄러움
이 없으며, 너희들에게 사탄의 자식이
라 말한 자 그가 사탄의 자식임이니,
5 너희들이 사탄의 자식이 아니요, 너희
들이 거짓 선지자가 마지막에 와서 전
하는 세상을 혼란케 하는 그와 같은
나의 법전을 전하는 것도 아니니라.
6 아무리 사탄이 재능이 있고 능력이 있

다 해도 내가 너희들에게 내리는 160
권의 이 보화와 같은 뜻은 그들이 위
장하여 전할 수 없을 것이니라.
7 지금 모든 종교 집단은 그리 말할 것
이니라.
8 나의 법전 160권이 세상에 나온다 하
니, 지금은 아름다운 말, 너희들이 깨
우치며 너희들에게 도움이 될 수 있는
그와 같은 말로써 내려보내나,
9 결국 마지막에 가서는 이 모두를 다
뒤엎으며 너희들을 지옥으로 현혹하
여 끌고 가는 그와 같은 책이 나올 것
이니 너희들은 이를 보지도 말며 열지
도 말라 지금 그리 가르칠 것이니라.
10 그러나 너희들은 당당히 일어서야 할
것이며, 그와 같은 역사는 있지 않을
것이니 당당히 나의 법전을 만백성에
게 전하는 데 주저하지 말며 두려워
하지 말라.
11 그러한 것은 있을 수 없음을 알아야
할 것이니라.
12 너희들은 지금 어찌 가는 것인가?
13 저희들이 배워 온, 몇 천 년 동안 흘러
온 그 성경만이 영원한 성경이며 그것
만이 구원의 길이라 그리 말하며, 새
로운 성경은 내려올 수 없으며 새로운
성경은 있을 수 없다 그리 머릿속에
세뇌되어 박혀 있으니,
14 그들은 그를 인정하려 하지도 아니하
며, 그와 같은 말을 듣는 것도 싫어하
며, 감히 저희들 말로써는 새로운 성
경이 내려왔다, 내려올 수 있다는 말
을 죽어도 하지 아니할 것이니라.
15 그리하여 그와 같이 새로운 성경이 내
려온다 해도 그를 인정치 아니하는 그
들의 대립은 무서운 전쟁보다도 더 처
참한 형국이 이루어질 것이니, 이는
피할 수도 없으며 돌이킬 수도 없는
것이니라.
16 다만, 나의 피조물 만백성의 지도자들
이 나의 법전을 읽고 깨우치는 자가
많아질 때, 너희들이 피를 흘리는 그
무서운 대립의 전쟁은 막아질 것이며
그는 중단될 것이니라.
17 그러나 그들이 그를 깨우치지 아니하
며 나의 법전이 정녕 사탄의 것이라
끝까지 우기며 새로운 성경이라 인정
할 수 없을 때, 그때 그 전쟁의 결과는
무엇이겠는가?
18 얼마나 처참한 결과가 도래할 것인가
를 깨달아야 할 것이니라.
19 그와 같은 처참한 전쟁이 생긴다 하여
종교 지도자 너희들이 피해를 보는 것
도 아니요, 너희들이 스스로 죽어 감
이 아니니라.
20 불쌍하고 순박한 나의 백성들만이 그
육의 삶에서 시달리다 그들은 죽음을
맞게 되며, 영혼을 구원할 수도 없으
며 영원히 죽음까지 맞게 되는 것이
나의 불쌍한 백성들만이 겪는 고통일
것이니라.
21 나의 불쌍한 백성들만이 그들이 육의
죽음이요, 영혼의 죽음이요, 너희들이
새로운 성경이 있을 수 있다 없다 너
희 임의대로 생각하는 그 싸움 속에서
불쌍한 나의 피조물 만백성들만 오갈
길을 잃게 되며 그들만이 방황하니,
22 육의 죽음을 맞게 되며 영혼 구원의
길마저 그 손을 놓게 되는 그와 같은
처참한 결과의 형상은 나의 피조물 만

백성들만이 겪게 되는 그와 같은 형국
이 될 것이니라.
23 사랑하는 나의 아들아!
24 "네, 아버님! 말씀하옵소서."
25 새로운 성경이 세상에 지금 내려왔음
을 만백성에게 전하여 주어야 할 것이
니라.
26 그리고 새로운 성경이 내려왔을 때,
첫째 그들은 자신들이 지금까지 만백
성을 속이고 이끌어 온 그 죄의 두려
움과 그 무서움에서 벗어나고자 할 것
이며,
27 그리고 지금까지 지은 죄가 너무나 무
서워 저희들이 지옥에 가는 것을 인정
하지 않으려 하는 그와 같은 발악적인
행동에서 나의 법전이 거짓된 것이며
나의 선지자가 거짓된 자라 그리 말할
것이니라.
28 저희들이 만백성을 속이고 이끌어 온
그것이 세상에 드러나는 것이 두렵고
무서우며 저희들이 지은 그 죄를 용서
받지 못하고 지옥에 간다는 것을 인정
하기 싫어 이 모두가 거짓이라 그들은
발악할 것이니라.
29 그리고 그들은 또 아무리 저희들이 회
개를 한다 해도 지금까지 지어 온 그
많은 죄를 저희들이 빌 수 없으며 나
로부터 용서받을 수 없음이니, 저희들
이 너무나 많이 지은 그 죄를 회개할
수 없고 용서받을 수 없는 그 길이기
에, 이왕에 그리 간 길 돌이킨 수 없다
하여 오로지 그 길만이 맞는 것이며,
30 새로운 성경은 내려오지 아니하며 구
약의 성경에 매달려 가는 것만이, 신
약의 성경대로 살아가는 것만이 구원
을 받는 길이라 그리 악을 쓸 것이며,
지금 저희들의 손으로 지은 성전에 와
기도하고 경배하는 것만이 구원의 길
이라 저희들은 죽을 때까지 그리 부르
짖을 것이니라.
31 그뿐이던가?
32 그들은 금화와 은화를 거둬들였으며
그 모두를 얻은 인간의 향락과 그것을
얻음으로써 저희들이 즐기고 살아왔
던 그 향락이요, 제왕적인 자리에서
저희들이 그 자리를 지켰던 그 즐거움
을, 그들은 죽으면 죽었지 그를 놓을
수 없기 때문에, 새로운 성경이 내려
온다 해도 그들은 그를 인정하지 않을
것이니라.
33 내가 말했듯이, 나의 많은 백성들을
종처럼 부리며, 제왕도 그러한 제왕은
없는 그와 같은 행태로 군림하여 저희
들의 계획대로 저희들의 입맛에 맞춰
나의 피조물 만백성을 마음대로 부리
며, 버릴 때 그저 종잇조각 버리듯이
버리고, 있는 자 취할 때 취하는 그와
같은 사악한 행위의 그 향락에 젖어
그 즐거움에 빠져 있으니,
34 썩은 고기를 먹는 그 짐승이 썩은 고
기를 먹고 즐기는 그와 같은 형국에서
벗어나지 못함이니, 그들이 새로 내려
오는 성경을 인정하지 않으려 할 것이
며, 오로지 저희들의 그 성경만이 위
대한 것이라 그리 말할 것이니라.
35 그리고 그들은 지금까지 저희들이 갖
은 수법과 세 치 혓바닥으로써 이루어
놓은 그 집단의 위용과 그들이 이루어
놓은 그 모두를 놓을 수 없어 그들은
그와 같이 새로운 성경을 인정하지 않

으려 할 것이니라.
36 그리고 하늘의 천국의 문을 열 수 있
다 생각하면서, 그들은 또한 그와 같
이 지금 나의 피조물 만백성을 끌어온
그 죄가 두려워 감히 새로운 성경이
온다 말할 수 없음이니라.
37 그들은 나의 아들 예수의 피로써 구원
을 받으며 하늘의 천국의 문을 저희들
이 열 수 있으며, 저희들이 기도하며
부르짖는 그 모두는 세상 것을 다 주
며 다 얻어 주는 것이며, 저희들이 지
금 금화와 은화를 거둬들이고 기도해
주었던 그 내용들이 머지않아 이루어
질 것이라, 이루어질 것이라 하며 나
의 피조물 만백성을 이끌고 속여 왔던
그 수법이,
38 이제 새로운 성경이 오면 그것이 거짓
이라는 것이 들통나는 것이 두려워 그
들은 그와 같은 것을 말하지 아니하
며, 새로운 성경이 내려온다는 것을
알면서도 그들은 그것은 절대로 없다
그리 말할 것이니라.
39 심판의 날이 있는지 없는지 그 자체
요, 하늘의 비밀을 알지도 못하는 자
들이기에 지금 우매하고 어리석은 이
와 같은 행동을 버리지 못하며 거기에
젖어 있어, 새로운 성경이 내려와도
그를 읽지 아니하며,
40 그와 같은 저희들이 저지른 모든 그
죄악의 대가가 두렵고 무서워서 새로
운 성경이 내려왔다 해도 내려오지 아
니한다 하며 새로운 성경은 없다 그리
말하느니라.
41 그러나 너희들은 알아야 할 것이니라.
42 이미 새로운 성경은 지금 세상에 내려
오기 시작하였으며, 나의 심판은 무서
우리만큼 시작되었음을 만백성에게
전하여 깨우치도록 하며,
43 내가 오늘 나의 아들을 통하여 내린
그 내용의 하나하나를 너희들이 정독
하여 읽어 보면 오늘의 종교 집단들이
하고 있는 추한 행위를 알게 될 것이
며,
44 그들이 그리하여 새로운 진리요, 나
여호와가 직접 내려오며 나의 아들 예
수가 직접 내려와 그 뜻을 전한다 하
여도 더 큰 사탄이 왔다 하며 그를 용
서하지 아니하고 그를 받아들이지 않
는 것이 지금의 사악한 잘못된 종교
지도자들의 확고한 마음이요, 굳어져
있는 마음 자세임을 알라.
45 그리되었을 때, 지금까지 원수와 같이
생각했던, 하나의 성서를 가지고 수천
수만으로 갈라졌던 그 종파들이 살아
야 한다는 힘으로 하나로 뭉쳐 핍박하
니, 그 회오리바람을 너희들 자신이
가슴에 안기에 너무 힘들다 내가 너희
들에게 그 아픈 마음을 전하는 것이니
그리 알라.

4,366 번째 하나님 말씀

2002년 12월 31일 02시 10분

1 사랑하는 나의 아들아!
2 "네, 아버님! 말씀하옵소서."
3 내가 나의 피조물 만백성 너희들에게
기적을 이룸은, 나의 아들 예수가 그
자리에서 병든 자 고치며 어려운 자
일으켜 세웠다 하나, 지금은 내가 나
의 성령이 직접 내려옴이니,

4 나의 아들로 하여금 너희들의 미래와 현재에 이루어지는 그 상황을 알려 주는 그와 같은 능력을 내가 나의 아들에게 주어 세상에 전했음이니,

5 너희들의 미래를 볼 수 있다는 그것과 너희들의 과거와 현재를 볼 수 있는 그 기도를 들음으로 인하여 너희들은 그것이 대단한 역사의 기적이라는 것을 모르고 있음이니, 그것 또한 형용할 수 없는 기적임을 너희들은 알아야 할 것이니라.

6 그리고 내가 나의 아들이 원하는 그 모든 역사를 이룰 수 있는 그와 같은 능력을 나의 아들에게 주었음이니, 너희 제자들이 그를 받을 수 있는 변화의 역사는 너희들에게 달렸음이니라.

7 내가 너희들에게 너희가 가지고 있는 하나의 악습을 버림으로 인하여 너희가 가진 그 색깔을 완벽하게 가졌을 때, 그 색깔은 나의 아들과 직접 연계되는 것이니 그 순간 너희들은 한몸이라 하였음이니라.

8 그리하여 너희들이 원하는 것을 나의 아들이 알 것이니, 나의 아들이 너희들이 그와 같이 완전한 색깔로 변하여 나의 아들과 한몸이 되었을 때, 너희들이 원하는 것이 무엇인가 나의 아들이 나에게 기도를 한다면 내가 너희들에게 이루어 주는 그 역사를 이루어 줄 것이니라.

9 그와 같은 모든 준비가 지금 되어 있건만, 너희들의 마음 자세요, 너희들의 깨달음이 아직도 제자리걸음을 하고 있으며,

10 너희들이 나의 법전을 읽고 깨우치며 매일 강론을 들으면서 깨닫고 변화되었다 하나, 너희들의 일상생활 속에 과연 얼마나 적용되며 너희들이 얼마나 변화되었는가 한번 기억해 보도록 하라.

11 너희들의 삶이 얼마나 변화되었는가?

12 너희들이 불어오는 바람에 흔들리지 않을 수 있는 그와 같은 마음자리가 되어 있는가?

13 어떠한 역경에서도 나의 법전이 나 여호와의 뜻이며 새로운 역사를 이루는 새로 내려온 성경이라 말할 수 있으며, 끝까지 갈 수 있는 너희들이 되겠는가?

14 너희들이 한 끼의 밥 한 그릇과 칭찬하는 말 한마디에도 기울어져 넘어지는 그와 같은 백성들은 과연 없는가?

15 나의 성전에 와 나에게 그 법전이 이는 여호와의 말씀이요, 여호와의 뜻이라 큰절하며 저들이 그 영광은 다시없는 것이며 법전을 만나지 아니하였을 때 저희들이 얼마만큼 슬픈 것이냐 하며 눈물을 흘리던 그들도 이해관계에 따라서 등을 돌리고 떠났음이니,

16 과연 지금 있는 나의 아들의 제자 너희들 또한 그와 같은 자들이 없는가?

17 너희들은 그와 같이 변하지 않을 수 없는가?

18 바람만 불어도 흔들릴 수 있는 것이 너희들이 아닌가?

19 지금 너희들이 가고 있는 그 길이 고달프고 힘들어 중단하려 하는 자는 과연 없는가?

20 너희들 자신을 돌이켜 보며 너희들에게 이루어지는 역사를 바라도록 하라.

21 너희들이 그와 같이 흔들리지 아니하
고 바로 섰을 때, 나 여호와가 너희들
이 원하는 것을 나의 아들을 통하여
모두를 다 이루어 줄 것이거늘, 그 기
적의 역사를 거둬들이지 못하는 것이
너희들의 오늘의 삶이라는 것을 스스
로 먼저 깨우쳐야 할 것이니라.
22 남을 원망하며 나 여호와를 원망하기
전에, 너희들 스스로 너희들의 색깔을
찾는 데 최선을 다하라.
23 그리하면 너희들이 모두를 다 얻을 것
이거늘, 내가 너희들이 아름답게 변했
을 때 너희들에게 줄 상을 그득히 쌓
아 놓았음이니, 그를 받아 갈 자가 없
어 내가 내리지 못한다 했던 그 뜻을
깨우쳐 너희들이 변하는 삶을 살도록
그리하라.
24 그것만이 너희들이 모두를 다 이룰 수
있음을 잊지 말라.

4,367 번째 하나님 말씀

2002년 12월 31일 02시 16분

1 사랑하는 나의 아들아!
2 모든 종파들이 하나로 뭉쳐 하나의 힘
이 되어 회오리로 몰아치며, 나의 법
전을 세상에 나오지 못하도록 하며 나
의 성전을 쓰러뜨린다 하여도, 나의
아들을 너희들이 쓰러트리는 그와 같
은 흉악한 행위를 한다 해도,
3 아무리 강한 것도, 아무리 위대한 것
도, 아무리 큰 것도, 어떠한 힘도 내가
역사하고자 함은 막을 수 없으며 너희
들은 쓰러트리지 못함이니라.
4 이는 결국 160권의 법전은 나의 아들
을 통하여 세상에 나올 것이며, 쓰러
질 듯 넘어질 듯 그 고비를 넘기며 나
의 아들은 목숨을 바쳐 그 역사를 이
룰 것이며 내가 그리하게 할 것이니,
너희들은 두려워하지 말며 그리 알라.
5 나 여호와가 너희들에게 임하여 너희
들이 나의 법전을 깨우치며 나의 뜻을
깨우치며 진정한 참진리요, 진정한 아
름다움으로써 살아가고자 하는 너희
후손들이 있으며, 나의 백성들이 지금
그치지 아니하고 나의 법전을 읽고 깨
우쳐 가는 그와 같은 백성들이 있는
한 절대로 내가 이루고자 하는 그 역
사는 중단됨이 없음을 너희들은 알아
야 할 것이니라.
6 지금 나의 아들을 통하여 내리는 나의
성령을 믿고 살지 않으며 또는 이를
믿으려 하지 아니하며 또 믿기 싫어하
는 자가 있음이니라.
7 너희들은 믿는 자가 있으며 믿지 않으
려 하는 자가 있으며 믿기 싫어하는
자들이 있을 것이니라.
8 그러나 너희들이 믿고 싶지 않으며 믿
지 않으려 하나, 나 여호와가 예수를
통하여 세상에 나의 성경을 전하고자
했듯이,
9 지금 나의 아들을 따르는 그 제자들을
통하여 나의 법전을 읽고 깨우친 나의
백성들의 손에 의하여 그들의 노력에
의하여 그들로 하여금 나의 법전은 기
록될 것이며, 세상에 영원히 전해질
것이며,
10 영원히 불변하는 성경으로써 새로 태
어남을 너희들은 알아야 할 것이니라.
11 예수가 모든 백성들을 구하기 위하여

나 여호와의 뜻을 가지고 말로 전하여
깨우쳤던 그 역사의 시대보다도 더 정
확하게 더 자상하게 나의 아들에게 선
택된 제자들의 그 손으로써 그 모두를
그들은 이루어 낼 것이며, 그들은 주
저하지 아니하고 두려움이 없이 그 역
사를 이룰 것이니라. 그리하여 나의
법전이 세상을 덮는 날이 머지않았음
을 너희들은 알게 될 것이니라.
12 새로운 성경은 나의 아들을 통하여 세
상에 전해질 것이며, 그 제자들이 그
를 책으로 만들어 이를 만백성에게 전
함이니, 이는 나의 뜻이며 나와 너희
들 인간, 하늘나라와 너희들 인간 사
이의 그 끈의 관계가 그리하여 끊어지
지 아니하고 이어짐을 너희들은 알아
야 할 것이니라.
13 내가 하늘에서 이루고자 하는 그 모든
역사는, 내가 선택한 나의 아들이요,
나의 백성으로 하여금 그 끈이 연결되
는 그 관계는 변할 수 없으며 변질될
수 없음이니, 이건 당연한 하늘의 뜻
이며 이치이니라.
14 내가 직접 너희들에게 가르칠 수 없으
며, 나의 아들이 또한 임의대로 내 뜻
없이 그가 만백성을 깨우치는 160권
의 법전을 세상에 만들 수 없음이니,
15 하늘나라 나의 뜻을 따라 너희 인간들
과 그 중간에 교량 역할을 하는 나의
아들이 있음이니, 이와 같은 끊을 수
없는 관계가 너희들과 나와의 그 이루
어진 관계임을 너희들은 알아야 할 것
이니라.
16 지금의 성경은 세월이 지난 다음에,
예수가 죽은 다음에 너희들이 이를 기
록하여 전한 것이 아니던가?
17 너희들이 신약이라 하여 연구하고 배
우며 그것이 하늘에 오르는 길이라며
몸부림치고 그리도 갈구하는 성경은
나의 아들 예수가 세상에 나가 너희들
을 가르치고 전하고자 하여 그가 죽고
난 다음에 그 제자들이 이곳저곳에서
들은 것이며 그들이 취합한 내용들이
며,
18 그리고 또 쓰는 자가 꿈으로써 환상을
본 것이며 저희들이 꿈으로 보고 환상
으로 봤던 그와 같은 내용들을 꿈과
환상이라 기록하지 아니하고 현실에
이루어진 것처럼 기록하였음이니, 거
기에 너희들이 깨닫는 차이가 있으며
그와 같이 이해함이 또한 차이가 있음
이니라.
19 그러나 지금은 나의 아들을 따르는 제
자들이 직접 듣고 만듦이니, 여기는
더 빼고 더함이 없음이니, 그대로 전
하여지는 것이 지금의 다른 역사가 이
루어지는 것임을 너희들은 알아야 할
것이니라.
20 지금은 나의 아들에게, 그리고 그걸
만드는 모든 백성들에게 손으로 직접
그들이 만들어 전하고 있음이니, 이게
얼마나 명확하고 정확하게 새로 내려
오는 성경의 나의 뜻인가를 너희들은
의심치 말아야 할 것이며,
21 이를 의심하는 자 스스로 불을 지고
기름이라는 것에 뛰어드는 그와 같은
우매하고 어리석은 행동이라는 것을
잊어서는 아니 됨을 알라.
22 내가 수없이 너희들에게 경고하며 깨
우쳤음이니, 이를 듣지 않는 자, 듣지

않는 것만큼 너희들이 고통이요, 그 대가를 치르는 길을 가야 한다는 것을 잊지 말라.

4,368 번째 하나님 말씀

2002년 12월 31일 02시 20분

1 사랑하는 나의 아들아!
2 "네, 아버님! 말씀하옵소서."
3 내가 너희들에게 일찍이 십일조의 그
뜻을 가르쳐 주었음이니, 십일조는 무
엇이라 말하였는가?
4 너희들은 가지고 있는 재물의 10분의
1을 바쳐 구원을 받으라 그리 가르치
며, 모든 수입의 10분의 1을 바쳐 너
희들이 구원을 받으며 영광을 받는 것
이라 그리 가르침이니라.
5 그러나 내가 뭐라 말하였던가?
6 십일조는 너희들이 내 십계명을 철저
히 지키고 깨달으며 살며, 그리고 너
희들이 수없이 십계명을 읽고 정독하
며 그대로 행하고자 하는 그 삶에 너
희들이 변화되고 깨우친 그 아름다운
모습을, 너희들 자신을 마지막으로 나
여호와에게 바치는 그것이 바로 십일
조의 의미라 내가 너희들에게 일찍이
가르쳐 주었으며 깨우쳐 주었음이니
라.
7 나의 아들을 통해 내리는 나의 성경이
요, 나의 법전의 내용을 너희가 지금
세상에 전함이니, 바로 이 뜻이 무엇
이던가?
8 너희들이 내가 내리는 그 모든 깨우침
의 10분의 1만 깨우치고 행동한다 해
도 너희들이 하늘에 오를 수 있는 영
광을 내가 너희들에게 내려 주었음을
의미하는 뜻이 또한 여기에 있음을 알
라.
9 나의 법전이 지금 세상에 내려오나 나
의 법전은 시작하는 것도 없으며 그
끝이 또한 없음이니라.
10 나 여호와가 내리는 참진리는 무한대
한 것이며 끝이 없기 때문에, 너희들
이 이를 다 듣고 깨우쳐 하늘에 오르
는 길은 어려운 것이니라.
11 그리하여 내가 너희들을 사랑하며 아
끼기에 내가 160권의 법전을 내려보
내는 것이 무엇이던가?
12 내가 너희들에게 내려보낼 수 있는 그
많은 진리의 뜻 중에서 줄이고 또 간
추려 내가 준비하여 내려보내는 것이
160권의 법전이니,
13 곧 160권의 법전을 너희들이 정독하
고 시행하는 것은 내가 너희들에게 깨
우치고자 하는 10분의 1의 분량이니
라.
14 그리하여 너희들이 10분의 1만의 나
의 뜻을 따르고 깨우치면 구원을 받는
다 하는 것이 바로 10분의 1의 의미도
또한 여기에 같이 포함되어 있음이니,
이를 너희들이 아래위로 견주어 보면
그 의미를 알게 될 것이니라.
15 내가 너희들에게 나의 성령의 뜻이요,
내가 너희들에게 내리는 그 진리를
10분의 1만 깨우쳐도 하늘에 오르는
그와 같은 영광의 기회를 너희들에게
주었거늘,
16 10분의 1도 깨우쳐서 구원을 받지 못
한다 하는 것은 너희들의 어리석음이
요, 너희들 자신에게 달렸다는 것을

잊지 말라.
17 나 여호와가 내리는 160권의 법전은
너희들에게 깨우치고자 하는 것을 축
소하고 또 축소하고 줄이고 또 줄여서
10분의 1을 160권의 법전으로 세상에
내려보내는 나의 깊은 뜻이 있음을 알
고 전하도록 그리하라.

4,369 번째 하나님 말씀

2002년 12월 31일 02시 39분

1 사랑하는 나의 아들아!
2 "네, 아버님! 말씀하옵소서."
3 나의 아들 예수를 통하여 성경을 만들
어 세상에 전하는 그 역사가 이루어졌
음이니, 그 모두는 비유로써 전하여졌
으며,
4 그 뜻을 너희들이 깨우치자면 예수와
같은 삶이요, 천사와 같은 마음이요,
그 성령을 전하여 내린 나 여호와의
뜻이요, 내 마음을 너희들이 알 때 그
비유 속에 숨어 있는 뜻을 알며 성서
를 바로 깨우칠 수 있음이니라.
5 그러나 너희들이 그와 같은 마음의 자
세가 아니 되었을 때는 정녕 성령의
뜻을 알 수가 없음이니,
6 너희들이 새로운 성경이 다시 내려오
며 새로운 보혜사가 세상에 내려온다
기록되어 있는 그 뜻을 알지도 못하며
그를 찾아내어 읽지도 못하며 그 뜻을
모름이니,
7 그저 흰 종이 위에 써 놓은 글자의 뜻
만을 가지고 너희들이 지금까지 수천
년 동안 헤매 왔으며 그게 하늘에 오
르는 길이라 그리 가르쳤음이니라.
8 모든 성서가 비유로 되어 있기 때문
에, 나의 새로운 성경이 다시 온다는
것을 너희들은 알지 못하며 그 뜻을
알지 못함이니라.
9 또한, 내가 너희들에게 새로운 성경이
내려온다는 것을 사실적으로 실질적
으로 새로운 성경이 몇천 년 후에 내
려오니 그리 알라 그리 기록하지 아니
하고 내가 그리 전하지 아니하였음이
니,
10 그러하기에 나의 성령인 이 법전이 너
희들의 생명의 길이요, 빛이요, 하늘
에 오르는 길이거늘, 이 책을 너희들
은 진정한 나의 법전이요, 나의 뜻이
라 그리 생각하지 아니하며 이를 접어
두고 보지 않으려 하느니라.
11 그러면서 사탄의 짓이라 말함이니, 너
희들이 얼마나 어리석은 자들인가를
알아야 할 것이니라.
12 내가 새로 내려보내는 나의 성령이요,
나의 성경에 대하여 내가 직접 표현하
지 아니함은 하늘의 천기를 지키고자
함이요, 나 여호와의 뜻을 지켜 내가
이를 열고 개방할 때에 가서 이를 열
고자 함이니,
13 그리하여 그 모두를 사실적으로 직접
표현하여 기록하지 아니하고 비유의
뜻으로써 너희들에게 가르쳤음이니,
14 마음이 천사와 같은 자는 그 비유의
뜻을 알아도 그 기밀을 누설하지 않을
것이며 그를 발설하지 아니할 것이니
라.
15 그러나 그를 깨닫지 못하는 것이 지금
의 너희들이기 때문에 하늘의 뜻을 내
가 너희들에게 노출시키지 아니하였

으며, 새로운 성경이 내려오는 마지막
때, 심판을 할 때까지는 절대로 내가
성경을 열어서는 안 되는 극비의 뜻이
있기에,
16 직접 내가 오늘 그 내용을 전하며 기
록하여 나의 아들을 통하여 만방에 전
하는 것은 지금 나의 새로운 성경이
내려올 때가 되었으며 그 성경을 열
때가 되었기 때문에 내가 그와 같은
역사를 이루고 있음을 알아야 할 것이
니라.
17 2천 년 전에 내가 직접적으로 '새로운
성경이 2천 년 후에 다시 내려오며 새
로운 뜻이 세상에 내려오니, 그때 내
려오는 뜻이 만백성을 구하며, 마지막
심판의 그 새로운 성경이 내려온다.'
하였다면 너희들은 어떠한 형국으로
살았겠는가?
18 너희들은 지금 모두가 황폐해졌으며,
모든 생명체를 가진 동식물이 이 세상
에 존재할 수 없는 그와 같은 무지막
지한 변화를 너희들이 그리 만들었을
것이며,
19 모두는 다 너희들이 더 사악한 형국이
요, 더 말할 수 없는 모진 방법으로 전
락된 삶을 살고 있었을 것이니라.
20 그리하여 너희들은 스스로 전쟁을 했
을 것이며, 스스로 너희들의 미래를
생각하지 아니하며 구원의 길을 생각
하지 아니하고 마구잡이로 살아가는
그 인생을 살고,
21 그리고 그 모두를 다 부수고 모두를
다 너희들 손에서 항상 이루었다 부수
며 얻었다 버리는 그와 같은 너희들의
육신을 위한 그 향락의 삶에만 너희들
이 존재하고 그와 같은 삶으로써 살아
갔을 것이니라.
22 그리하여 내가 마지막 시대에 그를 열
기 위한 그 비밀을 지키도록 하였으
며, 하늘의 천기를 누설하지 아니하고
자 하여 내가 새로운 성경이 나온다
직접 기록하지 아니하고 비유로써 전
한 그 깊은 뜻을 너희들이 깨닫고 알
아야 할 것이니 그리 알라.
23 이제는 나의 법전을 읽는 백성들은 그
뜻을 알 수 있으며, 당연히 알아야 하
는 너희들이기에 내가 오늘 나의 아들
을 통하여 전함이니라.

4,370 번째 하나님 말씀

2002년 12월 31일 02시 50분

1 사랑하는 나의 아들아!
2 "네, 아버님! 말씀하옵소서."
3 지금 믿음의 길을 가고 있는 나의 백
성들이 과연 무엇을 원하는가?
4 종교 지도자들이요, 믿음을 가르치는
자는 과연 어떠한 것을 위하여 너희들
이 지도했으며 어떠한 길을 위하여 달
려왔는가?
5 지금 너희 모든 잘못된 종교 지도자들
은 황금만능주의를 가르쳤으며, 거기
에 젖어 있으며, 저 자신이 젖어 있는
것뿐만이 아니요, 저를 따르는 모든
신도라는 나의 백성들까지도 황금만
능주의로 그리 변하도록 만들었음이
니라.
6 그리하여 어렵고 힘들 때 너희들이 금
화와 은화를 놓고 무엇인가를 원할 것
이며,

7 너희들이 정말 돈만을 주면, 금화와
은화를 주면 무엇인가를 다 구할 수
있는 그와 같은 재물을 주었을 때 너
희들은 지금 다니는 그 성전에 등을
돌리는 자가 수없이 있을 것이며,
8 너희들은 등을 돌리며 다음과 같이 말
할 것이니라, '천국이 다 무엇이 필요
하며 천국이 무엇이 있느냐? 내가 오
늘 배부르고 내가 잘 먹고 잘 사는 것
이 중요하지, 그보다 더한 것이 어디
있는가?'.
9 이는 곧 너희들이 잘 먹고 잘 살기 위
하여 믿음의 길을 간다는 그와 같은
이치와 무엇이 다르던가?
10 너희들의 지금의 믿음이라는 게 무엇
이던가?
11 그저 지금 어렵고 힘든 자, 너희들에
게 배불리 평생 먹고살 수 있는 금화
와 은화를 준다면 '믿음이 무엇이냐
다 말라비틀어진 것들이거늘, 그건 아
무것도 아니다.' 하며 너희들이 그 평
생 먹고살 수 있는 금화와 은화를 받
고 등 돌리지 않을 자가 과연 얼마나
된다 생각하는가?
12 너희들이 지금 아우성치며 눈물의 기
도를 하며 구원을 받았다 아우성치는
그 성전은 텅텅 비는 그와 같은 형국
이 될 것이니라.
13 이와 같은 뜻을 뒤집이 너희들에게 다
시 물어본다면, 너희들에게 재물과 금
화와 은화를 주고 권력을 준다 하며
그 고통스럽고 힘든 길을 저버리고 돌
아서라 한다면, 어렵고 힘든 그 믿음
을 가지 아니하는 것이 너희들의 지금
의 마음의 자세이니라.
14 금화를 따라서 등을 돌리지 않는 신
도, 종교 지도자가 정녕 없다 내가 말
한다면 너희들은 여기에서 뭐라 말할
것이냐?
15 이것이 수천 년 동안 흘러와서 지금
계속되고 있는 믿음이라는 것을 너희
들이 한번 돌이켜 봐야 할 것이니라.
16 너희들이 지금 손으로 지은 그 성전에
가 재물로써 구원을 받는다 하는 그와
같은 곳에서 너희들은 수십 년 동안
다니며 재물과 그 모든 시간을 봉사하
여 돈으로 금화로 산 직급을 하나씩
가지고 있음이니라.
17 너희들이 30년 동안 다닌 그 성전에
직급을 얻을 때까지 바친 재물에 대한
열 배, 스무 배의 재물을 줄 것이니 너
희들에게 그곳에서 등을 돌리라 말한
다면, 과연 지금 등을 돌리지 않을 자
가 얼마나 있다 생각하는가?
18 등 돌리지 않는 신도와 지도자가 과연
없다 너희들은 나에게 장담할 수 있는
가?
19 너희들의 성전이 텅텅 비워짐을 너희
들은 알아야 할 것이니라.
20 그렇다면 그들은 믿음이 아니라, 저희
들의 권력이요, 재물이요, 금화요, 은
화요, 부귀영화를 위해서 믿음의 길을
가고 있다는 것이 증명되는 것이 아니
던가?
21 이것이 바로 너희들의 실상이니라.
22 나 여호와를 팔면 수십억의 금화를 준
다 할 때, 과연 나를 버리지 아니하며
너희들의 영혼을 구하는 그 삶을 선택
할 백성이 얼마나 있다 생각하는가?
23 너희 가슴에 손을 얹고 생각해 보라.

24 이것이 지금의 너희들이 믿음의 길을
가는 그 형국이니, 너희들이 금화와
은화요, 재물이요, 무엇인가 육의 편
안을 얻기 위한 기도요, 너희 손으로
지은 성전에 가 너희들이 또한 그 재
물을 바쳐 사고자 하여 울부짖는 그런
형국이 아닌가?
25 정녕 믿음을 위해서 가는 백성이 얼마
나 되는가 너희들이 한번 계산해 보
며, 스스로 너희들 자신을 다스려 보
도록 하라 그리 전하라.

4,371 번째 하나님 말씀

2002년 12월 31일 02시 57분

1 사랑하는 나의 아들아!
2 "네, 아버님! 말씀하옵소서."
3 나의 법전을 읽고 깨우친 너의 제자들
이요, 나의 법전을 읽고 깨우친 만백
성 너희들은 알아야 할 것이니라.
4 너희들은 역사에 이루어지는, 너희들
의 생활 속에 이루어지는 그 모두가
너희들에게 불리한 것이요, 그와 같은
일들은 다 '내 탓이오, 나의 잘못이오.'
하는 그와 같은 생각과 그와 같은 마
음을 가지고 살아가는 것이 너희들이
가야 할 길이니라.
5 그러나 지금 종교 집단에서 몇십 년
동안 봉사한 너희들은 과연 '이것이
내 탓이요, 나의 잘못이라' 그리 생각
하고 살아가는 자 얼마나 있는가?
6 너희들은 깨우쳐야 할 것이니, 그리
행하도록 하라.
7 모든 인간관계에서 불협화음이 일어
나는 것은, '모두는 내가 잘못한 것이
며 나의 탓이라' 너희들이 그리 진정
으로 반성하고 회개하는 삶을 살아가
는 것이 나로부터 선택된 백성 너희들
의 자세임을 알아야 할 것이니라.
8 그것이 너희들이 차별화됨이니라.
9 그러나 너희들은 그와 같이 반성과 회
개를 하는 자가 없음이니라.
10 그저 이유를 달며, 너희들은 거기에
대해서 모두가 남의 탓이라 말하며,
믿음의 길을 가는 자로서 너희들이 바
른 자세를 행함이 없음이니라.
11 믿음의 길을 가는 자 용서하며 모든
것을 자기 탓으로 생각하고 살아야 하
나, 몇십 년 동안 믿어 왔다는 자, 너
희들이 일에 부닥칠 때마다 그리 생각
하지 아니하고 자기 위주로 자기 생각
을 먼저 함이니,
12 너희들은 속을 감추고 사는 듯, 위장
을 하고 사는 것처럼, 남이 모르는 것
처럼 그리 살아가나, 너희들의 형제
요, 이웃은 모를지 모르지만 나 여호
와는 너희들의 속내를 다 알고 있음이
니라.
13 너희들의 마음의 그 속내를 하나하나
알고 있는 나 여호와의 마음이 얼마나
아프겠는가 너희들은 생각해 보았는
가?
14 너희들은 여기서 하나의 깊은 깨우침
이 있어야 할 것이니라.
15 너희들이 세상에 살아서 너희들을 길
러 주며 보호하는 너희 부모는 어찌
되는가?
16 너희들 부모는 나이가 먹어 쇠진하게
되면 세상에 유명을 달리하며, 너희들
은 그 부모가 죽었음이니 그가 살았을

때 효도하지 못함을 죽어서 후회하는 그와 같은 삶을 사는 것이 너희들이니라.
17 그리고 부모가 살아 있어 너희들을 받쳐 줄 때, 너희들은 당당하게 삶을 살며, 자신을 가지고 살며, 믿는 곳이 있음이니 너희들이 남에게 기죽지 아니하고 사는 그와 같은 삶을 사는 것이 아니던가?
18 나는 여기서 너희들에게 물어보고자 함이니라.
19 나 여호와가 너희들을 지켜 주며, 악으로부터 너희들이 싸울 수 있으며 너희들이 나에게 경배하고 기도하고 깨우쳐서 영원히 사는 나의 나라에 올 수 있는 그 구원의 길을 갈 수 있는 것이 나 여호와가 정해진 시간만큼만을 버틸 수 있는 시한부라 생각한다면 너희들은 과연 어찌하겠는가?
20 나 여호와가 너희들을 받쳐 주는 그 힘이, 너희들을 구원할 수 있으며 너희들의 기도를 들어줄 수 있는 그것이 내가 정해져 있는 시한까지만 견딜 수 있으며,
21 시간이 지난 다음에는 내가 악으로부터 너희들을 지켜 줄 수 없으며, 악과 싸워서 이길 수 있는 나 여호와가 되지 못함이니, 점점 나약해서 시들어져 가는 나 여호와라고 생각한다면 너희들은 지금 어떠한 마음을 가지고 살아야 하는가?
22 너희들은 내가 힘이 있을 때 그 모두를 이루어야 할 것이니라.
23 육의 세상에 있는 너희들의 부모가 받쳐 줄 때 너희들이 바로 서지 못하며 역사하지 못했을 때, 너희들은 부모가 돌아가셨을 때 그때를 생각하며 후회할 것이니,
24 나 여호와가 악으로부터 싸워 이길 수 있는 그 시간이 정해져 있는 시한부의 시간이라면 너희들은 과연 어찌 살아가야 하는 것인가?
25 그와 같이 되어 있다는 마음을 갖고 너희들이 바로 서고 깨우치는 데 최선을 다하는 그와 같은 마음을 갖고 살도록 하라, 사랑하는 나의 백성들아!
26 나의 백성 너희들은 들어야 할 것이니라.
27 내가 너희들을 지켜 줄 수 있는 그 시간이 타들어 가는 촛불처럼 서서히 그 능력과 힘이 줄어들어 가는 그와 같은 나 여호와라 하면 너희들은 어떠한 마음으로써 어찌 살아가야 할 것인가 너희들은 여기서 깊이 깨우치라.
28 악과 싸워서 견디고 이기며 너희들을 받쳐 주는 그 힘이 타들어 가는 촛불처럼 서서히 줄어들어 가는 그와 같은 나 여호와라 생각한다면 너희들이 이를 대비하여 살아가야 함이니 어찌하여야 하겠는가?
29 너희들이 변하는 시간에 쉴 시간이 없으며, 너희들이 죄를 짓고 살 시간이 없음을 깨우쳐 너희 것으로 만들도록 그리하라, 사랑하는 나의 백성들아!

4,372 번째 하나님 말씀

2002년 12월 31일 08시 44분

1 사랑하는 나의 아들아!
2 "네, 아버님! 말씀하옵소서."

3 하늘에서 너희들을 내려다보는 나 여
호와의 마음이 기쁘기 한량없음이니,
너의 제자들이 거의 다 마음이 하나가
된 것이 있음이니, 너희들이 지금 하
나가 되어 가고 있는 마음이 무슨 마
음인 줄 알겠느냐?
4 모든 백성들은 손에 쥐면 놓지 않으려
하며, 금화와 은화를 위하여 모두를
다 바치고 살아가는 백성들이며, 지금
의 모든 종교 집단의 지도자와 그를
따르는 백성들, 그들이 무엇 때문에
잘못 갔다 말하는가?
5 재물을 모으기 위한 방법이요, 금화와
은화를 거둬들이는 데 연연하여 그와
같이 잘못 가는 믿음으로 변질되었다
내가 말하였으나,
6 너의 제자들은 여유가 있으며 재산이
있다 하면 나의 성전을 위하여 나의
법전이 세상에 나가는 것을 그 누구도
아깝지 아니하게 쓰고자 하는 마음이
며, 그를 쓰기에 두려워하지 아니하며
저희들이 소중하다 생각하지 아니하
는 것이 너의 제자들이 지금 가지고
있는 마음이니라.
7 너희들은 나의 성전을 위하여 나의 법
전을 위하여, 나의 법전이 세상에 전
해져 만백성을 구하는 데 너희들이 가
지고 있는 재물로 나의 법전을 세상에
전하는 것을 누구도 두려워하지 아니
하며 주저하지 않는 마음이 너의 제자
들이 다 똑같으니라.
8 너희들 마음이 그리되어 있으니, 내가
너희들에게 재물의 상을 내릴 것이니
라.
9 너희들이 나의 법전을 세상에 내보내
며 많은 백성을 구하는 데 너희들이
가지고 있는 재물을 투자하고 던지기
를 두려워하지 아니하는 백성들이니,
내가 너희들에게 그 상을 줄 것이니
그리 알도록 전하라.
10 이제는 너희들이 해야 할 일이 있음이
니라.
11 너희들이 세상에 태어나 철이 들면서
알게 모르게 지은 그 모든 죄를 하나
하나 기록하여 꺼내서 그를 용서를 빌
며 그를 씻는 그와 같은 눈물의 기도
를 많이 하라 그리 이르라.
12 너희들이 지난날 지은 죄를 씻음으로
인해서 그 씻어진 마음속에 너희들이
죄를 짓지 아니하며 나의 성령이 너희
들의 가슴에 임함이니, 너희들이 얼마
나 나로부터 선택된 백성들인가?
13 이제는 그 역사요, 그와 같은 일을 각
자 게을리하지 말도록 그리 전하며 깨
우쳐 주라.
14 그것이 이제 너희들이 첫 번째 해야
할 일이라 하는 것을, 모든 죄를 씻어
내어 하나하나 그를 그 상대에게 빌며
용서를 구하는 그 마음으로써 기도하
고 회개함을 게을리하지 말라 전하라.
15 너희들이 그와 같이 기도하고 회개할
때 이 세상은 영원히 존속될 것이며,
내가 이루고자 하는 지상의 낙원은 반
드시 이루어질 것이니라.
16 그것이 내가 또한 너희들에게 내리는
상이며, 너희들이 가야 할 길이고 지
켜야 하며 먼저 행하여야 할 뜻을 내
가 너희들에게 명하는 것이니, 나의
명을 거역하는 자 없도록 그리 시행하
도록 하라, 사랑하는 나의 아들아!

4,373 번째 하나님 말씀

2002년 12월 31일 08시 48분

1 사랑하는 나의 아들아!
2 "네, 아버님! 말씀하옵소서."
3 너의 제자들은 너를 도와주며 나의 성
전을 도와 일하는 것을 그들은 즐거움
이라 그리고 행복이라 말하는 것이니
라.
4 그리고 너를 도우며 나의 성전을 돕는
데 그들이 주저함이 없는 그 마음은
너의 제자들이 하나같이 똑같은 마음
을 가지고 있으며,
5 그들이 이 성전이요, 나의 법전이 세
상에 나가도록 저희들이 주관하여 돕
지 못하는 것을 마음 아파하며 가슴
아파하는 것이 너의 제자들의 그 마음
이니, 너는 그들의 그 마음을 아는가?
6 "네, 아버님!
7 오늘에야 그들의 변한 마음이요, 그들
의 그와 같은 마음을, 아버님께서 주
신 말씀을 듣고 그들을 돌아다보니 그
들 또한 주저함이 없음을 깨닫고 볼
수 있었사옵나이다."
8 그러하니라. 그것이 너의 제자들이 하
나의 마음이 되었음이니라.
9 그와 같은 너의 제자들의 마음을 안다
하면 그에 대한 네가 해야 할 일은 과
연 무엇이며, 네가 진행해야 할 그 계
획은 무엇이라 너는 말하는가?
10 그는 바로 너는 나 여호와의 뜻대로,
내가 원하지 않는 일을 하지 아니하
며, 내가 바라고 원하는 아름답고 천
사와 같은 삶을 살아가는 것, 그것만
이 네가 그들을 사랑하는 길이며 네가
해야 할 길임을 너는 알아야 할 것이
니라.
11 천사처럼 변하여지는 것, 어떠한 누가
와서 너에게 뭐라 말해도 한 점의 부
끄럼이 없이 당당히 목소리 높여 말할
수 있는 자로 네가 그와 같이 변해 주
는 것이 그들을 위하는 길이며 그들을
사랑하는 길이며 그들에게 가장 기쁨
을 주는 그와 같은 길임을 너는 알아
야 할 것이니라, 사랑하는 나의 아들
아!
12 종교 지도자들은 금화와 은화요, 잘못
된 거짓과 불의에 타협하지 아니하며
당당한 모습으로 모두를 받아들이고
살아가는 백성이 있으며 그와 같이 살
아가는 지도자가 있는가 하면,
13 그저 더 많은 것을 갖다 바치라 하며
더 많은 것을 가져오도록 그와 같이
가르치는 종교 지도자들이 있느니라.
14 쌓이고 쌓여 있으면서도 더 어렵고 불
쌍한 백성들에게 가져오라며 세 치 혓
바닥으로써 그들을 능멸하는 그와 같
은 간악한 지도자가 있는가 하면, 그
저 더 바라지 아니하며 스스로 노력하
며 스스로 변해 가는 그와 같은 삶을
살아가는 것을 가장 행복이라 생각하
는 지도자들도 있음이니라.
15 너는 과연 어떠한 지도자의 상이 되어
야 하겠는가?
16 그저 거둬들이는 지도자가 되어야 하
겠는가?
17 네가 스스로 변화되어 너를 사랑하는
제자들의 그 마음에 보답하는 길로써
네가 바르고 곱게 살아가는 그와 같은
지도자가 되어야 할 것이며, 내가 원

하지 아니하는 일을 행하지 아니하며
나의 뜻에 따라 살아가는 그와 같은
너의 자세로써 살아가는 것이 네가 해
야 할 길이며,
18 너는 그와 같은 길 이외에는 어떠한
길도 갈 수 없음을 알아야 할 것이니
그리 알라, 사랑하는 나의 아들아!

4,374 번째 하나님 말씀

2002년 12월 31일 09시

1 사랑하는 나의 아들아!
2 "네, 아버님! 말씀하옵소서."
3 울지 말며 눈물을 거두라.
4 너는 어떠한 여한이요, 어떠한 한계
요, 어떠한 상황에 있으며 어떠한 고
통과 역경이 있다 하여도 160권의 법
전을 세상에 내는 그 대명을 수행하여
야 할 것이며, 그를 이루는 것만이 네
가 할 길이니라.
5 너는 2천 년 전 나의 아들 예수가 광
야에서 그 고통스러운 장소를 선택하
여 나에게 기도를 드림을 과연 어찌
생각하며, 그때 그의 고통이 과연 어
떠했을 것이라 생각하는가?
6 나의 아들 예수는 그 광야요, 그보다
더 험악하고 더 고통스러운 장소에서
나에게 기도하며 나에게 경배해도 그
보다 더한 영광이 없으며 더한 축복이
없다 그와 같은 생각의 마음 자세에서
그는 광야를 선택하였으며 그곳에서
기도를 드렸음이니라.
7 그가 기도를 드릴 때 그 마음은 어떠
했으며, 그가 모두를 인내하고 견딜
때 그는 어떠한 시련 속에서 그걸 이
기고 견뎠다 생각하는가?
8 그는 나에게 경배하는 것이며 나의 성
령의 뜻을 받아 만백성을 구하는 그
역사는 그보다도 더 고통스러운 속에
서 나에게 기도하며 경배해도 나의 메
시지를 받는 그것으로써 그는 더한 영
광이 없다 생각하여 그 스스로 고통의
길을 선택하였음이니라.
9 고통과 그 시련 속에서 나에게 기도하
고 경배함으로 나의 뜻을 그가 알며,
내가 원하는 것이 무엇인가를 깊이 깨
달으며, 내가 내리는 성령을 그는 간
곡히 한 자도 놓치지 아니하고 받아들
여 만백성을 구하고자 하는 그 애절한
마음에서 그 고통과 시련의 장소와 그
시련의 기도를 시작하여 그 역사를 이
루고자 하였음이니라.
10 너희들이 '석가'라는 사람은 보리수나
무 밑에서 깨달음을 얻고자 하여 자신
의 그 변하는 능력과, 자신 속에서 변
화를 얻기 위해 얼마나 많은 시간 속
에서 괴로움을 선택하며 그 괴로움 속
에서 그를 얻고자 하였던가?
11 너희들은 그와 같이 많은 시간 속에
기도하며 스스로 깨닫는 그 시간을 갖
는 그들이 과연 편안한 마음으로써 그
길을 갔다 생각하는가?
12 그들은 스스로 고통의 길 속에서, 고
통의 시련 속에서 무엇인가를 얻고 바
른 깨달음을 얻고자 하여 그 스스로
선택하였으니,
13 그들은 너보다도 수없이 눈물을 흘렸
으며, 수없는 눈물 속에서 인내하고
참는 것을 배웠으며, 그 길을 가지 아
니하면 아니 됨을 터득하였음이니라.

14 그들이 눈물로써 기도하며 스스로 다
스리는 그 참선의 깨달음을 얻고자 할
때, 그들은 그곳에서 일어나고 싶었으
며 그곳을 뛰쳐나오고 싶었으며 모두
를 다 접어 두고 싶은 마음이 이루 말
할 수 없었음이니,
15 너희는 그들이 그 고통의 시련을 견디
고 오늘날까지 만백성을 구하는 그 역
사의 대업을 이루고자 가는 모습을 한
번 생각해 보도록 하라.
16 그리하고도 네가 눈물을 흘릴 수 있는
것인가?
17 사랑하는 나의 아들아, 눈물을 거두라.
18 너는 그보다 고통스럽지 않은 곳에서,
그보다 더 힘든 길을 가지 아니하며
너는 지금 나의 법전을 받아 기록하고
있음이며,
19 너의 제자들은 모두를 아끼지 않고 네
가 바로 서기를 바라며 너를 위하여
모두를 던질 수 있는 자들이 네 주변
에 있음이니 너보다 더 행복한 자가
없음을 너는 깨우쳐야 할 것이며,
20 내 앞에서 네가 흘리는 그 눈물의 뜻
이 무엇이며 그 흐르는 눈물의 의미가
무엇이던가?
21 눈물을 거두며, 마음으로 울지 말라.
22 너는 울어서는 아니 되는 자임을 명심
하고 또 명심하여, 내 앞에서 눈물을
흘리는 그와 같은 나의 아들이 되지
말라.

4,375 번째 하나님 말씀

2002년 12월 31일 09시 10분

1 사랑하는 나의 아들아!
2 "네, 아버님! 말씀하옵소서."
3 너희들은 내가 불로 써 내린 십계명이
소중한 것이라고만 생각하지 말라.
4 모세가 이끄는 그 기적의 역사를 보았
던 그 백성이 얼마나 잘못 가며 광란
의 짓을 하며 내 얼굴에 침을 뱉으며
나의 가슴을 갈기갈기 찢는 그와 같은
행위를 했으면 내가 바위에 불로 써
영원히 불변하는 나의 계명을 내렸겠
는가?
5 이는 너희들이 그와 같은 그 시대의
상황을 안다 하면 불로 십계명을 써
내린 나 여호와의 그 아픈 마음을 너
희들이 들어다보는 그와 같은 깨달음
의 역사를 얻어야 할 것이니라.
6 너희들이 얼마나 잘못 가고 얼마나 바
로 서지 못하면, 모든 기적을 역사하
여 보여 주었던 나 여호와가 그를 글
로 썼으며 바위에 불로 새겨 그것을
너희들에게 전하여 주었겠는가?
7 그리고 너희들을 구원할 수 있는 길은
오로지 그 길밖에 없기에, 너희들이
그와 같이 지키고 살지 못하여 지옥으
로 가는 삶을 너희 후손들이 살 것을
알기에 나 여호와가 바위에다 불로
써, 글로 써 그를 전하였다는 그 뜻을
너희들은 알지 못함이니, 그 의미를
깨달아야 할 것이니라.
8 그리하여 그와 같이 내가 써 내린 그
계명이 얼마나 너희들에게 소중한 것
인가를 너희들은 다시 한 번 마음속에
다지며, 나의 십계명을 암송하며 그대
로 지키고 살아가는 데 게을리해서는
아니 될 것이니라.
9 그 소중한 계명을 지금 나의 피조물

만백성, 믿음의 길을 가는 자, 예수의
보혈로써 구원을 받았다는 그 백성들
이 뭐라 말하느냐?
10 내가 내린 계명은 육의 삶의 너희들의
생활과는 아무런 관계도 없으며, 거기
에는 적용될 필요도 없으며 적용할 필
요도 없는 그와 같은 것이라, 그리고
흘러간 나의 가르침이라 그리 생각하
느니라.
11 그러면서 너희들은 어찌 믿는가?
12 영혼의 세상만 존재하며, 너희들은 영
혼의 세상을 위하여 살아가는 백성들
이기에 너희들이 육의 생활에서 하는
것은 아무것도 아니며 너희들은 그와
같은 것으로써 구원을 받는 것이 아니
니, 십계명은 지키지 아니하며 그와
같이 육의 행동을 행하는 것은 중요하
지 아니하다 그리 지금 가르치고 가는
것이 너희들의 삶이니라.
13 그러나 너희들은 그 계명은 육의 삶에
필요한 것이며 육의 삶에 적용하는 것
이며, 육의 삶에 절대적이라는 것을
너희들이 잊어서는 아니 될 것이니라.
14 너희들이 지금 육이 사는 세상에서 그
는 소중한 것이며 그 계명은 존재한다
는 것을 알아야 할 것이며, 그를 잊어
서는 아니 됨을 알아야 할 것이니라.
15 그 이치를 깨닫고, 십계명의 중요함과
내가 왜 십계명을 불로 바위에 써서
내리는 그 고통을 겪지 아니하면 아니
되었는가를 너희들이 깨우치고 그를
보고 연구할 때, 내가 새로운 성경으
로써 새 세상을 이루고자 하며 새로
역사하고자 그리 전한 뜻을 너희들이
알게 될 것이니라.
16 내가 새로운 성경으로써 너희들을 가
르치고자 법전이라 하여 세상에 내려
보내는 것은, 이 모두는 진정한 진리
요, 나 여호와의 뜻이며, 내가 직접 관
장하기에 내가 너희들에게 내려보내
는 것이니라.
17 이제 내가 오늘 너희들에게 하나를 명
함이니, 이를 명심하여 기록하여 전하
도록 하라.
18 너희들은 나의 법전이 세상에 나가 책
으로 나와 너희들이 전해줌이니, 이제
오늘 이 순간부터 너희들은 제사를 지
내는 모든 그와 같은 의식이며, 호화
로운 의식이며, 너희들이 분에 넘치는
의식이며, 호화로운 성전이요, 너희들
이 제왕적인 행동이요, 제왕보다도 더
호화로운 그와 같은 의식을 모두 다
철폐하도록 그리 전하라.
19 그 절차가 다 필요 없으며, 그와 같은
제사요, 그와 같은 의식의 행사가 이
제는 필요 없음이니, 그 모두를 다 철
폐하라 함을 내가 나의 법전에 기록하
여 만백성에게 전함이니,
20 너희들은 나의 법전을 읽고 각자 깨우
치며, 너희들이 기도하는 것은 지난날
의 죄를 용서 빌며 아름답게 살아가고
자 하는 그 기도면 되는 것이며, 나 여
호와가 원하지 않는 길이요, 원하지
않는 행위를 하지 아니하고 살아간다
기도하면 됨을 알라.
21 오직 나 여호와의 뜻에 의하여 너희들
개개인이 진정 '내가 아닌 남'을 위하
여 사는 사랑의 그 삶을 살아가는 그
것만이 너희들이 존재하는 의미를 알
게 될 것이며, 너희들이 구원을 알게

될 것이니라.
22 그러니 너희들이 사랑을 베푸는 것이 '나'를 먼저 생각하는 사랑이 아니요, '남'을 먼저 생각하는 그와 같은 사랑의 마음으로 살아가는 것이 너희들이 나의 뜻에 따라 행하는 것이며 구원의 길을 오르는 길이니,
23 너희들은 각종 허례허식이요, 형식이요, 제사를 지내는 모든 그와 같은 절차의 형식을 철폐하도록 그리하라 내가 그 모두를 명함이니라.
24 오로지 나의 법전을 읽고 깨우쳐, 남을 먼저 생각하고 살아가는 그 마음으로 각자 개개인이 깨우쳐 구원을 받도록 하라.
25 구원을 받고 못 받는 것은 너희들이 집단으로써 행동함으로, 집단으로써 설교를 들으며 집단으로써 교육을 받음으로 너희들에게 구원의 길이 있고 없음이 아니니, 개인적으로 터치하여 내가 구원한다는 그 역사를 잊지 말며,
26 편안한 길, 그리고 너희들이 가장 즐거운 마음으로써 나를 향하여 기도하는 그와 같은 자세로 살며 구원을 받도록 그리하라.
27 재물을 바치지 말며, 남에게 헌금하지 말며, 그와 같은 것으로써 너희들이 구원을 받는다는 생각을 오늘 이 순간부터 완전히 철폐하고 지워 버리도록 그리하라.
28 그것이 너희들이 하늘에 오르는 바른 길임을 알며,
29 너희들이 나로부터 받은 나의 재물을 반듯이 쓰지 않고, 내가 너희들에게 내려 준 재물을 함부로 쓰며 사탄을 위하여 쓰며, 사탄에게 힘을 실어 주어 사탄이 역사하여 이 지구를 뭉개트리는 그들에게 너희들이 하수인 역할을 해서는 아니 됨을 알라.

4,376 번째 하나님 말씀

2002년 12월 31일 09시 20분

1 사랑하는 나의 아들아!
2 "네, 아버님! 말씀하옵소서."
3 육을 가지고 살아가는 나의 백성 너희들은 육의 인간 세속에 살아가며 서로 부닥치고 부닥치는 그 속에서 체험을 얻게 되며, 모든 그 체험 속에서 너희들이 세상사를 보는 눈을 뜨게 되며 모든 것을 알게 되며 또 깨우치게 됨이니, 많은 체험 속에서 거듭나게 되는 것이 너희들의 삶이 아니던가?
4 그리하여 너희들이 그 육의 세상의 삶의 체험 속에서 스스로 모두를 깨달아 너희 것으로 만들며 변화되는 삶을 사느니라.
5 그러니 너희들이 하늘에 오르는 구원을 받고자 하는 그 길 또한 어떠한 것이던가?
6 너희들이 나에 대한 체험을 하며, 나에 대한 체험으로써 너희들이 깨달음이 있으며, 성령의 체험으로써 너희들이 변화되며, 성령의 체험 속에서 너희들이 하늘의 뜻을 알게 됨이니라.
7 또한, 너희들은 이 세상을 지배하는 사악한 사탄에게 시험을 당하며 곤욕을 당하며, 그 시험 속에서 너희들이 버티고 인내하고 싸워 이길 수 있는 그와 같은 변화의 삶을 사는 것이, 너

희들이 그리 변화되는 그것이 성장하
는 것임을 알아야 할 것이며, 너희들
은 그 고통과 체험 속에서 변화되는
것이니라.
8 그러니 너희들이 겪는 그 체험이란 바
로 무엇이더냐?
9 그 체험 자체가 고통과 시련의 길이
며, 남들이 이기고 견딜 수 없는 그 고
통과 어려운 길을 너희들이 인내하고
딛고 일어설 때, 그리고 그 시련과 고
통 속에서 너희들이 얼마나 남들보다
더 인내하고 견디느냐에 따라서 그 견
디고 인내한 만큼 너희들이 체험이라
는 그 체험 자체에 의미와 깊이가 있
으며 깨달음이 있는 것이며,
10 또한 너희들이 참진리요, 아름다운 삶
을 살아가는 그 진리의 깨달음의 차이
가 거기에 있음이니라.
11 너희들은 그 체험 속에 체험의 깊이가
얼마나 있느냐에 따라서, 너희들이 얼
마나 깨달았느냐에 따라서 선과 악을
구분할 수 있는 그와 같은 능력을 얻
게 됨이니라.
12 어렵고 힘든 체험이 없이는 너희들이
거듭나지 못하며 새로 태어날 수 없으
며, 나의 백성으로서 내가 이루고자
하는 새 역사의 그곳에 살아갈 수 있
는 그와 같은 자격이 없음이니라.
13 너희들이 그저 살아오는 그 속에 잘못
살아왔으며 너희들도 모르고 지은 죄
의 그 모두를 다 털어 버리고 씻어 버
리고 너희들이 다시 태어나는 것은 나
여호와에 대한 체험이요, 성령의 체험
이요, 십계명을 내려보낸 나의 그 계
명 속에서 너희들이 그 속에 체험의
의미를 얻으며,
14 지금 나의 아들을 통하여 마지막 심판
을 하고자 160권이라는 대장정의 법
전을 내림이니, 그를 너희들이 정독하
고 읽고 또 읽는 그 모두 속에서 너희
들이 체험으로써 그를 들여다보며 체
험으로써 얻는 그와 같은 변화가 있지
아니하면 너희들은 정녕 견딜 수가 없
으며 나에게 구원을 받을 수가 없는
것이니라.
15 내가 나의 법전을 읽는 사랑하는 나의
아들딸 너희들에게 말함이니, 너희들
은 끝까지 견디고 이겨 내는, 어떠한
시련과 고통도 너희들이 접어 두고 갈
수 있는 그와 같이 변하는 모습으로
써 살아가고자 할 때, 나 여호와가 손
을 내밀어 너희들의 손을 잡아 하늘의
문으로 들어오도록 하고자 함이니, 나
의 이 뜻을 잊지 말며 그리 행하도록
하라.
16 어떠한 체험을 할수록 너희들이 그 체
험과 고통 속에서 성장한다는 것을 잊
지 말며,
17 너의 제자들 또한 오늘의 시련이요,
고통을 너희들이 고통이라 생각하지
말며, 나의 뜻에 따라 대역사를 이루
는 거기에 동참하는 자로서 선택된 그
것이 너희들의 가장 큰 영광이요, 축
복이라는 것을 가슴에 새기도록 그리
깨우쳐 주라.

4,377 번째 하나님 말씀

2002년 12월 31일 10시 15분

1 사랑하는 나의 아들아!

2 "네, 아버님! 말씀하옵소서."
3 너희들 인간사에 너희들의 후손이요,
너희 자식이 세상에 태어나니 그 부모
된 자의 기쁨을 어디에 형용할 수 있
겠는가?
4 세상 것을 다 얻은 것보다 더 기쁨을
얻는 것이 너희들일 것이니라.
5 그리고 너희들이 자손을 키우는 데 온
갖 정성을 다하여 보살피고 키움이니,
그 마음의 사랑과 정성이 어디까지일
는지 모르나 나 여호와가 너희들을 사
랑하고 아끼는 마음이 그 마음보다 못
하지 아니하거늘, 그러기에 너희들이
잘못 가는 것, 잘못 깨닫고 있는 것을
볼 수가 없어 너희들을 바로잡고자 하
는 것이 나 여호와이니라.
6 구약 시대에 모세와 같은 역사를 이루
었을 때 너희들이 나에게 등을 돌렸으
며, 또한 예수가 세상에 나와서 너희
들을 구하고자 할 때 또 너희들은 나
에게 등을 돌렸음이니라.
7 그러나 나 여호와가 지금 다시 나의
아들을 통하여 160권의 법전으로써
너희들을 구원하고자 세상에 내려보
내니,
8 하늘의 진리요, 참진리를 요약하고 간
략하게 만들어 너희들이 읽고 깨우치
면 누구나 깨달을 수 있도록 그리 만
들어 세상에 내려보냄이니, 내가 너희
들을 얼마나 사랑하고 아끼는지 알겠
는가?
9 그리하여 자식을 기르는 그 부모보다,
자식을 바라보는 마음보다도 더 애절
한 마음으로써 창조주가 너희들에게
법전을 내려보내며 이를 읽고 깨우쳐
하늘에 오르라 수없이 그리 전하거늘,
이를 보지 아니하며 이를 듣지도 않으
려 하는 것이 지금 너희들 백성이니,
10 너희들이 목적지까지 가려고 하면 그
목적지에 갈 수 있는 그 길의 첫발을
잘 디뎌야 하며 그 길을 달려가야 할
것이니라.
11 너희들이 아무리 힘이 있고 능력이 좋
다 하여도 반대 방향으로 달려간다 하
면, 참진리의 길의 목적지를 향해서
바른길을 잡아 서서히 걸어가는 자를
감당하지 못하는 것이 너희들의 이치
가 아니던가?
12 지금 너희들이 바로 그러하니라.
13 나에게 오르는 길을 바로잡아 깨우치
라 내가 그리 말하나, 너희들은 그를
보지 아니하며 듣지도 아니하고 정반
대의 길로 달려가는 그와 같은 길을
가고 있음이니,
14 나와는 점점 멀어지며 너희들이 이루
고자 하는 그 목적지와는 점점 멀어지
면서 목적지가 보일 것이라며 그저 달
려가는 그와 같은 아집과 고집 속에서
살아가는 것이 너희들이니라.
15 지금 내가 구약과 신약의 성서를 덮는
다 했음이니라.
16 그 성서는 오로지 너희들을 깨우치는
교본이요, 너희들의 죄를 사할 수 있
는 눈을 뜨게 하는 것이며,
17 나의 지금의 법전은 너희들을 바로 다
스리는 역사가 이루어지는 것이며 실
천함이 여기에 있기에, 이를 실천하지
아니하며 이를 보지 아니한다면 너희
들이 구원을 받을 수 없으며 그 길을
볼 수 없다 내가 말한 그 의미를 어찌

하여 너희들은 그리도 들으려 하지 아
니하고 보려 하지 아니하는가?
18 너희들의 그 고집과 아집으로 하여금
너희들이 정녕 나와는 관계도 없는 길
을 지금 달려가고 있다면 너희들은 어
찌하는가?
19 사랑하는 나의 백성 너희들은, 이 세
상의 모두는 나 여호와의 주관하에 이
루어지지 아니하는 것이 없으며, 나로
하여금 세상의 모두가 존재함이니,
20 이 법전이 세상에 나오는 것도 나 여
호와의 뜻이요, 내가 주관하여 이게
나올 수 있다는 것을 깨달아 나의 법
전 160권을 정독하도록 하라.
21 이것이 하늘의 진리와 뜻을 10분의 1
로 줄이고 또 줄여서 내가 너희들에게
내려보내는, 너희들을 가장 사랑하는
증표임을 잊지 말라.
22 다시 한 번 너희들에게 전함이니, 명
심하여 이를 보고 깨우치도록 그리하
라.
23 이를 보고 깨우치지 아니한 자, 너희
들은 목적지의 길을 모르며 목적지의
방향을 모르며 그저 생각나는 대로 평
탄한 길이라 생각하여 두 주먹을 쥐고
달려가나, 곧 너희들이 돌이킬 수 없
는 수천수만 길의 낭떠러지요, 영원히
그 속에서 헤어나지 못하는 지옥행으
로 달려가는 것임을 잊지 말라.

4,378 번째 하나님 말씀

2002년 12월 31일 10시 25분

1 사랑하는 나의 아들아!
2 "네, 아버님! 말씀하옵소서."
3 나 여호와가 너희들에게 깨우쳐 이르
기를, 너희들의 믿음의 그 역사요, 구
약과 신약이요, 지금 나의 법전이 세
상에 내려오며 새로운 성경이 내려가
는 것을 내가 무엇에 비유하여 너희들
에게 가르쳐 주었던가?
4 100미터씩 달리는 그 계주로 설명하
며 그와 같은 의미라 내가 너희들에게
말하여 주지 아니하였던가?
5 구약은 출발선에 서는 것이며, 신약은
중간에 달리는 그와 같은 것이라 내가
말하였음이니라.
6 구약의 시대에 모세가 출발해서 만백
성을 끌고 나오는 그 시대는 출발선에
서서 선수가 100미터의 한 구간을 달
리는 것이 모세가 시작했던 그 역사며,
7 나의 아들 예수는 중간에서 바통을 받
아 마지막 주자에게 들려 주는 그와
같은 역할을 한 것이며,
8 마지막 결승에 그 결승점의 영광을 얻
는 그것은 바로 나 여호와의 성령이며
내가 직접 그를 이루고 다스리는 것이
바로 너희들이 마지막 주자요, 결승에
이르는 것임을 너희들은 알아야 할 것
이니라.
9 그리하여 내가 너희들에게 깨우치기
를, 구약과 신약은 구원의 길이 아니
요, 너희들이 바로 의로운 자로서 가
는 교육이요, 너희들의 죄를 용서받는
것이며, 죄를 들여다보고 죄를 깨우치
며 죄가 무엇이라는 것을, 무엇이 죄
가 되며 선한 것인지 구별할 수 있는
교과서와 같은 것이 구약과 신약인 것
이니라.
10 이와 같이 구약과 신약에 너희들이 구

원을 받는 직접적인 그 길이 있음이
아니요, 너희들이 죄와 죄가 아님을
구분하는 그와 같은 단계가 구약과 신
약의 성서가 지니고 있는 것이며 너희
들을 깨우치고자 하는 것이니, 그리하
여 그 비유로써 이루어졌음이니라.
11 의로운 자, 구원받는 자, 구원받을 자,
구원받지 못할 자라 너희들이 그와 같
이 말하는 것은 잘못 알고 있음이니라.
12 구약과 신약에 너희들이 의로운 자가
탄생하는 길이며 구원을 받는 길이며
구원을 받는 그 역사가 거기에 있다
하여 구원에 초점을 맞춰 나의 구약과
신약의 성서를 가지고 기르치고 깨닫
고 그 길이라 하여 달려가는 것은 너
희들이 잘못 알고 잘못 행하고 있다는
것을 알아야 할 것이니라.
13 그리하여 너희들은 예수가 재림한다
그리 믿고 있으며 예수가 반드시 재림
하여 너희들을 구원할 것이라 그리 알
고 있으나, 예수는 그와 같은 재림의
역할이 아니요, 너희들에게 일부의 깨
우침을 줌이니라.
14 영원한 새로운 보혜사가 세상에 내려
온다는 것을 너희들은 알고 있을 것이
니, 그게 곧 나의 법전이요, 만백성을
구할 수 있는 그 구원의 기초요, 근본
이며 구원을 받을 수 있는 모든 내용
이 거기에 기록되어 있으니, 지금 나
의 법전은 구원의 교본임을 너희들은
알아야 할 것이니라.
15 구약과 신약은 너희들의 죄와 죄가 아
님을, 악과 선을 구분하는 그와 같은
교본으로서 너희들에게 전하여진 것
이며,
16 지금 법전이야말로 마지막 시대에 심
판하는 그 역사의 시대에서 너희들이
구원받을 수 있는 방법과 행하는 것,
그 모두를 상세히 기록하여 너희들에
게 설명하며 가르치는 것이니, 즉 이
는 나의 명령서임을 너희들은 알아야
할 것이니라.
17 이는 결론을 내리는 것이니라.
18 모든 것에는 원인과 분석이 있고 시작
이 있듯이, 그 구약과 신약은 시작이
요, 원인을 제공하는 것이며, 그 결론
으로써 이루어지는 것은 바로 나의 법
전이니,
19 나의 법전은 너희들이 어찌하여야만
구원을 받는 것이며, 구원을 받는 자
가 어찌 행해야 하는지 태도와 길을
상세히 나열하여 누구나 다 읽고 깨우
칠 수 있도록 그리 전하는 것임을 너
는 알아야 할 것이니라.
20 지금 너희들이 본문이요, 너희들을 구
원하는 교본인 나의 법전을 갖고 공부
함이 아니요,
21 나의 예수가 가지고 내려갔던 신약의
성서요, 모세의 시대에 이루어졌던 구
약의 성서의 그 예문을 갖고 본문이라
그리 착각하여 구원을 받는 것이며 구
원을 받았다고 억지를 쓰고 있음을 너
희들은 알아야 할 것이니라.
22 이제 너희들이 구원을 받는 그 본문은
나의 법전임을 알라.
23 나의 법전을 가지고 공부하지 아니한
자, 구원의 길이요, 이치요, 하늘의 뜻
을 알 수 없음이니라.
24 지금까지 너희들은 구원의 길을 갈 수
있는 준비 단계의 예문을 갖고 공부해

왔음을 알라.
25 이제는 본문을 가지고 너희들이 공부
하여 구원을 받아야 됨이니, 나의 법
전이 본문이라는 그 뜻에 너희들이 거
역하는 어리석은 우를 범하지 않도록
그리하라.

4,379 번째 하나님 말씀

2002년 12월 31일 23시 04분

1 사랑하는 나의 아들아!
2 "네, 아버님! 말씀하옵소서."
3 네가 나의 십계명을 가장 많이 암송하
는 사람으로서 나의 아들로서 살아간
다 하였음이니,
4 네가 하루에도 나에게 몇십 번씩 기도
를 하며 경배를 하며 나의 메시지를
받고자 함이니, 너처럼 많은 기도를
드리는 자 또한 없음이니라.
5 너희들은 지금 성서를 가지고 만백성
을 깨우쳐 하늘에 오르는 길이라 가르
치나, 너희들이 그 성경의 참뜻을 모
르며 그것이 원하는 것이 무엇인가를
모르고 가르친다면 그는 바로 무엇이
던가?
6 나와는 아무런 관계도 없는 것이 아니
던가?
7 나의 성령의 비유의 뜻을 모르고 너희
들이 가르친다면, 그것은 나의 성령이
요, 나의 뜻으로써 가르치는 것이 아
님을 알아야 할 것이니라.
8 네가 너의 제자들에게 나의 법전을 가
지고 강론하며 나로부터 성령의 기도
를 들어 그 백성에게 전함이니, 네가
지금 기록된 법전의 내용을 모르고 알
지 못하며 강론한다면 그것은 나 여호
와의 뜻이 아니지 않던가?
9 네가 내 뜻을 알며 내가 원하는 것을
알며 내가 전하고자 하는 것이 무엇인
가 알고 너의 제자들과 그들에게 전하
면 바로 너는 나의 뜻을 그대로 전함
이니 그게 진실한 가르침이요, 나의
뜻에 의하여 가르치는 것이니라.
10 그러나 그 가르치는 지금의 수억의 종
교 지도자들이 성서의 비유된 내용을
모르며 성서에 내가 원하는 그 뜻을
모르며, 거기에 기록된 글자와 종이로
만 있는 그대로 읽어서 그것으로만 전
한다 하면 과연 나의 뜻이 전하여지는
것인가?
11 나의 뜻과는 아무런 관계도 없으며 내
가 깨우치고자 하는 것과는 아무런 관
계도 없는 걸 가지고 너희들이 지금
수천 년 동안 울부짖었으며 지금도 너
희들은 그와 같이 가르치고 있음이니,
그리하여 그는 나의 뜻이 아니요, 나
와는 관계도 없는 것이라 함이니라.
12 너희들이 정녕 나의 백성을 똑바로 가
르치며 진정한 믿음의 길을 가르친다
하면 너희들은 바로 무엇을 알아야 하
는가?
13 나의 뜻을 알아야 함을 너희들은 알아
야 할 것이니라.
14 나의 뜻을 모르고 가르치는 자, 나의
뜻이 아님을 가르치는 자는 내 백성이
아님을 알라.

4,380 번째 하나님 말씀

2002년 12월 31일 23시 15분

1 사랑하는 나의 아들아!
2 "네, 아버님! 말씀하옵소서."
3 성서에 기록되어 전하기를 너희들의
지금의 성경의 믿음이요, 구약과 신약
의 그 믿음을 가지고는 의로운 자 하
나도 구원하지 못하였으며, 육을 가지
고 사는 나의 백성 너희들 중에 한 사
람도 의로운 자가 없다 말하여 기록되
어 있음이니, 이것은 바로 너희들에게
무엇을 의미하고 가르치는 것인가?
4 지금 너희들이 공부하고 깨우치며 하
늘에 오르는 길이라 하여 가고 있는
그 믿음과 성경의 가르침은 너희들을
직접 구원하는 구원의 길을 인도하는
것이 아니요, 너희들의 죄에 대해 알
게 하는 것이며 그를 깨우치는 교본과
같은 것임을 너희들이 알아야 할 것이
니라.
5 구약과 신약은 너희들이 죄에 대해 의
식하도록 하는 것이며, 의로운 자가
세상에 많다 할 수 있는 그와 같은 길
을 가르치는 것이 아님이니라.
6 이제 나의 법전만이 의로운 자, 의로
운 이름을 얻을 수 있는 백성을 구하
고자 함이며, 지금 나의 법전에 기록
된 그 뜻에 따라 행하는 자, 그와 같은
삶을 역사하는 자만이 의로운 자로서
태어날 수 있음이니,
7 여기서 너희가 하나 깨우칠 것은, 구
약과 신약은 의로운 사람을 완전히 만
들어 내는 것이 아니요, 육을 가진 사
람 중에서 의로운 백성을 만드는 것이
아니니라.
8 너희들이 죄에 대한 의식과 죄에 대한
것을 깨닫게 하는 것이 구약과 신약에
서 가르치고자 하는 뜻임을 알아야 할
것이니라.
9 그리하여 의로운 백성을 내가 만들며
의로운 백성을 세상에 존재케 하는 것
은 이제 곧 나의 법전이 내려와 그 법
전대로 행하고 따르는 자 속에서만이
의로운 자가 나올 수 있음을 너희들은
알아야 할 것이니라.
10 지금의 너희들이 수천 년 동안 믿어
온 만백성 중에 내가 성령을 내려보낼
때 의로운 백성이 한 명이라도 있었다
면, 나는 나의 아들을 통하여 오늘의
이와 같은 역사요, 오늘의 이 고통스
러운 길을 가지 아니하였을 것이니라.
11 너희들 중에 정녕 의로운 자가 한 사
람도 없으며 바로 깨우치고 바로 선
자가 한 명도 없기에, 내가 오늘 나의
아들을 통하여 지금 이와 같이 160권
의 법전을 내려보내니,
12 이것은 하늘의 내 뜻을 줄이고 줄여
10분의 1의 역사를 알기 쉽게 깨우쳐
너희들에게 내려보내 너희들을 구원
하고자 함을 알아야 할 것이니라.
13 진정으로 나 여호와를 믿는 자 세상에
하나도 없으며 진정한 깨달음을 가지
고 있는 백성이 한 사람도 없기에 내
가 너희들에게 그를 시키지 못하며 대
임을 맡기지 못하고, 나의 아들을 통
하여 지금 너희들을 구원하고자 이 법
전을 내리며 이 가르침의 시간을 갖는
것이 나의 뜻임을 너희들은 알아야 할
것이니라.

14 너희들은 알아야 할 것이니라.
15 진심으로 나 여호와를 찾는 자가 없었
으며 진심으로 나 여호와의 뜻에 사는
자가 한 사람도 없다 하면 너희들은
정녕 이를 믿지 않으려 하나, 너희들
이 정녕 바른길이요, 바른 믿음을 가
고 있는 자 한 명도 없음이니라.
16 너희들은 어려운 환경이나 또는 금화
요, 은화요, 권력으로부터 힘에 의하
여, 부귀와 영화 앞에 너희들 자신을
버리고 돌아서는 그와 같은 믿음으로
써 가지 않는 자 누가 있는가?
17 너희들에게 권력을 주며 재물과 금화
를 안겨 줄 때 너희들은 스스로 지금
의 믿음에서 받은 그 직급까지도 다
버리며 돌아설 수 있는 것이 너희들이
니라.
18 그와 같은 마음을 갖지 않는 백성이
과연 얼마나 있다 너희들은 말하는가?
19 그러한 자들이 있다면 어찌하여 내가
생명수를 그들에게 부어 그들이 만백
성을 구할 수 있는 지도자요, 목자라
내가 말하지 않겠는가?
20 너희들은 지금의 믿음의 자세가 잘못
되어 있기에 선한 것을 행하는 것이
아니요, 악한 것을 행하는 믿음의 길
에 있음을 알아야 할 것이니라.
21 그러기에 그 속에서 한 사람의 육을
가진 인간의 형체로 의인을 찾을 수도
없으며 한 사람의 의인도 없다 함을,
내가 너희들에게 얼마나 아픈 마음을
전하는 것인가를 너희들은 알아야 할
것이니라.
22 이제 너희들은 악에 치우쳐 선을 행하
는 자 하나도 없다 함을 과연 믿겠는
가?
23 너희들은 악에 치우치며 악 속에서 너
희들이 행함을 즐겁게 생각하므로 정
녕 의인이 한 사람도 없다 함을 내가
다시 한 번 너희들에게 전함이니,
24 이제 너희들이 나의 법전을 읽고 깨우
쳐 의인의 길이 무엇이며 천사의 마음
이 무엇인가를 깨달아 그리 행하는 자
들, 그 자손만이 영원히 존재하는 세
상을 내가 만들고자 함이니라.
25 정녕 너희들이 선을 행한다 하면 너희
들 속의 본심을 한번 알아보라.
26 말로써 너희들이 악을 행하지 아니하
며 선을 행하며, 나 여호와와 같은 마
음이요, 천사와 같은 마음으로 변하여
지고 살아왔다 말한다 하면, 너희들이
스스로 네 마음을 다스려 보도록 그리
하며 네 마음을 들여다보라.
27 그렇다면 너희들 중에 의인이 한 명도
없기에 내가 너희들을 통해서 나의 법
전이요, 마지막 시대에 심판의 이 뜻
을, 성령을 전하지 못하고 나의 아들
을 통하여 이리 전함을 너희들은 부끄
럽게 알며 너희들 스스로 죄스러움을
알 것이니라.
28 그리하여 나의 아들을 다스리고 달구
어 새로운 방향에서 역사하면서, 계명
대로 지키며 나의 뜻대로 지키고 살아
가는 나의 아들을 내려보내어 그를 달
구어 지금 이 어렵고 힘든 길을 가고
있음을, 너희들은 부끄러움을 알아야
할 것이니라.

4,381 번째 하나님 말씀

2002년 12월 31일 23시 22분

1 사랑하는 나의 아들아!
2 "네, 아버님! 말씀하옵소서."
3 너희들이 지금의 믿음을 오는 그 백성
들이 찬송이요, 눈물의 기도요, 너희
들이 말하여 만드는 그 기도가 청산유
수며 세상 것 못 얻을 것이 없으며 못
이룰 것이 없으며 구하지 못할 것이
없으며,
4 나 여호와도 너희들 손으로 마음대로
반죽하듯이 그저 주무르는 것처럼, 너
희들이 그와 같이 다 얻는 것처럼 기
도하며, 기도하는 자 또한 제가 나 여
호와인 것처럼 착각하고 살아가는 것
이 너희들의 그 믿음이며,
5 그 속에서 너희들은 수다를 떨며 수다
로써 모든 것을 다 이루며 믿음의 길
도 수다로써 축복받았으며 구원을 반
았다 그리 말함이니,
6 그리하여 너희들에게는 선하고 아름
다운 행함을 찾아볼 수가 없고, 아름
다운 모든 행동으로써 내가 너희들을
보고자 하나 볼 수가 없음이니라.
7 모든 것이 계산적이며, 모든 것이 타
산적이며, 모든 것이 너희들의 안일과
너희들 자신만을 위해서 살아가는 그
와 같은 너희들이니라.
8 이 세상에 내가 내려 준 아름다운 자
연 속에서 아름다움을 무상으로 느끼
며 살아가는 자, 그리고 모든 아름다
운 것을 취하고 관리하며 또 먹고사는
너희들이 그 모든 아름다운 것을 취하
면서, 과연 그 아름다움을 취하며 먹
고사는 너희들의 혀로써는 무엇을 말
하는가?
9 아름다운 것을 취하고 먹고사는 너희
들이 그를 취한 그 혀를 통해 나오는
말은 남을 속이는 말만을 하며, 남을
무너트리고자 하며 시기하고 질투하
는 그와 같은 말만을 혀로써 나불거리
는 것이 지금의 너희들의 살아가는 심
성이 아닌가?
10 그리고 아름다운 것을 취해서 먹는 그
입에서는 독사보다도 더 무서운 독을
발산하며, 감히 상상할 수도 없는 무
서운 독을 발산하는 무서운 형국으로
써 너희들의 입안에서 거침없이 나오
느니라.
11 그저 어린아이나 나이 먹은 자 할 것
없이 너희들이 말할 때 아름다운 것을
먹고 취한 백성으로서는 도저히 할 수
없는 흉악한 말들을 서슴없이 하고 있
으니, 그와 같은 형국이 너희들이 지
금 살아가는 것이니라.
12 그와 같이 살아가는 너희들 속에서 내
가 너희들에게 사랑을 하며 살아가라
하였음이니라.
13 '나'보다 '남'을 먼저 사랑하며 남을 위
하고 살아가는 그와 같은 마음으로 살
아가라 하였으나, 너희들은 남을 위하
는 것은 생각할 수도 없으며 저 자신
만을 위하는 그 사랑 속에서 살아가기
도 바쁜 자들이니라.
14 말로써 수다로써는 남을 사랑한다 하
나 너희들이 과연 그리 살아가는가?
15 나 여호와의 심판을 두려워하지 아니
하며, 너희들이 죽어 와 나로부터 심
판을 받는 것까지도 잊어버리고 사는

것이 너희들의 지금의 형국이니라.
16 너희들은 남에게 베풀며 사랑을 나눈
다는 것을 어찌하는가?
17 너희들에게 귀하고 소중한 값진 것을
남들에게 나누어 주는 것이 아니니라.
18 너희들이 쓰고 관리하다 남아서 버릴
그와 같은 것을 남에게 전해 주면서
사랑을 베풀었다 함이니라.
19 그리고 너희들은 그 버리고자 하는 것
을 남에게 전해 주면서 또한 어찌하는
가?
20 몇 배의 생색을 내고자 하는 것이 너
희들이니라.
21 물론 지금의 모든 종교 지도자들이 다
그런 것은 아니며, 이끌어 가는 그 지
도자들이 다 그런 자들은 아니니라.
22 나의 참진리를 알며, 지금의 믿음의
길을 가고 있는 것이 잘못된 것이며,
너희 대대손손 내려온 지금의 종교의
가르침이요, 교리요, 설교는 잘못되었
다는 것을 알고 있는 백성들이 많이
있음이니라.
23 그와 같은 자들이 지금 있기에 내가
너희들에게 재앙이요, 마지막 심판을
내리지 않고 있음이니라. 그러나 잘못
된 종교 지도자들이 하는 추한 작태는
감히 들여다볼 수도 없음이며, 나의
심장이 멈출 것 같은 그와 같은 이 마
음을 너희들이 과연 어찌 아는가?
24 그러고도 너희들은 진정한 믿음이요,
사랑을 베풀고 살았다 말하는가?
25 너희들이 잘못 살아왔으며 잘못 가는
그 믿음을 과연 너희들은 여기서 항변
할 말이 있다 하는가?
26 너희들의 마음이 어디까지 선한 것이
며, 너희들의 선한 마음이 어디까지
너희 자신에게 뿌리를 내리고 있으며,
너희들이 선한 것만으로써 너희들의
마음이요, 너희들의 생각이요, 모두를
다 통제하고 지배하는 그와 같은 마음
으로 변해져 있는가를 한번 보라.
27 너희들 마음의 선함의 깊이는 과연 너
희들 육신의 가슴속에 얼마나 깊이 가
있는가?
28 너희들의 원심의 뿌리에는 선한 것이
아니요, 악한 마음이 항상 도사리고
있음이니, 그 악한 마음이 때에 따라
서 적절할 때 너희들을 지배하는 그와
같은 형국에 있음이니,
29 너희들은 그 사악한 뿌리를 뽑아내며
악의 마음을 뽑아내며, 선한 마음으로
써 자리를 잡을 때 나의 성령이 너희
들에게 임함을 잊어서는 아니 될 것이
니라.

4,382 번째 하나님 말씀

2002년 12월 31일 23시 30분

1 사랑하는 나의 아들아!
2 너희들에게 전해 내려온 그 십계명에
내가 한 구절을 넣었음이니, 그게 얼
마나 귀중한 뜻인지 아는가?
3 나 여호와가 존재함을 믿는 그 자체가
구원의 길이라 내가 너희들에게 말하
였으며, 또 나의 법전을 가슴에 안고
정독하고 정독하는 자, 하늘에 오를
수 있는 그 반석 위에 일어서서 하늘
에 오르는 찬란한 빛을 보게 되며,
4 나의 법전대로 어찌 행하고 살아왔느
냐에 따라서, 너희들이 그 반석 위에

서 하늘에 오르는 그 빛을 따라 오를
수 있는 자와 그렇지 못한 자가 거기
에서 구분된다 내가 말하였음이니라.
5 너희들이 지금 성경을 지키고 나의 법
전을 지키며 십계명을 지키며 모두를
지키고 살아가느니라.
6 그리고 율법대로 너희들이 행하며 살
아가고자 하느니라.
7 그러나 그 모두가 다 나 여호와가 존
재함을 굳건히 믿는 그 믿음의 바탕
위에서 모두를 역사할 수 있으며, 그
근본 위에서 모두가 변화되는 것이며,
너희들이 구원의 길을 갈 수 있으며
모든 계명을 지키고 살아갈 수 있음을
알아야 할 것이니라.
8 지금 수천 년 동안 흘러오면서 그 종
교 집단들이 그 뜻 하나도 모르느니라.
9 나 여호와가 존재함을 믿는 그것이 가
장 중요함을 너의 제자들과 만백성에
게 깨우쳐 전하도록 하라.
10 지금의 종교 집단들이 말하느니라.
11 나 여호와를 믿고 따르는 자만이, 너
희들만이 구원을 받을 수 있으며 나
여호와로부터 구원받을 자격이 있으
며, 나 또한 너희들만을 구원한다 그
리 생각함이니라.
12 너희들은 그와 같은 생각부터 먼저 버
려야 함이니라.
13 지금의 모든 집단이요, 이 세상에 존
재하는 만백성 너희들은 어떠한 집단
이요, 어떠한 종파요, 어느 곳에 속해
있다 해도 그 모두의 원점의 뿌리는
나 여호와이며 거기서부터 모두가 다
이루어짐이니, 그 모두는 다 나로부터
너희들이 향하여 하나로 연결되어 있
음을 잊어서는 아니 될 것이니,
14 너희들이 말하는 이방인이라 하여 너
희들이 적대시하며 너희들의 형제를
인간으로 취급하지 않는 그와 같은 믿
음으로 가고 있는 그 마음부터 너희들
이 접어둬야 하며 그것부터 버려야 할
것이니라.
15 나 여호와는 너희들을 사랑하며, 너희
들이 이방인이라 말하는 백성을 사랑
하며, 너희들과 종파가 다르다 하여
내가 그를 사랑하지 아니함이 아니니
라.
16 나는 나의 모든 백성들을 사랑하니,
사랑을 베풀고 선하게 살아가라는 나
의 뜻의 근본을 지키는 백성은 내가
다 사랑함이니라.
17 누구를 더 생각하고 누구를 더 구원하
며, 누구를 생각하지 아니하고 버리는
그와 같은 나 여호와가 아님을 알라.
18 그리하여 저희들만이 구원을 받았다
는, 저희들 종파만이 구원을 받았다
생각하는 자가 가장 어리석고 불쌍한
백성이니, 그들이 바로 구원받지 못하
는 자들이니라.
19 거기에는 사랑이 없으며, 메말라 있으
며, 나눔이 없으며, 인정이 없으며, 인
간 본연의 자세까지도 말살된 자들이
기에, 너희들이 바로 이방인이며 너희
들만이 구원을 받지 못하는 백성임을
알아야 할 것이니라.
20 내가 모두를 사랑하는 것을 알라.
21 그것은 나 여호와만이 할 수 있는 것
이며 나 여호와이기에 그를 역사할 수
있음을 너희들은 알아야 할 것이니라.
22 어떤 종파에 속해 있는 백성이요, 어

떤 백성이든지 그 모두를 다 가슴에
안고 사랑할 수 있는 것은 나 여호와
만이 할 수 있는 것이며 나 여호와만
이 이룰 수 있는 것임을 너희들은 알
라.
23 사탄이요, 이단이요, 사악한 자는 그
모두를 감쌀 수 없으며 그들이 끌어안
을 수 없음이니라.
24 이 세상 나의 피조물 만백성이 어떠한
형태로 살아가든 너희들의 모두를 다
가슴에 끌어안고 용서하며 거두어들
일 수 있는 것은 나 여호와뿐이며,
25 너희들 인간 세상에서 말하는 수천수
만 가지의 종파 속에서 허덕이는 백성
이라 해도 내가 원하는 사랑을 베풀며
선을 행하고 살아가는 백성, 그 모두
를 내가 다 끌어안을 수 있음이니, 너
희들을 다 내가 끌어안고 있으며 다스
리고 있음이니라.
26 그리고 그와 같이 아름답게 살 수 있
는 자 내 앞에 올 수 있음이니, 그를
받아들이고 거둬들이는 것은 창조주
나 여호와만이 할 수 있음이니라.
27 너희들의 모든 것은 지금 육의 세상에
서 수없이 수억 가지로 갈라져 있으
나, 모든 죽음의 세상에 모두의 정립
되는 것은 나 여호와 앞에 모두가 다
이루어짐이니, 거기를 벗어날 수도 없
으며 거기에 관계되지 않은 자가 없음
을 너희들은 알아야 할 것이니라.
28 지금 나의 법전을 읽고 깨우치며 나의
아들로부터 강론을 들으며 하늘이 원
하는 길을 알며 내가 이루고자 하는
그 역사의 뜻을 아는 너희들은 나로부
터 선택된 나의 백성이요, 나의 아들
딸이니,
29 너희들은 나 여호와가 존재함을 먼저
믿는 그 마음부터 굳건히 마음속에 뿌
리내려야 할 것이며,
30 모든 백성을 내가 다 사랑하듯이 너희
들이 또한 모든 백성을, 종파를 떠나
피부색을 떠나 생긴 형태를 떠나 모두
를 한 형제로 바라보는 그와 같은 마
음을 갖는 것이 나로부터 선택된 백성
들이 갈 길이며 해야 할 길임을 잊어
서는 아니 될 것이니라, 사랑하는 나
의 백성들아!

4,383 번째 하나님 말씀

2002년 12월 31일 23시 47분

1 사랑하는 나의 아들아!
2 "네, 아버님! 말씀하옵소서."
3 수천 년 동안 흘러 내려온 잘못된 믿
음의 뿌리가 세상을 다 덮고 있으며,
지금도 그들은 구원의 길을 인도한다
며 나의 불쌍한 백성들을 저희 마음대
로 이끌어 가고 있으며,
4 편안히 놔두어 형제지간에 우애를 알
며 사랑을 알며 부모를 공경하며 그와
같은 사랑하는 마음을 가진 자 나로부
터 구원을 받을 수 있거늘, 그와 같은
백성들까지 너희들의 손으로 지은 성
전에 금화와 은화를 거둬들이기 위하
여 끌어들여 놓고 그들의 마음을 메마
르게 하며 그들의 마음을 황폐하게 하
며 사랑을 모르도록 만들고 있음이니,
5 너희들이 지금 그와 같이 믿음을 끌고
가는 형국이 얼마나 잘못 가고 있는지
를 아는가?

6 너희들이 가고 있는 그 믿음이야말로
끊임없이 행하여지고 있는 그 모든 역
사가 다 죄악의 행위를 하는 것이며,
돌이킬 수 없고 용서받을 수 없는 그
죄악의 행위를 하고 있음을 너희들은
알아야 할 것이니라.
7 너희들이 진정한 진리의 참지도자요,
정녕 바른길을 갈 수 있는 종교 지도
자의 자질을 갖추지 못한 자,
8 속과 겉이 다르며 생각하는 것과 말이
다르고 행동이 다르며, 금화와 은화를
거둬들이는 데만 혈안이 된 너희들이
하고 있는 행위를 보는 나 여호와의
마음이 얼마나 분노하며, 너희들이 나
여호와에게 고통을 주는 것인지 알고
있는가?
9 그를 바라보는 나 여호와의 이 고통스
러운 마음을 너희들은 아는가?
10 너희들을 구원하기 위하여 육신을 가
진 나의 아들 예수가 그렇게 고통스럽
게 죽어 왔거늘 너희들이 잘못 가는
그 삶을 바라보는 나의 아들 예수의
그 마음의 고통은 너희들이 생각해 보
았는가?
11 그리고 지금 나의 피조물 만백성을 구
하기 위하여 나의 아들이 내가 내리는
성령을 받아 하루라도 빨리 법전을 세
상에 내보내며 만백성에게 한 사람이
라도 더 많이 읽게 하기 위하여 그가
밤과 낮을 가리지 아니하며 하루에도
수십 번씩 나에게 기도하고 경배하여
나의 성령을 받아들여 새로운 성경을
만들어 가는 그 삶의 길을 너희들은
보고 있는가?
12 그는 바로 살며 법전에 위배되지 아니
하고 계명에 위배되지 않는 그 삶을
살아가며 하루라도 더 빨리 나의 법전
을 세상에 내보내 만백성을 깨우치고
자 그가 지금의 정신적인 고통이요,
육체적인 고통의 그 모두를 다 인내하
고 목숨을 던져 가고 있는 그의 모습
을 너희들은 보고 있는가?
13 너희들은 어찌하여 그와 같은 것을 볼
수 있는 마음 자세도 갖지 못하며, 오
로지 금화와 은화를 거둬들이며, 너희
들의 육의 삶을 위하여 수다요, 말로
써는 구원을 받았다 그리 말하면서 행
함이 없는 삶을 살아가며 그와 같은
믿음으로 가고 있는가?
14 그리하며 너희들은 무어라 말하는가?
15 영혼을 위해서 사는 것이요, 육의 행
함은 아무런 가치가 없는 것이며 의미
가 없다 그리 말하니,
16 그로 인하여 나의 피조물 만백성들이
짓지 아니할 죄를 수없이 짓고 있으
며, 인간의 도리요, 인간의 가장 기본
이요, 기초 질서도 파괴하며 살아가는
그와 같은 나의 백성들을 만들어 지금
의 종말의 시대요, 험악한 이 세상을
만들었으니, 너희들은 여기서 알아야
할 것이니라.
17 너희가 나로부터 구원을 받으며 하늘
에 오를 수 있는 그 기본이요, 기초는
너희들의 육이 살아 있을 때, 육이 존
재할 때, 너희들의 영혼을 담고 있는
그 육이 존재할 때, 그 집이 존재할
때, 지금 이 시간만이 구원을 받을 수
있으며, 지금 존재하는 현시점에서만
너희들이 구원의 기회를 얻을 것이며
기회를 볼 것이며,

18 구원을 받을 수 있는 길을 찾을 수 있
을 때가 바로 육과 영혼이 같이 존재
하는 지금임을 너희들은 알아야 할 것
이니라.
19 지금의 잘못 가르치는 종교 지도자 그
들의 말을 듣고 너희들이 육의 행함은
소홀히 하며 영혼이라는 영의 삶을 위
해서만 너희들이 아름답게 살며 말로
써 수다 떨어 구원을 받는다 그리 생
각하고 살아가는 너희들이 어느새 때
는 이미 지나 죽어 나에게 심판을 받
는 그 문턱 앞에 섰을 때, 너희들은 후
회하고 몸부림치고 애원해도 그때는
늦어서 너희들이 구원받을 수 없으며,
때는 이미 놓쳤음이니라.
20 너희들이 때를 놓쳤을 때, 너희 인간
세상에서 말하듯이 '버스가 지나간 다
음에 손을 흔든다.'는 자들이 있음이
니라.
21 세월이 지난 다음에 한탄하고 눈물 흘
리는 나의 백성들이 수없이 있음이니,
22 너희들이 때를 놓치며 영혼이 구원을
받지 못했을 때 너희들이 울며불며 통
곡해도 이미 구원의 기회가 다시 오지
아니함을 알라.
23 정녕 너희들이 구원을 받고자 한다면
나의 계명을 지키고 나의 율법과 나의
아들을 통하여 내리는 나의 법전의 내
용을 읽고 정독하여 그대로 살아가는
올바른 삶의 길을 선택하지 아니한다
면 영원히 구원을 받는 기회가 너희들
에게 없음이며,
24 지금 너희들이 살아 나의 법전이 세상
에 내려가며 책으로 세상에 전해지니,
나의 법전이 세상에 나오는 이 시대에
존재하는 너희들이 얼마나 크나큰 영
화와 영광이며 너희들의 기쁨인가를
알아야 할 것이니라.
25 지금의 너희들이 기회를 놓치는 그와
같은 어리석은 삶을 살지 말라.
26 그 무서운 죄의 벌을 너희들이 감내하
기가 그렇게 쉬운 것이 아니며, 너희
인간의 생각으로써 인간의 노력으로
써는 감내할 수 없으며, 영혼마저도
감내할 수 없는 그 고통스러운 죄의
대가를 너희들이 받음이니라.
27 너희들의 죄의 대가가 얼마나 무서운
것인가를 알 날이 머지않았음이니, 지
금 육이 존재하며 영혼의 집인 육과
영혼이 같이 있을 때 너희들이 행함으
로써 이루어질 수 있는 지금의 너희들
이 변하는 역사를 갖도록 하라.
28 너희들이 눈으로 보이는 모든 것을 행
하는 것을 너희 종교 지도자들이 행할
수 없으며, 보이는 것을 그와 같이 바
르게 살 자신이 없으며, 그와 같은 마
음의 자리가 없으며 그와 같은 깨달음
이 없으며, 삶을 진정한 사랑이요, 진
실한 진리대로 도덕적으로 살 수 없는
종교 지도자들이 그 육의 삶에 움직이
는 것이 다 보이는 그와 같은 육신의
움직임은 구원의 길에 아무런 효과가
없으니 영혼만을 위하여 그 길을 가라
그리 가르침이니라.
29 보이지 않는 영혼은 저희들이 어떠한
형국으로 이끌어 가든 그 신도들이 볼
수 없으며 그 제자들이 볼 수 없기에
그와 같이 흉악한 방법으로써 너희들
을 잘못 가르치고 있는 그 뜻을 깨우
쳐야 할 것이니,

30 내가 나의 법전에 이와 같은 뜻을 여러 번 기록하여 전함이니, 이 한 구절을 읽는 백성 너희들은 이것이 진정한 나 여호와의 뜻이며 진정한 바른길임을 알라.

4,384 번째 하나님 말씀

2002년 12월 31일 23시 53분

1 사랑하는 나의 아들아!
2 너희들 자신이 구원의 길을 보며 만백성을 구원할 수 있는 자격을 갖추는 자는 나 여호와가 존재함을 굳건히 믿는 그 마음과,
3 지금 나의 아들을 통하여 내리는 나의 성령이요, 나의 법전이요, '하늘에 오르는 길'이라 하여 책으로 만드는 이 법전을 너희들이 나의 성령이요, 나 여호와가 마지막 시대에 심판하며, 만백성을 구하고 버릴 자를 선별하는 그와 같은 나의 의지며 내가 이루는 역사라 굳건히 믿는 마음을 가질 때,
4 그와 같은 마음자리를 굳건히 가진 자만이 나의 법전을 전할 수 있는 자격이 있음을 너희는 알아야 할 것이니라.
5 나 여호와가 존재함을 믿지 아니하며 나의 법전이 나의 성령의 뜻이라는 확고한 믿음이 없는 너희들은 그와 같이 어떠한 것도 깨달을 수가 없음이니, 깨달음이 없는 너희들이 나의 법전을 전할 자격이 없음이니라.
6 너희들이 나 여호와의 존재함을 믿으며 나의 법전이 진정한 나 여호와의 성령의 뜻이라 굳건히 믿을 때, 너희들이 구약과 신약의 성서를 들어 그를 읽으면 그 뜻을 알게 되며, 내가 비유로써 가르치고자 한 그 뜻들을 보게 되며, 나의 법전에 기록되어 있는 그 깊은 의미를 알게 되며, 내가 이루고자 하는 것을 보게 됨이니라.
7 나의 뜻을 알며 보게 되며 깨닫는 자만이 진정한 나의 뜻을 만백성에게 전할 수 있는 자격이 있기에, 그와 같이 변해지는 너희들만이 나의 법전을 전할 수 있으며 전할 자격이 있다 함을 알아야 할 것이니라.
8 그와 같이 깨달음을 얻었으며 성서의 뜻을 아는 너와 너의 제자들과 너를 따르는 많은 백성은 나의 법진을 전하는 데 최선을 다해야 될 것이며, 너희들이 그리하여 나의 피조물 만백성을 구하는 역사가 이루어짐을 알아야 할 것이니라.
9 너희들이 나의 법전을 만백성에게 전할 때 그들이 구원의 길을 보게 되며, 또한 너희들이 나의 법전대로 행하고 살아가는 바른 자세로 살 때 나의 법전을 읽은 백성이 너희들을 따라와 같이 변하는 그 길에 동참할 수 있으며, 하늘에 오르는 길을 위하여 그들이 너희들과 더불어 갈 수 있는 백성이 될 것이니라.
10 그렇지 못한 자는 나의 피조물 만백성 그 누구도 깨우칠 자가 없으며, 나의 법전을 읽고 진정 그 뜻이 무엇이며 내가 이루고자 하는 것이 무엇인지조차 알지 못하는 그와 같은 백성이 될 것이니,
11 나의 법전이 세상을 덮는다 해도 나의 사랑하는 백성들이 변화되지 아니하

며 너희들이 변화의 역사를 이루지 못
할 때, 그때 나 여호와가 너희들로부
터 손을 놓음이니, 그 손을 놓으면 너
희들의 그 심판의 결과가 얼마나 무서
운 것으로써 초래될 것인가?
12 너희들의 말로는 모든 재앙이 세상을
덮어 버리며 세상에 너희들이 존재할
수 없는 그와 같은 형국으로 이루어지
는 무서운 변화가 이루어지는 것이니
라.
13 그것이 곧 내가 너희들에게 내리는 재
앙이니, 지금 내가 마지막 너희들을
구원하기 위하여 너희들을 심판하는
그 역사를 이루는 그 기본이요, 기초
인 나의 법전을 읽고 정독하여 너희들
이 하늘에 오르는 길을 보도록 하여야
할 것이며,
14 나의 법전을 읽는 백성, 그리고 나의
아들의 제자라 이르는 백성 너희들이
얼마나 바르고 곱게 살아가야 되는 것
인가를 다시 한 번 깨우쳐야 할 것이
니라.
15 오늘 이후 너희들은 나 여호와가 존재
함을 마음속에 굳게 새기며 나의 법전
이 정녕 나 여호와의 뜻이라는 것을
굳게 마음속에 새기고 성경의 뚜껑을
열 때 그 뜻을 알게 될 것이며 비유의
뜻을 알며,
16 나의 법전을 접할 때 너희들이 그 뜻
을 진정 깨달을 수 있음이니, 새로운
깨달음을 얻는 그와 같은 역사가 이루
어질 것이니라.

2003년 1월

4,385 번째 하나님 말씀

2003년 1월 1일 0시 03분

1 사랑하는 나의 아들아!
2 "네, 아버님! 말씀하옵소서."
3 내가 나의 아들을 통하여 새로 내리는
이 성경의 뜻이 너희들이 공부함에 있
어서 중복되고 또 중복되는 그와 같은
내용들이 있다 너희들이 그리 알고 깨
달으나, 그렇지 아니함을 알아야 할
것이니라.
4 나 여호와가 너희들에게 전하는 그 메
시지는 다 같은 내용인 듯하며 중복되
는 것 같으나 다 다른 뜻이 거기에 있
음이니, 너희들이 마음을 비우고 나의
법전을 읽을 때 내가 원하는 그 뜻을
거기서 찾으리라, 그리고 너희들은 그
것을 찾아야 할 것이니라.
5 모두 그림으로써 내가 나의 아들에게
보여 주며 그를 기록함이니, 거기에
이루어지는 모든 동작 하나하나, 생각
하는 그 모두가 다 다름을 너희들은
알아야 할 것이니라.
6 내가 중복되고 중복되는 듯하면서도
너희들에게 반복의 의미로써 거듭 강
조하면서 나의 뜻을 전하고자 함은,
너무나 너희들이 깨우치는 것이 소중
하며 깨닫기가 힘들기에, 한 구절의
나의 뜻을 앎으로 인하여 너희들이 변

화될 수 있는 그와 같은 역사가 있기
에, 내가 중복되는 듯한 그와 같은 말
을 너희들의 귀에 듣도록 심어 주고
또 심어 줌이니,
7 너희들이 열 번 중복되는 이야기를 하
나를 듣고 깨달으면 나 여호와가 행복
함이 이루 말할 수 없으나, 너희들이
한 번 들어 그를 깨닫지 못한다면 이
를 어찌하겠는가?
8 내가 오죽이나 너희들에게 강하게 심
어 주며 너희들에게 얼마나 소중하면
거듭 강조하면서 나의 뜻을 전하고자
하겠는가 나의 이 뜻을 너희들은 알아
야 할 것이니라.
9 너희들이 정녕 하나를 깨달아 얻는 것
이 얼마나 소중하며, 또한 그 소중한
만큼 하나를 얻어 깨우치기가 얼마나
어려운 것이며 힘이 들겠는가?
10 그리하여 너무나도 중요하기에 내가
너희들에게 반복 훈련을 시키면서 한
가지라도 더 깨우치고자 하는 나의 애
절한 뜻을 너희들이 알아야 할 것이니
라.
11 내가 반복하고 또 반복하는 듯하여 너
희들을 가르쳐서라도, 또 그렇게 내가
나의 성령을 전해서라도 나의 뜻이요,
하늘의 비밀을 쉽게 밝혀 만백성을 구
하는 데, 그 뜻의 역사를 이루는 데 너
희들에게 도움이 된다 하면 내가 그
무엇을 바라겠는가?
12 하늘의 명령임이니라.
13 내가 지금 만백성을 구하고자 나의 법
전을 내리며 너희들에게 깨우쳐 이를
전할 때, 나의 법전을 읽고 깨우치며
나 여호와가 존재함을 믿고 깨우쳐 변
화되는 그와 같은 백성이 만백성을 구
하는 데 나의 법전을 전하는 대명을
수행할 수 있는 자라 하였음이니, 이
모두는 나의 명령이니라.
14 내가 너희들에게 내리는 명령은 그 이
상의 명령권자가 없음이니, 이건 너희
들의 생명과 직결되어 있으며 너희들
의 영혼을 구하고 구하지 못하는 것과
직결되어 있음을 알아야 할 것이니라.
15 나 여호와가 반복 훈련을 시키며 중복
훈련을 계속 시켜 하늘의 비밀을 너희
들이 쉽게 깨달아 만백성을 구할 수
있다면 그보다 더 위대한 것이 없기에
내가 지금 이 역사를 이루고 있는 것
이니라.
16 하늘의 천국을 지상에서 이루고자 하
는 나의 이 애절한 뜻을 너희들이 알
지 못함이니, 내가 만든 이 지상의 낙
원이 사악한 자들로 하여금 덮이며 그
들로 하여금 지배되는 땅이 되어서는
아니 됨이니,
17 내가 하늘에서 이루어진 것같이 천국
의 형상을 지상에서 이루고자 하며 건
설하고자 하는 것이 나의 뜻이니, 이
뜻을 알고 있는 나의 선택된 백성 너
희들은 과연 어찌 살아가는가?
18 곧 나의 법전이 만백성의 양식이요,
생명임을 너희들이 알아야 할 것이니
라.
19 그러니 구원을 받고 못 받는 나의 피
조물 만백성의 생명이요, 양식이요,
그 빛이 되는 나의 법전을 전할 자격
이 없는 자가 전하며 이를 강론할 자
격이 없는 자가 강론한다면 나의 뜻이
정녕 그대로 전해지며 그들이 깨달을

수 있다 생각하는가?
20 지금 모든 종교 지도자들이 가르치나
그가 잘못되었다 내가 말하는 것이 무
엇이더냐?
21 내가 비유로써 전하는 그 뜻을 그들이
알지 못하기에 내가 전하고자, 내가
깨우치고자 하는 그 뜻을 모르고 있음
이니, 그들이 다른 짓을 하고 있으며
다른 것을 가르치고 있는 그와 같은
형국이니라.
22 만백성을 구원하는 양식이요, 생명의
빛인 나의 법전을 전하는 데 그 자격
을 갖추지 아니한 자는 그 뜻을 알지
못함이니, 너희들이 깨우치고 전하는
것이 나의 뜻이 아니요, 잘못된 것을
전함이니, 너희들은 수다를 떨다 말장
난으로써 끝나는 그와 같은 형국이 되
니, 거기에 무엇이 있어서 그들이 깨
닫겠는가?
23 너희 마음에 와 닿아야 되며 가슴에
와 닿아야 되며 그들이 깨달음이 있어
야만 변화되는 것임을 알라.
24 이제 나의 사랑하는 백성, 너희들은
'이 세상에 떡으로만 살 수 없다.'는
성서에 기록된 내용을 알겠는가?
25 너희들은 떡으로만 사는 것이 아니요,
이제 내가 내리는 새로운 성경이요,
나의 성령을 읽고 깨우치며 나의 법전
에 기록된 그 내용을 깨우쳐 사는 것
이 영원한 삶임을 알라.
26 이제 너희들은 떡으로만 사는 것이 아
니요, 나의 법전이 없이는 사는 의미
가 없으며 사는 것이 아니며, 나의 법
전을 정독하지 않고 법전을 접하지 않
는 백성은 사는 삶이 아니요, 그저 죽
음의 삶을 가는 것이며 떡으로만 그저
먹고사는 그와 같은 자들이니, 여기에
무엇이 있겠는가?
27 이를 잘 깨우쳐 너희들이 행하도록 그
리하라.

4,386 번째 하나님 말씀

2003년 1월 1일 0시 14분

1 사랑하는 나의 아들아!
2 너희들이 살아가는 이 세상에 너희들
은 무어라 말하는가?
3 너희들 인간의 삶에서 육의 행함은 소
중하지 않으며, 육의 삶에 사는 것은,
너희들이 육의 행하는 것은 구원과 관
계가 없는 것이라 그리 무지하게 가르
치고 있는 것이니라.
4 그리하여 믿음을 갖지 않은 자가 아무
리 선한 일을 행해도, 세상에 남들을
위하여 그가 평생 모은 재산을 다 가
난하고 불쌍한 사람들에게 전한다 해
도 그들은 하나님으로부터 구원을 받
지 못하며 나 여호와 창조주로부터 구
원을 받지 못한다 그리 말하느니라.
5 지푸라기 하나를 던져 주든, 낙엽 하
나를 던져 주든, 너희들이 신다 버린
구두를 전해 주든, 믿음이라는 너희들
의 세계에 와서 그 길을 같이 가는 자
가 전해 주는 것만이 나 여호와가 기
억하며 사랑하며 나로부터 축복의 영
광을 받는 거래라 그리 말하니, 그것
이 얼마나 어리석고 간악한 자들의 행
동이던가?
6 그러면서 너희들은 무엇으로써 그들
을 다스리느냐?

7 그들을 묶어 놓고 너희들은 재물과 금
화를 거둬들이기 위하여 너희 손으로
지은 그 성전에 와 너희들이 설교하는
그 소리를 듣는 자만이 어떠한 일을
하든 선행을 베푸는 것이라 그리 말하
느니라.
8 너희들은 그와 같이 말하지 않는가?
9 너희들이 잘못된 행위를 하며 불의한
짓을 하면서도 그는 나 여호와의 뜻이
라 그리하고 있는 것이 너희들의 지금
의 행위이니라.
10 너희들은 영혼의 삶이요, 영혼을 위해
서 가는 것만이 진정한 하늘에 오르는
길이요, 육을 가지고 있는 나의 백성
이 육으로써 선하고 아름다운 것을 행
하는 것은 구원과는 관계없다 그리 말
함이니,
11 너희들은 어찌하여 보이는 것에 대해
서는 답을 찾으려 하지 아니하며 보이
지 않는 것에만 연연하여 그와 같이
말하는가?
12 너희들이 영적인 믿음만이 구원의 길
이라 그리 말하는 그 속셈이 무엇이던
가?
13 너희들이 얼마나 간악한 나의 백성들
로 전락되었는지 알겠는가?
14 인간인 너희들은 창조주 나의 성령을
왜곡되게 너희 조상들이 지금까지 가
르쳐 왔으며, 지금의 종교 지도자들
또한 그 폐습과 악습을 그대로 받아
그 뜻에 따라 가르치고 있는 것이니라.
15 너희들이 왜 성경을 왜곡되게 가르치
던가?
16 육의 행함은 아니요, 영혼의 행함이라
가르치는 그 뜻 속에는 너희들이 행동
하는 것과 말과 너희들의 외형이나 너
희들이 움직이는 것, 운동하는 것, 남
과 대화하는 것, 그 모두는 너희들이
볼 수 있으며 보이기 때문이니라.
17 그러기에 종교 지도자 너희들이 보일
수 있는 것이며 만백성이 볼 수 있는
그 속에서 진정한 아름다운 행동이요,
천사와 같은 행동을 할 자격이 없으며
할 자신이 없으며 그리 행하지 못하는
자들이기 때문에,
18 육으로써 너희들이 행하는 것이 구원
을 받는 것이며 종교 지도자가 육으로
행하는 것은 한 점의 부끄럼이 없는
그와 같은 삶이요, 유리로 비춰 봐서
한 점의 부끄러움이 없는 삶을 사는
것이 종교 지도자라 그리 말한다면 너
희들은 자격이 없을 것이며 단죄받아
그 단상에 설 수 없음이니,
19 너희들이 보이는 육의 행동은 아무것
도 아니라 그리 가르쳐 나의 피조물
만백성을 지옥으로 이끌어 가고 있는
것이니, 너희들은 지금 나의 피조물
만백성을 그리 속이고 있음이니라.
20 너희들은 어찌 말하는가?
21 너희들이 보이는 것에서는 그와 같이
갈 수 없고 지킬 수 없으며 만백성을
속일 수 없기에 중요하지 않다 그리
가르치며 중요하지 않다 그리 깨닫는
것이니라.
22 그리하여 성령이요, 보이지 않는 믿음
의 그 길만이, 그 믿음의 깨닫는 마음
과 그 믿음을 향하여 가는 뜻과 너희
들이 바치는 재물의 강도에 따라서 구
원을 받는다 그리 말함이니, 너희들이
재물을 바치는 것은 육의 행함이 아니

던가?
23 너희들이 재물을 거둬들이는 것은 육
의 행함이 필요하며 육의 행동을 함으
로써 구원을 받는다 하면서, 너희들이
재물과 아무런 관계가 없는 그 마음
은, 너희들이 지킬 수 없는 것은 행동
이 아니라 마음이요, 영의 세계의 영
의 믿음으로써만이 구원을 받는다 하
니,
24 너희가 얼마나 사악한 생각을 가지며
사탄의 생각을 가지고 지금 나의 피조
물 만백성을 이끌어 가는 것이던가?
25 영이라는 것은 보이지 않기에, 너희들
이 어떠한 행위를 해도 위장할 수 있
으며 속일 수 있기에 너희들이 그리하
고 있는 것이니, 이는 곧 무엇이더냐?
26 하늘을 속이며 나 여호와까지도 속이
는 그와 같은 행위를 하면서도 그 죄
가 얼마나 두려운지 모르는 것이 너희
들이니라.
27 너희들이 보이는 육체가 존재할 때 보
이는 삶의 행위에 대하여 구원의 길에
선택되며, 영의 다스림과 영적인 것은
너희가 죽어 나에게 왔을 때 그 영을
관리하는 그 세계에 필요한 것임을 알
라.
28 너희들이 지금 나로부터 구원을 받고
못 받는 것은 육이 존재하는 동안 육
에 의해서 행해지며, 영은 너희들이
죽어 왔을 때 그 영에 대한 그 행위로
써 너희들이 나로부터 선택을 받고 못
받는 그와 같은 것임을 알라.
29 보이지 않는 나 여호와의 나라의 법도
를 육의 세상에서 형태를 가진 너희
인간들이 그를 행하며 그것만이 구원
을 받는 길이라며 그리 나의 피조물
만백성을 이끌어 가지 말라.
30 내가 너희들에게 확실히 전하니, 육이
있는 한 너희들은 육의 세상의 법도에
따라야 할 것이며,
31 육이 있는 자가 보이지도 않고 관계도
없는 영의 세계요, 하늘나라의 법도에
따라서 그리 살아간다는 그와 같은 것
으로써 나의 피조물 만백성의 재물을
더 이상 갈취하지 말며, 그 갈취하는
사악한 행위를 이제 중단하도록 그리
하라.
32 그리하지 아니한 자는 나로부터 어떠
한 죄의 대가를 치르는가 너희들이 머
지않아 나에게 왔을 때 알게 될 것이
니라.
33 너희 육이 나의 뜻대로 행할 수 없기
에 보이는 육의 삶은 없다 말하며,
34 너희들을 낳아 주고 길러 준 부모와
육의 관계에서 이루어지는 것이 아니
던가?
35 너희들은 낳아 준 부모에게 공경하지
아니하여도 되며 육의 부모에게는 아
무런 은혜도 갚지 않아도 되며 육의
부모를 생각하지 말라 가르치는 그와
같은 뜻의 행위를 하고 있음을 알아야
할 것이니라.
36 너희들의 육이 존재하는 한 육으로써
낳아 준 부모에게 감사하며 그 뜻의
은혜에 감사하며 사는 것이 본연의 자
세이기에 내가 십계명에 '네 부모를
공경하라.' 하였음이니라.
37 너희들의 육이 존재하는 동안에 너희
부모를 공경하며, 너희들이 죽어 왔을
때 그 영에 따라 심판을 받고 안 받으

며 영의 세계의 깨우침은 그때 필요한
이치임을 너희들은 확실히 알라.
38 육이 존재하는 동안은 너희들이 육의
삶의 법도에 의해 사는 것이며, 죽어
영이 왔을 때는 영의 법도에 의해 사
는 것이니라.
39 육의 세상에 살면서 육 자체를 다스리
는 것도 하지 못하면서 영의 세계만이
너희들이 구원을 받는다는 이러한 착
각을 하지 말라.
40 육의 삶을 바로 살고 바로 섰을 때 너
희들의 영혼이 영의 세상에서 구원을
받는다는 이치를 깨우치도록 그리하
라.

4,387 번째 하나님 말씀

2003년 1월 1일 13시 32분

1 사랑하는 나의 아들아!
2 "네, 아버님! 말씀하옵소서."
3 너희들이 선한 일을 행하여 곱고 아름
답게 살아 선을 쌓기는 힘드나 그게
무너지는 것은 한순간이며 단시일 내
에 무너진다 내가 너희들에게 말하였
음이니라.
4 그 뜻은 바로 무엇이던가?
5 나의 성령이요, 나의 법전을 받아 기
록하여 만백성을 구하는 너는 기도하
고 경배하는 것, 나의 법전을 만드는
것, 그리고 나의 성령을 받아 기록하
는 것, 그것 외에 딴생각하며 다른 인
간과의 얽히고설킨 그것을 생각하며
그 생활을 한다면 이를 잠시 잊게 됨
이니라.
6 네가 잠시 잊으며 세상 속에 빠졌을
때 나의 법전의 성령은 세상에 내려가
지 못하며 나의 뜻은 세상에 전해지지
못함이니, 귀한 시간이 그리 흘러감이
니라.
7 내가 너에게 무어라 말하였느냐?
8 시간을 가장 귀하게 쓸 줄 아는 사람
이 되라 하였음이니라.
9 나로부터 받아 나간 너희들의 그 시간
은 정해져 있음이니, 너희들의 육의
삶에 정해진 그 시간을 잠시도 소홀히
함부로 써서는 아니 된다 말하였음이
니,
10 네가 인간 세상의 사람들과 더불어 어
울리는 시간을 가지며 세속의 삶에 빠
져 간다면 그 소중하고 소중한 시간이
그냥 흘러감이요,
11 네가 정진하고 매진하여 나에게 기도
하고 경배하며, 나의 성령의 뜻을 책
으로 만들어 만백성을 구하고자 열과
성의를 다할 때 그 시간에 네가 나로
부터 성령을 듣는 것은 열배 백배로
늘어날 수 있으나,
12 네가 다른 생각을 하고 하루해를 그냥
보낸다면 하루해를 보내는 동안에 아
무것도 남는 게 없으며 나의 뜻이 세
상에 내려가지 못하며 나의 법전이 기
록되지 못함이니,
13 이를 명심하고 또 명심하여 네가 바로
서야만 됨을 잊지 말아야 할 것이니라.
14 잠시도 게을리해서는 아니 되느니라.
15 네가 잠시 게을리 시간을 쓰며 네가
잠시 인간 세속에 살아가는 것은 바로
무엇이더냐?
16 네가 선행을 하여 높이 올라갔던 그
경지가 순간에 사악한 마음으로 모두

가 무너지는 그와 같은 형국과 똑같음
이니,
17 착한 마음으로써 나 여호와의 심성을
닮아 너희들이 변하기는 어렵고 힘드
나 그게 사탄의 마음으로 무너지는 것
은 일순간이라 하였음이니,
18 네가 다른 생각을 하며 인간 세상에
사는 세속에 어울려 생각하며 그 속에
사는 것을 즐겁게 생각한다면 네가 바
로 무너지는 것과 마찬가지니,
19 너 스스로 이를 알아 통제하고 잘 다
스려 가야 할 것을 잊지 말라.
20 너는 나의 뜻이요, 나의 성령을 받아
만백성을 구원하는 법전을 기록하는
사람이니, 세상에 단 하나뿐이니 누가
대행할 수도 없고 대신해 줄 수도 없
으며 그 임무를 맡아 할 수도 없는 것
이니라.
21 이를 네가 깊이 깨우치라.
22 네가 경배하며 기도하며 묵상하여 나
로부터 나의 음성이요, 나의 성령의
뜻을 듣지 아니하면 그 누구도 들을
수 없으며 이 법전을 만들 사람이 없
음을 너는 알라.

4,388 번째 하나님 말씀

2003년 1월 1일 13시 38분

1 사랑하는 나의 아들아!
2 "네, 아버님! 말씀하옵소서."
3 너의 제자들과 만백성에게 이르라.
4 너희들이 육체를 받아 가지고 세상에
태어남이니, 그는 바로 무엇이던가?
5 너희들에게는 부모의 형체가 있음이
니 부모의 형체가 있음으로 인하여 너
희들이 세상에 나옴이니라.
6 그러니 너희들의 부모가 보이듯이 너
희들 또한 보이는 육으로써 세상에 태
어나며 너희들이 세상에 나옴이니,
7 그리하여 너희들은 너희들 부모로부
터 그 육을 받아 가지고 세상에 나오
니, 부모와 너희가 같이 보이는 속에
서 보이는 그와 같은 형체이니라.
8 움직이는 형체를 볼 수 있으며 너희들
은 움직이는 그 형태에서 같은 형상으
로 이루어짐이니라.
9 그러나 너희들의 육과 영혼이 같이 움
직이며 존재함이니, 너희들의 육신은
보이는 너희의 부모로부터 받으며, 영
혼은 보이지 않는 나로부터 받아 가지
고 세상에 나감이니라.
10 너희들의 생명력의 원동력의 그 주체
는 바로 무엇이던가?
11 너희들의 육이 생명력의 주체가 아님
이니라.
12 나로부터 받아 나간 성령이요, 너희들
의 그와 같은 영혼이 바로 나로부터
받아 나간 것이니,
13 너희 생명의 움직이는 모든 원동력인
그 생명력은 보이지 않는 창조주 나로
부터 받아 나감이니, 너희들은 또한
보이지 아니하기에 그를 알 수 없는
것이니라.
14 나로부터 받아 가지고 나간 것과 너희
들의 육으로 받은 것과는 엄연히 그와
같이 이치가 다르며, 너희들이 보는
것과 같이 엄격한 차이가 있음이니라.
15 그리하여 너희들은 살아가는 그 형태
에서 육으로써 보는 형국은 육으로써
하나의 손색이 없는 그와 같은 삶을

살아가는 것이 먼저 너희들의 급선무
임을 알아야 할 것이니라.
16 그러니 너희들이 나로부터 받아 나온
그 영은 영으로써 또한 다스림이 있으
며 거기에 대한 깨달음이 또 엄연한
이치가 있듯이 또 다름을 알아야 할
것이니라.
17 그러나 너희들은 육으로써 보이는 그
엄연한 사실을, 그 행위를 무시하며,
그 육의 보이는 형태에서 이루어지는
육의 세상의 그 어떠한 형태든 구원과
는 관계가 없는 것이며 소중함이 아니
라 그리 가르치느니라.
18 그러나 너희들은 여기서 알아야 할 것
이니라.
19 육은 육대로의 소중함이 있으며 영혼
은 영혼대로의 소중함이 있으니, 그가
연장선상에서 하나로써 같이 움직인
다는 것을 잊어서는 아니 될 것이니라.
20 그러니 너희들이 육으로써 하는 그 행
동은 눈으로 보이며 너희들이 볼 수
있고 만질 수 있음이니,
21 모든 종교 지도자요, 구원을 받아 하
늘에 오르고자 하는 백성인 너희들은
잘못하고 잘못 살며 잘못된 행위와 거
짓 하는 것과 불의의 행위를 하는 것
과 간음하며 도둑질하는 그 모두가 다
보이며 그 사악한 마음이요, 행동이
다 보이느니라.
22 그 자신을 종교 지도자가 다스릴 수가
없으며 그를 행할 수가 없기에, 너희
들이 너희 스스로 잘못되는 것을 덮어
나가며, 너희들이 잘못된 그 죄의 대
가를 너희 스스로 면죄 받고자 하여,
너희들이 육으로써 보이는 행동은 구
원의 길이 아니며 나 여호와가 관여하
지 않는다 그리 말하느니라.
23 그리하여 보이지 않는 그 영혼만이 너
희들이 중요하다 하여 '영혼, 영혼'을
찾으며 그를 위하여 믿음은 위하여 가
는 길이라 그리 가르치고 있음이니,
24 내가 일찍이 너희들에게 깨우쳤듯이,
그게 얼마나 사악한 방법이며 너희들
의 잘못된 생각인가 그 뜻을 다시 한
번 깊이 깨우쳐 너희들을 바로 가게
하기 위하여 내가 오늘 이 기도로써
너희들을 가르침이니, 나의 그 깊은
뜻을 알도록 그리하라.

4,389 번째 하나님 말씀

2003년 1월 2일 08시 13분

1 사랑하는 나의 아들아!
2 "네, 아버님! 말씀하옵소서."
3 너의 제자들에게 일러 깨우쳐 주라.
4 100미터라는 달리기를 하고 기록을
갖기 위하여 선수가 출발선에서 100
미터 목적지까지 달릴 때 얼마나 있는
힘을 다하여 질주하는가?
5 나의 아들은 지금 어찌 가는가? 나의
성령을 받아 기록하여 너희들이 말하
는 기계 속에 테이프라는 것을 하나
집어넣어 그 모두가 다 나의 음성으로
기록되어 그것이 끝났을 때 그는 그것
으로써 목적지에 도달한 것이 아니요,
임무를 끝낸 것이 아니니라.
6 100미터를 달리는 그 선수는 모든 힘
을 다하여 목적지까지 질주한 다음에
그는 편안히 있으며 휴식이 있으며,
결과가 어찌 되었든 간에 그는 그날의

임무를 끝마쳤으니 휴식이 따르는 것
이니라.
7 그러나 나의 아들은 그보다 더한 힘으
로써 그보다 더한 정성으로써 그보다
더한 생각으로써 마음을 집중하여 나
의 성령을 받아 테이프 하나를 만드
니, 그가 100미터를 달리는 선수보다
도 더 힘들고 어렵게 그 하나의 테이
프를 끝냄이니라.
8 그다음에 나의 아들은 선수처럼 휴식
이 있고 편안한 시간을 갖는가?
9 다시 100미터의 출발선에 서는 그와
같은 마음으로 테이프를 다시 시작함
이니,
10 그리하여 그가 그 테이프를 하나하나
만들 때마다 100미터를 달리는 선수
가 쉬지 못하고 다시 반복하고 반복하
여 100미터를 질주하여 달린다고 할
때, 너희들은 과연 그 훈련된 운동선
수가 몇 번이나 연속해서 최선을 다하
여 달릴 수 있다고 생각하는가?
11 그러기를 쉬지 아니하고 죽을 때까지
쓰러질 때까지 달려가는 것이 나의 아
들이 나의 성령을 받아 법전이라 하여
책으로 만들기 위하여 그 기계에 테이
프를 넣고 끝나면 또 집어넣고 끝나면
또 집어넣는 그와 같이 눈물 어린 그
어렵고 힘든 길을 가나니, 너희들은
과연 그것을 아는가?
12 그를 도와주고 그를 위로하며 그와 더
불어 가는 너희들의 그 마음이 달린
선수가 지친 몸을 다시 가지고 와 또
뛸 수 있는 그와 같은 용기를 줌이니
라.
13 그리하여 너희들은 다 선택되었으며
각자의 임무가 있으며 각자의 가야 할
길이 있음을 알아야 할 것이니라.
14 나의 아들이 한 권의 책을 썼으며 열
권의 책을 써 냈을 때 그것으로 끝나
는 것이 아니요, 그는 끝없이 나의 성
령을 받아 기록해야 함이니,
15 하나의 테이프를 완전히 나의 성령으
로써 기록하여 녹음한 다음 그를 빼고
그가 그것으로써 휴식을 취하며 그것
으로써 임무를 끝낸다 하면 내가 나의
아들을 그리 불쌍하다 생각지 아니하
며, 예수의 죽음 못지않은 그 고통과
시련의 길을 가는 나의 아들이라 말하
지 아니할 것이니라.
16 그것이 끝난 다음에 그는 다시 또 새
로운 것을 넣어야 하며 또 끝나면 또
새로운 것을 넣고 계속 반복해서 지칠
줄 모르고 가야 하는 것이 나의 아들
이니,
17 그를 위로하여 그와 같이 더불어 가는
것이 선택된 너희들이 지금 해야 할
일이니라.
18 무엇보다도 160권의 법전이 세상에
나오는 그 역사를 이루는 것이 가장
소중함이니,
19 그리하여 내가 더러는 눈감고, 나의
아들에게 채찍질하는 그 매를 들었다
놓는 그와 같은 나 여호와의 마음을
너희들이 알 것이니라.

4,390 번째 하나님 말씀

2003년 1월 2일 08시 20분

1 사랑하는 나의 아들아!
2 "네, 아버님! 말씀하옵소서."

3 지금 종교 집단이 나의 백성들을 어찌
깨우치며 어찌 가르치며 어찌 이끌어
가느냐?
4 그들은 형용할 수 없는 굴레를 나의
백성들에게 씌워 그들을 끌고 감이니,
그들이 부르짖는 가장 큰 것이 무엇이
더냐?
5 저희들의 손으로 지은 성전에 오지 않
는 나의 백성들을 전도하고 긁어모으
고 끌어모으기 위한 수법으로 모든 나
의 피조물 만백성이 원죄를 갖고 세상
에 태어났다 하며,
6 원죄를 가지고 나왔기에 너희들이 육
에서 아무리 아름답고 착하게 살아도
그 죄를 용서 빌어야 한다 하니, 너희
들이 원죄를 가지고 나온 그 자체를
어찌하는가?
7 그러면서 많은 백성이 원죄를 가지고
세상에 나왔으니 죄를 용서받으라 하
며,
8 내가 나의 아들을 통해 너희들의 전생
이 무엇이며 너희가 살아온 것이 무엇
이며 부활이요, 윤회의 뜻을 너희들에
게 가르쳐 주거늘 그것은 너희들이 거
부함이니,
9 과연 너희들이 원죄를 인정하며 원죄
를 가지고 나온 것이 나의 백성이라
면, 나의 아들이 부활이요, 윤회요, 하
는 그와 같이 너희들이 세상에 오기
전에 너희 전생의 모두를 가르쳐 주는
그와 같은 뜻은 거부하면서 어찌하여
원죄를 가지고 왔다는 그 고리는 이끌
어 가는가?
10 그러기에 너희들은 죄인이라, 그리하
여 너희들은 죄와 악에서 태어난 사람
이니, 죄 속에서 너희들이 살고 있으
니 너희들이 나 여호와로부터 구원을
받아야 되는 것이며,
11 저희들의 손으로 지은 성전에 와 나의
아들 예수의 피로써 대속받으며 그 이
름으로 울고불고 광란의 짓을 하면 너
희들이 구원을 받는다 그리 말함이니,
12 그러나 너희들은 알아야 할 것이니라.
13 새로운 생명으로써 나로부터 받아 너
희들이 세상에 나갈 때 너희들은 그
깨끗한 마음으로 살아가는 것이며, 너
희들이 아름다운 모습으로 살아갈 수
있도록 나의 성령이 너희들에게 임하
여 내려감이니라.
14 너희들은 그와 같은 이치를 깨달으며
다시 태어나는 생명이라 말하라.
15 너희들이 남의 죄를 지고 너희 조상의
죄의 뿌리를 가지고 가는 것이 아니
요, 너희 스스로 지은 것에 대한 책임
을 지면 그것으로써 너희들이 다하는
것임을 알아야 할 것이니라.
16 그러나 지금의 종교 지도자들이 어찌
하는가?
17 나의 사랑하는 백성을 머리카락 끝에
서부터 발끝까지 모두가 죄의 덩어리
로 되어 있다 그리 심어 주며 그리 깨
우치며 그리 가르침이니라.
18 그리하여 일단 너희들을 원죄의 죄인
의 그 쇠사슬로써 묶어 놓아 숨을 쉬
지 못하게 하며 저희들로부터 등을 돌
리지 못하도록 그리하느니라.
19 너희들이 그리하여 죄를 사하고 나로
부터 죄에 대한 면죄부를 받겠다는 그
와 같은 심리를 이용하여 너희들을 농
락하고 우롱하는 것이며,

20 그것에 의하여 세뇌된 나의 백성들은
또한 어찌 살아가는가?

21 나로부터 온전하게 죄의 용서를 받는,
또 너희들이 나로부터 죄를 지은 양
이기에 죄 사함을 받으며 깨끗하게 하
고자 하며, 그리하여 너희들이 빌고
또 빌며 너희 영혼을 위하여 또 빌고
비는, 그리하여 너희들의 소원이요,
너희들의 원죄를 씻고자 하여 나에게
하소연하고 매달리는 그와 같은 방법
으로 지금 종교 지도자가 이끌어 가며,

22 그들은 그를 사해 줄 수 있으며 면죄
해 준다는 그와 같은 명분 아래 나의
백성들로부터 재물을 받아들이며, 그
들의 시간과 모두를, 그들이 느끼고
살 수 있는 행복한 여유 있는 삶의 그
모두까지도 말살시키는 것이 너희들
이 지금 하고 있는 짓이니라.

23 그러면서 종교 지도자 그들은 무엇을
말하는가?

24 종교 지도자인 저희들을 신처럼 제왕
처럼 받들면 나 여호와로부터 은총이
있으며 사랑이 있으며 구원을 받는다
말하느니라.

25 저희들은 나로부터 선택된 지도자요,
목자이기에 저희들을 신처럼 받들며
저희들에게 모든 충성을 다할 때 너희
들은 나 여호와로부터 구원을 받을 것
이라 그리 은연중에 세뇌시키고 가르
치니, 그것을 듣고 또한 그리 살아가
는 것이 나의 백성들이니라.

26 여기에 나의 은총이 하나도 없음을 너
희들은 알아야 할 것이며,

27 너희들이 지고 온 죄목이라는 것을 들
춰서 원죄라 하는 것에서 너희들이 벗
어나야 할 것이며,

28 너희들이 또한 그와 같이 함으로써 죄
를 면죄 받는다는 것을 지금서부터 지
워야 할 것이며,

29 너희들은 나의 재물을 잘못 쓰며 내가
내려 준 그 시간을 잘못 씀으로 인하
여 너희 가슴 앞에 죄목만이 하나씩
늘어난다는 것을 알아야 할 것이니라.

30 또한, 그는 너희들의 죄를 씻는 것이
아니니라.

31 이를 깊이 깨우쳐 회개하고 깨달음의
길을 바로 가야 할 것이니라.

32 그러면서 그 속에서 믿음의 길을 가는
백성 너희들은 말로써 고백하고 눈물
로써 회개하며 제가 지은 죄를 깨끗하
게 씻은 착각 속에 살아가는 것이니,
너희들은 죄를 하나도 씻은 것이 없다
는 것을 알아야 할 것이니라.

33 너희들의 삶을 그저 거울삼아 거울에
비춰 봐 부끄러움이 없는 그와 같은
삶으로 변화될 때 너희들이 지은 죄를
씻을 수 있는 것이니라.

34 나의 아들 예수의 피로써 그가 너희들
이 지은 죄를 대속했다는 이와 같은
너희들을 선동하는 자들의 말에 넘어
가서는 아니 되며, 이제는 너희들이
그를 바라보며 진정 자신이 깨우치는
그와 같은 깨달음을 알아야 할 것이니
라.

35 오로지 사랑을 베풀며 선을 베풀며 아
름다운 마음으로 살아가는 그 행함만
이 너희들 스스로 구원의 길에 들어서
는 길이며 구원을 받는다는 그 엄연한
사실을 잊어서는 아니 될 것이니라.

4,391 번째 하나님 말씀

2003년 1월 2일 08시 27분

1 사랑하는 나의 아들아!
2 "네, 아버님! 말씀하옵소서."
3 너희들이 구원의 길이요, 믿음이라는
길을 달려가는 것이 어떠한 형국으로
써 가고 있는가?
4 너희들의 손으로 지은 그 추악한 죄의
온상인 성전에 와서 기도하고 경배하
면 나의 아들 예수가 그리 고통스럽게
죽어 간 그 보혈로써 너희가 구원을
받으며,
5 재물을 많이 바치면, 또한 종교 지도
자의 구두를 열심히 닦아 주면 모든
죄를 용서받는다 생각하며, 너희는 받
을 것이라는 그와 같은 믿음 속에서
헤매는 믿음을 가고 있음을 알아야 할
것이니, 이는 정녕 나와는 아무런 관
계가 없는 것이라 내가 말하였느니라.
6 너희들은 나와는 아무런 관계도 없는
그와 같은 행위를 하면서 나 여호와가
깨끗이 너희들이 지은 죄를 씻어 주
며, 너희들이 천국의 나라에 날아 천
사처럼 내가 너희들을 내 품에 안는
것 같은 상상의 나래 속에서 살아가는
것이 지금의 너희들의 믿음이니,
7 그와 같은 생각에서 그 모두를 벗어나
야 하거늘 그 한계를 벗어나지 못하고
있는 것이 너희들이 지금 가고 있는
믿음이며, 가장 너희들이 잘못된 것이
니라.
8 제가 행하는 것은 나의 뜻에 의하여
사랑을 베풀며 아름답게 살아가는 것
이 아니요, 행위는 나와는 정반대로
하면서 말로써 수다 떠는 것으로써 모
두 구원을 받았다는 착각 속에 있는
너희들이 이제 깨어나야 할 것이니라.
9 너희가 십계명을 정독하고 나의 법전
을 들여다보면 꿈속에서 헤매고 있는
것이 너희들이라는 것을 알게 될 것이
며, 너희들의 믿음이 과연 어찌 되었
는가를 알 것이니라.
10 너희들은 벗어나야 할 것이니라.
11 너희들은 하늘로부터 돈벼락이 떨어
지는 것처럼 어떤 축복이요, 영광이
나로부터 너희들에게 떨어질 거라는
그 기대를 버리지 못하고 믿음의 길을
가고 있음이니,
12 내가 내려다보는 너희들은 바로 정신
병자와 같은 것이 너희들이 지금 가고
있는 믿음이라는 것을 알아야 할 것이
니라.
13 지금의 너희들이 가지고 있는 신앙만
이 절대적이며 그 안에서 구원을 받는
다고 세뇌된 것을 깨고 보면 너희들은
무엇이 악이며 무엇이 죄인가를 알 것
이며, 그러고도 너희들이 구원받았다
말하는 것이 얼마나 부끄럽고 잘못된
것인가 그 이치를 깨달을 것이거늘,
14 너희들은 이를 보고 깨우치려는 것이
아니라 그저 잠꼬대하는 것처럼 씨부
렁대며 말로써 다 구원받은 것처럼 하
고 있으나, 너희들의 그 믿음이 얼마
나 잘못되었는가를 깨달을 때가 있을
것이니라.
15 하얀 눈이 세상을 덮었으나 태양의 빛
이 비칠 때 눈이 녹으면 그 추한 세상
의 모습을 너희들이 바라볼 수 있는
것과 똑같은 것이니라.

16 지금 잘못 가르치는 종교 지도자들이
너희들 앞에 하얀 눈을 덮어 놓았으
나, 그 눈은 태양의 열에 견딜 수가 없
으며 나의 진실한 진리요, 나의 뜻에
의한 그 열에 그들이 지탱하지 못함이
니, 그게 다 벗겨질 날이 머지않았음
이니라.
17 그때는 너희들이 이미 때가 늦음을 알
라.
18 그러나 너희들이 나의 법전을 들여다
보며 나의 법전을 가지고 공부하며 깨
우칠 때, 너희들은 길을 보게 되며 진
정한 믿음을 알게 될 때가 있느니라.
19 그러나 이미 나의 법전을 깨우칠 시간
과 세월이 지난 다음에 너희들이 깨달
아 후회하는 백성이 되어서는 아니 될
것이니라.
20 지금 나의 법전을 들여다보며 나의 법
전을 손에 들어 정독하고 깨우치려 발
버둥치는 백성 너희들은 구원의 빛을
볼 것이며,
21 이를 보지 아니하는 자, 이미 지나간
다음에 아우성치며 그 법전을 달라,
그리고 그 법전을 읽을 기회를 달라
몸부림치고 후회해도 그때는 너희들
에게 지나간 그 세월이 다시 오지 아
니하며 두 번 다시 그 기회가 없음이
니,
22 이 무섭고 엄연한 사실을 너희들은 깨
달아야 할 것이니라.
23 그를 모르는 자 영원히 구원의 길에
들어설 수 없음이니, 내가 그리하여
반복하는 뜻으로써 수없이 반복하며
너희들을 깨우쳐 이끌고자 하여 160
권의 대법전으로 축소하고 축소하여
나의 뜻을 전한다 하였음이니,
24 이러고도 이 소중한 것을 보지 못하며
깨우치지 못하는 너희들이 얼마나 어
리석은 백성인가?
25 내가 무엇이라 하였느냐?
26 나의 성전에 와 재물을 바치며 기도하
라 함이 아니니라.
27 이 세상의 그 모두는 나 여호와의 뜻
에 의하여 주관되며 내가 세상에 다
존재토록 하였음이니,
28 너희들이 지금 배우고 있는 교리의 그
뜻에 의하여, 지도자의 설교에 따라
서, 나의 법전 또한 나의 뜻에 의하여
세상에 나왔으며 이 모두가 존재하는
것이기에, 너희들이 나의 법전의 뚜껑
을 한 번 열고 들여다보라 하는 것이
거늘,
29 어찌하여 너희들이 그리도 우매하며
귀를 막고 살아가는 백성이 되고자 하
는가?
30 너희들의 그 후회함은 영원히 지울 수
없음을 알아야 할 것이니라.

4,392 번째 하나님 말씀

2003년 1월 2일 08시 37분

1 사랑하는 나의 아들아!
2 "네, 아버님! 말씀하옵소서."
3 지금의 종교 집단은 나와 관계없는 믿
음을 가고 있으며 나와는 아무런 관계
도 없는 교리를 가지고 나의 백성들을
현혹하며 이끌어 가고 있는 그와 같은
형국으로써 흘러가고 있음이니,
4 세월이 흘러가면 흘러갈수록 점점 나
와 거리가 멀어지는 그와 같은 믿음의

세상으로 가고 있음이니, 이를 바라보는 나 여호와의 마음이 과연 어떠하겠는가?

5 진정한 종교 지도자는 진정한 진리를 가지고 나의 뜻을 알며, 내가 무엇을 원하며 내가 이루고자 하는 것이 무엇인가를 알아 그를 가지고 만백성을 지도하고 인도하며 그들을 깨우쳐야 하는 것이거늘,

6 너희들은 지금 저 자신만을 사랑하며, 나의 뜻을 따라오고 나의 뜻을 만백성에게 전하며 나 여호와에게 경배하며 내가 내린 성령을 사랑하는 것이 아니니라.

7 너희들은 세상사 인간의 삶을 더 사랑하는 종교 집단으로 전락되었기 때문이니라.

8 세상사 살아가는 인간의 삶을 더 사랑하는 그와 같이 변질된 것이 너희들의 종교 집단이요, 그 집단 아래 있는 지도자들이 또한 그렇게 전락되고 전락되도록 변해져 있는 것이 지금 너희들이 가고 있는 길이라는 것을 잊어서는 아니 될 것이니라.

9 너희들은 세상을 더 사랑하기에 그 속에 빠져 그리 가고 있음이니라.

10 그곳에서 더 깨우쳐 바로 무엇을 얻고자 하는 백성들 또한 그 세상 속을 사랑하며, 그 세상 속에서 빠져나오려 하지 아니하며, 빠져나올 힘마저 없는 너희들로서 지금 변화되어 있음을 알라.

11 너희들이 지금에 빠져 있는 그곳에 너희들이 충만되어 있기에 그것이 가장 큰 행복이요, 영광된 길이요, 구원의 길이라 믿기에,

12 참진리요, 나의 성령이 세상에 내려와도, 나의 법전이요, 나의 성령이 책으로 세상에 나와 '하늘에 오르는 길'이요, '하나님! 말씀하옵소서'라는 나의 말의 뜻을, 나의 가슴의 성령을 모두 태워 나의 아들에게 내려보내는 이 법전의 내용을 너희들은 벌레 보듯 하며 이를 거부하며,

13 어떠한 누구를 통하여 참진리의 뜻을 세상에 내려보낸다 해도 보지 않으려 하며 거부하는 것이 너희들의 뜻이니라.

14 그리하여 너희들은 나의 법전의 내용을 들여다보지도 않으려 하며 그를 보지도 않으려 함이니,

15 나를 따르는 백성들이 너희들에게 깨우쳐 주고 무엇을 가르치고자 하나, 나의 법전의 이야기를 듣는 순간에 너희들은 스스로 숨이 막히며 질식할 듯 그와 같이 변화되며 그 무서움 속에서 헤어나지 못함이니라.

16 너희들은 나의 법전을 듣는 순간에 질식한 자와 같은 마음으로 변함이니, 너희들이 얼마나 사악한 마음으로 되어 있으면 참진리요, 아름다운 나의 성령을 듣기만 하여도 그와 같이 스스로 숨이 막히며 질식할 듯이, 그리고 그들을 그저 짐승을 짓밟아 죽일듯이 그와 같은 눈초리요, 그와 같은 독한 마음으로써 나의 사랑하는 백성들을 상대하며 바라보는지 너희들의 속내를 나는 알고 있느니라.

17 그리하여 아무리 전하고 전하여도 너희들은 들으려 하지 아니하는 것이며,

18 너희들은 너희 스스로 말을 하며 눈을
뜨고 있으나, 정녕 나의 백성들이 전
하는 그 아름답고 보화보다도 소중한
나의 성령의 뜻을 듣지 않고 귀를 꽉
막아 놓고 대화하는 것이 지금의 종교
집단에 속해 있는 너희들이 아니던가?
19 그러면서 너희들은 대화를 하면서 무
엇을 생각하는가?
20 귀를 막아 놓고 너희들이 무엇을 물고
늘어질 것이며 무엇으로써 이 앞에 있
는 이와 같은 사악한 자를 무너트리며
말문을 막을까 그것만을 너희 가슴속
에 생각하고 있음이니,
21 너희들이 그와 같은 사악한 인간으로
변해져 있기에 참진리를 들을 수가 없
으며 그를 볼 수가 없음이니, 나의 성
령이 너희들의 가슴속 어디에 들어갈
수 있다 생각하는가?
22 그리하여 너희들은 무엇이 진리이며
무엇이 나 여호와의 뜻이며 무엇이 하
늘에 오르는 참진리의 길이며, 너희들
이 무엇을 어찌해야만 구원의 길을 보
며 나에게 오는 근본이요, 기초인지
그것까지도 망각하고 살아가는 것이
지금의 믿음을 가고 있는 자들의 형국
이니라.
23 이를 만백성에게 깊이 깨우치는 데 주
저하지 말아야 할 것이 너희들이 해야
할 길이니라.
24 그들이 귀를 막고 너희들을 어찌 무너
뜨릴까 하는 그와 같은 생각을 하고
있다 하여도,
25 너희들이 가르치는 진리요, 나의 뜻을
전할 때, 그들은 스스로 숨이 막히며
질식할 것 같으며 저희들이 그 자리에
앉아서 너희들과 대화할 수 없는 그러
한 불안과 공포를 그 마음속에 느낄
것이니, 그리 전하도록 하라, 사랑하
는 나의 아들딸들아!

4,393 번째 하나님 말씀

2003년 1월 2일 08시 53분

1 사랑하는 나의 아들아!
2 생명이 있으며 목숨이 있는 나의 백성
들은 지금 다 무엇을 위하여 가고 있
는가?
3 너희들의 구원의 길이요, 영원히 사는
나의 나라에 와 영원히 안주하는 그
길을 위하여 많은 백성들이 지금 믿음
의 길을 가고 있느니라.
4 그러나 그들에게 가르치는 자 무어라
말하는가?
5 너희들은 원죄가 있는 죄인이라는 그
말 때문에, 너희들은 종교 지도자가
명하는 지시에 따라 예배를 하며 불경
을 외우며, 그 종교 집단에서 행하는
의식에 따라 재물을 바치며 또한 시간
을 바치며, 소원을 빌며, 그 죄를 빌
며, 또한 지금에 너희들이 살아가면서
지은 그 죄를 더불어 같이 비는 그와
같은 길을 가고자 하는 것이 너희들이
니라.
6 그러나 너희는 여기서 알아야 할 것이
니라.
7 너희는 선은 선이요, 악은 악이니라.
그 모든 선과 악의 심판은 나 여호와
만이 할 수 있는 것이거늘,
8 너희들의 종교 집단에서는 지금 저희
들이 모두를 다 심판하며 저희들만이

심판할 자격이 있는 자라 하여 저희들
임의대로 모든 것을 행하고 있음이니,
9 그 속에서 너희들이 살아가며 그들의
지시를 따르는 것은 구원의 길이 아니
요, 너희 스스로 죄를 더욱 지고 감을
알아야 할 것이니라.
10 지금의 종교 집단들은 너희들이 살아
가며 그 집단을 운영하기 위하여, 그
집단을 끌어가기 위해서 너희들의 편
의에 따라서 생각에 따라서 그 모두를
변화시키며, 그 모두를 너희들의 입맛
에 맞도록 고쳐 가는 것이니라.
11 그리하여 너희들은 죄도 때로는 죄가
아니 되며 너희들이 지은 죄도 당연히
죄가 아니 되는 그와 같은 형국으로써
둔갑시키며,
12 때로는 진리요, 아름다운 나의 성령의
뜻이 죄가 되어 너희들의 귀에 전해지
며 너희들을 가르치는 교리로써 그와
같이 변화되는 이 형국임을 알아야 할
것이니라.
13 너희가 그리 임하여 너희 마음대로 결
정을 내리며, 그리하여 죄를 합리화하
며 죄를 죄가 아니라 하여 얼마나 너
희들이 무서운 오류를 범하고 살아가
는 것인가를 너희들은 알겠는가?
14 너희들 임의대로 해석하고 너희들 임
의대로 결정하다 보니, 죄를 죄라 생
각하지 아니하며 진리를 진리라 생각
하지 아니하는 그와 같은 씻을 수 없
는 오류를 범하는 것이 지금 종교 집
단들이 가고 있는 형태이니, 그것이
얼마나 무서운 것인가를 알겠는가?
15 너희들 스스로 그와 같은 죄를 짓고도
죄가 아니라 판정하며, 참진리를 진리
가 아니요, 도리어 진리를 죄라 그리
판정하는 그와 같은 너희들의 임의대
로 오류를 범하고 사는 것은 너희들이
나에게 와 그 대가를 치르면 되나,
16 순박하고 아무것도 모르는 나의 백성
들까지 너희들이 그리 끌고 가고 그리
지도하고 있음이니, 그를 어찌하여야
되겠는가?
17 너희가 그와 같이 가르치기에, 또 배
워 오는 나의 백성들이 극악한 죄를
지으면서도 그 죄가 죄인 줄 모르며
종교 지도자들의 행하는 그 모습을 따
라 그대로 가고 있음이니, 이게 얼마
나 무서운 죄를 짓고 있는 것인지 너
희는 과연 생각해 보았느냐?
18 그와 같이 너희들이 면죄부를 저 자신
에게 주어 놓고 저 자신부터 먼저 면
죄부를 받아 놓으며, 너희들이 죄를
짓는 것을 너희들과는 아무런 관계도
없는 것처럼 죄가 아닌 것처럼 스스로
자신에게 모두 면죄부를 붙여 놓고,
19 너희들은 나의 백성들에게 그와 같이
행하도록 그리 가르치며 그들을 잘못
인도하고 있음이니라.
20 너희들은 죄와 더불어 악마와 더불어
즐기는 지금의 종교 지도자요,
21 그 속에 빠져 많은 세월동안 믿음의
길에 가고 있는 자요, 구원을 받았다
생각하는 백성 너희들이 또한 거기에
빠져 악과 더불어 죄와 더불어 살아가
고 행하는 것이 즐거움으로 스스로 너
희도 모르게 거기에 빠져 있음이니,
이를 어찌하겠는가?
22 너희들은 여기서 인간 세속에 흘러가
는 법도를 하나 보라.

23 인간 세속에서 법을 집행하는 자가 죄
지은 자를 불법으로 용서해 주며, 그
를 풀어 주고 나서 그로부터 그만한
대가를 밖에서 받으며 대접을 받으며
그로부터 금화와 은화와 모두를 거둬
들이는 형국으로 법을 집행한다면 어
찌 되겠는가?
24 죄는 죄가 아니 될 것이며, 선량하고
불쌍한 백성은 죄가 아니라도 그 죄의
대가를 받을 수 있음이니,
25 힘과 권력과 재물에 의하여 그것이 거
꾸로 된다 하면 과연 그것을 너희들은
인정할 수 있겠는가?
26 그리고 과연 그와 같은 일이 있어서야
되겠는가?
27 더구나 내가 너희들에게 깨우치고자
하는 것은, 이 세상 나의 피조물 만백
성의 그 영혼이 영원히 살고 못 사는
그와 같은 중대한 일을 너희들이 마음
대로 그 죄의 면죄부를 내려 죄를 죄
가 아닌 것처럼 둔갑시키며,
28 진리가 죄인 것처럼 가르치며, 악이
악이 아니요, 악이 선한 것이요, 선이
악처럼 너희들이 오류를 범하면서 그
리 가르치느니라.
29 이것을 너희들이 알면서도 그와 같이
행하기에 더 무서운 것이며 그 악의
씨가 세상을 덮음이니,
30 지금 내가 무어라 말하였더냐?
31 예수의 시대에 가르치는 나의 성령의
뜻은 금이었으며, 세월이 흐르면서 너
희들이 금을 닦고 더 빛내고 광채를
내어 그 금의 목적에 쓰이도록 하는
것이 아니라,
32 그 아름답고 소중한 금을 은으로 퇴색
시켰으며, 그 은을 또한 너희들이 동
으로 퇴색시켰으며, 동을 무쇠로 퇴색
시켰으며,
33 그 무쇠는 지금 자연의 공기에 의해
썩고 또 썩어 그 가루가 날아가 앉은
그곳에서 사악한 씨를 뿌림이니, 그것
이 너희들이 잘못 가고 있는 손으로
지은 종교 집단이 세상을 덮는 그와
같은 형국이라 말하였느니라.
34 이제 내가 지은 이 아름다운 세상에
너희들이 말하는 열 발자국도 못 가서
그 날아온 썩은 쇳가루가 자리를 잡으
며, 썩어서 버려야 할 쇳가루가 또 새
끼를 쳐서 그보다 더한 쇳가루가 또
자리를 잡음이니,
35 이제 이와 같은 형국이 되어 있는 것
을 보고 내가 심판하며 다스릴 때가
되었다 너희들은 과연 생각하지 않는
가?
36 때가 왔음이니라.
37 그리하여 심판할 수 있으며 영원히 변
하지 않는 나의 법전으로써 스스로 너
희들을 심판대에 세우고자 하는 것이
내가 너희들을 사랑함이니라.
38 너희들이 정녕 나에게 와서 심판을 받
을 때는 돌이킬 수도 없으며, 너희들
이 눈물로써 하소연해도, 너희들이 어
떠한 애원을 해도, 너희들이 몸부림을
쳐도 그를 도울 수 없으며 그를 내가
풀어 줄 수 없는 것이나,
39 지금 내가 나의 법전을 내려 너희들
인간 세상에서 심판을 하여, 눈을 뜨
고 깨달음을 얻어 귀가 열리는 자, 나
의 법전을 가슴에 안고 정독하는 자를
구원할 수 있는 그 기회를 내가 너희

들에게 내려 줍이니라.
40 도저히 영원히 구원할 수 없으며 너희
들의 대화를 들을 수도 없으며 너희들
이 용서 빌며 울부짖는 그 소리를 들
어줄 수 없는 세상이 오기 전에, 너희
들에게 이미 밖에서 정리하며 깨끗하
게 깨우치도록 그 위대한 기회를 주는
것이거늘,
41 이것이 정녕 소중하고 위대한 기회이
거늘, 너희들이 나의 법전을 이단이
요, 사탄이라 하며 불에 태우며 물에
집어넣으며 찢어 버리며 사악한 자라
그리 말함이니,
42 이게 얼마나 소중한 것이더냐?
43 너희들의 몸을 함부로 다스려 병들어
죽기 전에 너희들이 의사에게 애원하
는 것보다도 천만 배 더 위대한 것이
며 소중한 것이니라.
44 병들어 죽으며, 고치지 못할 병이 들
었을 때 울고불고한들 무엇하더냐?
45 너희들은 죽음뿐이니라.
46 너희들이 죽어 내 앞에 왔을 때는 그
보다 더 엄격하니라.
47 거기에는 연장이 없으며, 너희들을 용
서함이 없으며, 너희들의 울부짖는 그
기도를 들어줄 수 없음이니라.
48 너희들이 죽을 병에 걸려서 의사가 아
무리 손을 대려 해도 손을 댈 수 없이
죽어 가는 것처럼, 더 정확하게 너희
들의 영혼이 지옥으로 떨어짐이니라.
49 너희들이 병들기 전에 몸을 관리하며
몸을 보호하면 그와 같이 무서운 병마
에 걸리지 아니할 것을, 너희들이 관
리하지 아니하며 몸을 함부로 씀이니
라.
50 너희들의 조상이 말하며 부모가 말하
듯이, 젊어서 몸을 관리하며 건강관리
를 잘하라 그리하여도, 너희들이 그저
먹고 즐기는 음식의 즐거움이요, 거기
에 폭주하여 병들어 죽어 가는 그 형
국이 되는 것보다도 더 정확한 것이니,
51 너희들이 젊었을 때 몸을 건강하게 관
리하며 그리하여 노후에 건강한 모습
으로써 생명을 다할 수 있도록 살아가
라 가르치는 선배요, 부모의 뜻을 듣
지 않는 것처럼,
52 지금 나 여호와가 너희들을 사랑하여
마지막 기회를 내려 줌이니
53 관리하고 기도하고 경배하며 그리하
여 갈 수 있는 법전까지 세상에 내가
내려보냈으니, 이를 접하지 않는 자
영원히 그 기회를 놓침이니라.
54 나 여호와의 애절한 이 뜻을 너희들이
어찌하여 그리 들으려 하지 않는가?
55 아무리 모르는 사람이요, 원수가 너희
들에게 사정하고 애원한다 해도, 그
원수의 말도 들어볼 수 있으며 들을
수 있는 그와 같은 귀를 열어야 하는
것이 인간의 관계가 아니던가?
56 나 여호와가 너희들의 원수더냐?
57 너희들을 죽이는 자더냐?
58 내가 너희들을 버린 자던가?
59 너희들을 사랑하며 너희를 위하여 나
의 아들을 바쳤으며 그 모두를 다 바
침이니,
60 내가 얼마나 더 희생을 하여야 하며,
내가 더 얼마나 너희들 앞에 무릎을
꿇고 빌어야 하며, 내가 너희들 앞에
얼마나 눈물을 흘려야 하며, 내가 무
엇을 너희들에게 더 바쳐야 하겠는가?

61 나의 성령의 가슴을 갈기갈기 찢어 태
워 내가 나의 아들을 통하여 너희들을
영원히 구할 수 있는 법전을 내려, 이
지금의 육을 가지고 있는 세상에서 세
상을 바로 보고 구원을 받으라 내가
그리 말함이니,
62 내가 무엇을 더 바쳐야 하며 무엇을
더 희생해야 하며 내가 더 얼마나 아
픈 눈물을 흘려야만 너희가 나의 법전
을 보고 두 번 다시 없는 이 기회의 길
을 오겠는가?
63 나 여호와의 이 아픈 마음을 너희들이
정녕 들어줄 수는 없겠는가?
64 이를 들여다보고 이를 읽고 깨우쳐 보
라.
65 나 여호와의 부르짖는 애절한 나의 음
성이 들리지 아니하는가?

4,394 번째 하나님 말씀

2003년 1월 2일 09시 02분

1 사랑하는 나의 아들아!
2 "네, 아버님! 말씀하옵소서."
3 나 여호와가 지금 분노하지 아니하며
그 분노함을 참으며 너희들에게 모든
재앙을 내려 손을 놓고자 하는 그 마
음을 참고 있는 것을 알겠는가?
4 너를 따르는 너의 제자들과 나의 법전
을 읽고 깨우치는 백성 너희들이 있기
때문이니라.
5 내가 너희 모든 백성들에게 한 번의
기회를 주며, 너희들이 다시 깨달아
하늘에 오르고자 하는 그와 같은 영광
을 내가 내려 주며,
6 나의 아들을 따르는 제자들이요, 나의
법전을 온 세상에 전하며 만백성을 구
하는 그날이 오기를 바라고 기대하고
노력하는 사랑하는 너희들이 있기 때
문에 내가 인내하며 오늘의 분노를 참
고 있음을 너희들은 알아야 할 것이니
라.
7 그러니 너희들이 얼마나 소중한 나의
아들딸들인가?
8 그러기에 너희들은 어렵고 힘들고 견
딜 수 없는 고통이 따른다 하여도 이
위대한 역사를 위하여 너희 자신을 스
스로 모두 던질 수 있는 나의 백성으
로서 변화되어야 하며, 너희들이 마음
다짐을 굳게 하여야 할 것이니라.
9 너희들의 모두를 다 버리고 던져서라
도 나의 법전 160권이 세상에 나올 수
있도록 하여, 나의 법전대로 행하며
사는 많은 백성들로 하여금 구원의 영
광을 얻을 수 있도록 그리하는 것이
너희들의 뜻이니,
10 너희들 스스로 모두를 다 던지고 버려
서 나의 160권의 법전이 세상에 나와
하얀 눈이 덮듯이 세상에 나의 법전이
덮이며 만백성을 구하여 내가 이루고
자 하는 천 년의 그 역사를 이루는 그
기틀을 다져 가야만 하는 것이 너희들
이 하여야 하는 길이 아니던가?
11 오늘의 고통이요, 오늘의 시련이 너희
들은 견딜 수 없다 하나,
12 너희들이 그 모두를 넘기며 나의 법전
대로 행하여 살며 나의 법전을 들고
만백성에게 전하는 그 역사를 이루었
을 때, 나에게 와 받을 수 있는 그 상
과 영광이 있음을 너희들은 생각해 보
지 아니하는가?

13 나의 아들로서는 너희들에게 무엇을
주고 내리는 것이 아니라 하였음이니
라.
14 나의 아들은 죽은 자요, 죽은 자이기
에 그는 나의 뜻에 따라 움직이는 자
이니, 그는 내가 명하는 것 외에는 어
떠한 능력이 없음이니라.
15 다만, 너희들에게 상을 내리며 너희들
을 구원하고 너희들을 보살핌은 오로
지 나 여호와가 너희들에게 내린다는
것을 너희들은 알라.
16 모두는 내가 다 하나도 놓치지 아니하
고 그를 보고 있으며 그를 알고 있음
이니, 내가 너희들에게 상을 내림을
너희들은 알아야 할 것이니라.
17 다만, 너희들이 천사와 같은 마음의
자세로 변화되는 것만이 만백성에게
본보기요, 천사와 같이 변한 너희들의
음성이 나올 때, 그 음성은 어떠한 자
도 거부하지 못하며 그 음성을 천사의
목소리로 알아들을 것이니라.
18 지금 너희들이 나의 법전을 가지고 만
백성을 깨우치고자 하나, 그들은 나의
진리에 스스로 저희들이 감전되는 것
같은, 저희들이 스스로 질식할 것 같
은, 저희들이 그 가슴을 진정하지 못
할 만큼 충격을 받고 있으나,
19 그들은 눈을 감고 귀를 막아 절대 그
를 듣지 아니하려 하며, 이것은 사탄
의 장난이요, 광란의 짓이요, 환상에
빠져 있는 것이니, 이곳에서 빨리 빠
져나가야 하며 이 자와 대화를 해서는
안 된다 그리 역으로 생각하고 너희들
을 피하는 것이 지금의 형국이니라.
20 그러나 그들을 너희들은 다스려야 할
것이며, 그들이 알 때가 있을 것이니
라.
21 그들은 저희들이 사탄이요, 이단이기
에 저희들이 스스로 가슴을 억제할 수
없으며 가슴이 두근거리며 숨이 막혀
질식할 것 같은 것이니,
22 이것이 사탄이요, 이단의 가르침이 아
니요, 참진리이기 때문에, 사악한 마
음으로 굳어져 있는 그들에게 참진리
의 침을 놓으니 광란이 난 자가 뚫리
듯이 뚫리는 그와 같은 무서움을 그들
은 믿지 않으려 하는 것이니라.
23 그저 아픈 배를 움켜쥐고, 저희들의
종교 지도자가 내리는 말만을 들어야
고칠 수 있다 그리 말하느니라.
24 침으로써 광란이 난 자를 뚫어 주는
것을 사탄이요, 이단이요, 그 광란에
서 고쳐 주는 것을 너희들을 유혹하여
영원히 지옥 불로 이끌어 가기 위하여
행하는 자라 그리 가르치고 그리 앎이
니,
25 너희들이 광란 난 자를 침으로 고쳐
주나, 그들은 감사하다는 생각을 하기
전에 사탄이요, 이단이라 하여 고개를
흔들고 더 도망감이니,
26 너희들이 침으로써 광란이 난 자를 뚫
어 주는 것이 잘못된 것이더냐?
27 정도로써 해야 할 것이며 치료 방법으
로써 했음이니라.
28 너희들은 그들의 가슴을 돌리고 돌리
라.
29 그들은 감사함을 알 것이며 두려움을
알 것이니, 주저하지 말라, 사랑하는
나의 백성들아! 나의 분노로 말할 것
같으면 내가 이 세상에 험악한 재앙으

로 너희들의 이 세상의 모두를 다 덮
고자 하나, 오늘의 너희들이 있기에
내가 이 분노를 참고 있음을 너희들은
알아야 할 것이니라.

4,395 번째 하나님 말씀

2003년 1월 2일 09시 24분

1 사랑하는 나의 아들아!
2 "네, 아버님! 말씀하옵소서."
3 지금 믿음의 길을 가며 만백성을 구하
고자 하는 너희들의 성전이라 하는 곳
은 과연 어떠한 곳이던가?
4 그곳에서 너희들은 뭐라 말하느냐?
5 나의 아들 예수로서, 그 피로써 대속
받은 자가 있기에 너희들은 다 구원을
받았다 그리 말하며, 너희들은 그 성
전에 모여 구원의 길이라며 교리를 들
으며 너희들만이 선택된 백성이라는
그와 같은 자부심을 가지고 있느니라.
6 그리고 세상 어느 곳도 구원을 받을
수 없으며, 내가 지은 이 세상의 아름
다운 성전 위에 또 너희들이 지어 놓
은 그 성전에 오는 것만이 구원을 받
는 길이며, 그 외에는 아무 곳에서도
구원을 받을 수 없으며 나 여호와의
뜻이 통하는 곳이 없으며,
7 나의 뜻과 나의 성령이요, 나의 가르
침이 통하는 곳은 너희들이 지은 성전
그곳뿐이라 그리 말하는 그곳이 과연
얼마나 신성시되어 있고 얼마나 아름
다운 곳인가?
8 나 여호와가 바라보는 그곳은, 나의
아들이 그리 고통스럽게 죽어 갔던 그
이름을 너희들이 매도하고 있으며, 나
의 아들 이름이 매도당하고 있는 곳이
그 장소이며,
9 그곳으로부터 나의 아들은 버림받고
있으며 너희들로 하여금 나의 아들이
비난을 받으며 나의 아들 이름이 악용
되고 있으며, 그 모두가 악용되어 쓰
이고 있는 곳이 너희들의 손으로 지은
성전이요,
10 너희들이 가장 신성시하고 있으며 나
여호와의 뜻이 그곳에만 통하며, 그곳
에 와 재물이요, 금화를 바쳐야 구원
을 받으며 이 세상에 그곳밖에 없다고
말하는 그곳이 나의 아들 이름을 매도
하고 있으며 나의 아들을 버리고 있으
며 그를 악용하고 있으며 그를 짓밟고
있다는 것을 알고 있는가?
11 나 여호와의 얼굴에 침을 뱉는 그와
같은 행위를 하는 것이 지금 종교 집
단 너희들이 가고 있는 곳이니, 그곳
이 얼마나 추악하고 더러운 곳인지를
알겠는가?
12 그리하여 나의 아들 예수가 너희들을
위하여 죽음의 그 고통을 받았던 것보
다도, 너희들이 지금 잘못 깨우치고
잘못 가며 나의 피조물 만백성을 더
사악한 쪽으로 이끌어 가며 그들을 사
악하게 만들어 놓은 그 형국 때문에,
13 나의 아들이 그리도 너희들을 위하여
그 고통을 인내하며 피 흘려 십자가에
못 박혀 죽어 갔던 그 죽음의 고통보
다도 더 무서운 고통 속에서 지금 괴
로워하고 울고 있음이니라.
14 나의 아들이 너희들을 위하여 간곡히
원하며 기도하며, 너희들이 그를 고문
하지 아니하도록, 나에게 너희들을 버

리지 아니하도록 바라는 나의 아들의
마음을 너희들은 알고 있는가?
15 나의 아들 예수는 죽음의 그 고통보다
도, 지금 너희들이 더 사악하며 그의
이름을 매도하며 나 여호와에게 침을
뱉는, 너희들이 지은 성전에서 가르친
다는 종교 지도자 너희들이 잘못 가기
에, 그는 죽음보다 더한 고문의 고통
속에서 눈물을 흘리고 있음이니라.
16 내가 나의 아들이 그리 눈물을 흘리며
고통을 인내하고 있는 그 모습이 너무
나 불쌍하고 가련하여 너희들의 손을
놓는 것을 참고 인내하고 받아들이고
있다 하면 너희들은 과연 어찌하겠는
가?
17 그리하여 내가 마지막 나의 법전을 세
상에 내려보내 너희들에게 기회를 주
고 너희들을 기다리고 있으며, 내가
모든 재앙을 중단하고 있으며,
18 구원의 빛을 따라 너희들이 구원받는
백성이 될 수 있도록 내가 한 번의 기
회를 주어 지금 나의 아들을 통하여
밤낮을 가리지 아니하고 나의 법전을
만들어 세상에 전하고자 이 역사를 이
루고 있음이니라.
19 여기서 너의 제자들이 또한 깨달아야
할 것이며, 나의 법전을 읽은 백성 너
희들이 깨달아야 할 것이니라.
20 나의 법전이 물 흐르듯이 전해지지 아
니하고 흘러가지 아니하면 백성을 구
할 수 없음이니, 내가 너희들에게 주
고자 하는 그 기회를 접어 둠이요, 그
역사를 이룰 수 없음이니,
21 너희들은 지금 나의 아들 예수가 그
고통 속에서 죽어 간 것보다도, 너희
들이 사악해져 가며 잘못 가르치는 그
들을 보는 마음이 더 고통스러워 그가
말없이 나를 찾아오며 고통의 눈물을
흘리며 너희들에게 재앙을 내리지 말
도록 애원하는 그 눈빛을 생각해야 할
것이니,
22 그 역사의 모두를 치유하며 나 여호와
의 마음을 다스리며 내가 이루고자 하
는 그 역사를 이루는 데 오직 너의 제
자들과 나의 법전을 읽고 깨우쳐 하늘
의 뜻을 아는 백성 외에는 그 누구도
이를 대변할 수가 없으며 내 마음을
달랠 수가 없음이니,
23 내 마음을 진정시킬 수 있으며 내가
기쁨을 얻을 수 있는 것은 너희들뿐이
니, 너희들은 나의 법전을 만들어 세
상에 전하는 데 최선을 다하며, 나의
법전을 전하는 데 너희들이 1초도 아
껴 써야 하며 1초라도 소홀히 해서는
아니 될 것이니라.
24 이것이 너희들이 하여야 할 일이며,
나 여호와가 너희들에게 직접 내리는
명령이니라.
25 내가 내리는 이 명령은 곧 지상의 명
령이요, 너희들에게 그보다 더 소중한
것이 없으니, 나의 명령을 너희들이
엄히 지켜야 할 것이니,
26 단 1초라도 소중히 생각하여 나의 법
전을 전하는 것에만 모든 생각을 갖도
록 그리하여 너희들은 나로부터 은혜
와 영광을 받도록 그리하라.

4,396 번째 하나님 말씀

2003년 1월 2일 09시 30분

1 사랑하는 나의 아들아!
2 너희들이 하늘에 오르는 길이요, 나
여호와의 뜻을 행하는 자는 얽히고설
킨 너희들의 세상 속에 살아가는 그
실타래 속에서 정의로운 것, 진정 진
실된 것, 그리고 너희들의 기초 질서
에 어긋나지 않는 행위로써 그 실타래
를 풀라 함이니라.
3 너희들이 그 실타래를 풀고자 하여 자
르고 버려 버린다 하면, 그 실타래는
풀었다 하여도 쓸모가 없지 아니하는
가?
4 너희들이 곧 순리에 따라서 질서에 따
라서 서서히 지켜 가며 풀어 가는 것
이 바로 그 실타래를 풀었을 때 쓸 수
있는 것이 아니던가?
5 너희들이 얽히고설킨 그 실타래를 푸
는 것은 무엇이더냐?
6 그 실타래의 기능을 쓰기 위해서 그것
을 푸는 것이 아니던가?
7 그 실타래가 실로서의 기능을 하지 못
하고, 자르고 베어서 그냥 헤쳐 푼다
면 누군들 못하겠느냐?
8 이 세상 살아가는 속에서 얽히고설킨
그 어렵고 힘든 속에서 너희들이 그
실타래를 푸는 것은 바로 그와 같이
실타래를 쓸 수 있는 그 길을 위해서
살아가야 하기에 너희들이 질서를 망
가뜨려서는 아니 되는 것이니,
9 질서 속에서 너희들이 모두를 행하는
삶을 살도록 하라.
10 내가 너희들에게 말하기를, 나 여호와
를 경배하며 나의 뜻을 따르며 나의
법전을 세상에 전하는 그 모두도 너희
들이 의식주를 먼저 해결해 가며 너희
들을 다스린 다음에 그리하라 함이니
라.
11 내가 너희들에게 깨우쳐 전하기를 단
1초라도 나의 법전을 전하는 데 최선
을 다하며 그 모두를 다 바치라 한다
하여 너희들이 생업을 중단하며 삶을
중단하며 가정을 정리하며 가정을 파
괴해 가며 그와 같이 가라 함이 아님
을 알라.
12 너희들의 생활이요, 너희들의 의식주
요, 너희들 인간 세상에서 살아가는
그 삶에 최선을 다하며, 남는 그 모든
시간을 너희들이 단 1초라도 아껴 쓴
다면 너희들이 생업을 중단하는 그 시
간보다도 더 소중한 시간으로써 쓸 수
있는 그와 같은 이치를 알아야 할 것
이니라.
13 나의 아들 예수가 말하기를, 예수가
그를 따르기 위하여 너희들이 가진 재
물이요, 모든 명예를 다 버리고 그를
따르라 하였다 해서 모든 사람이 재물
이요, 가정이요, 모두를 다 버리고 따
라가는 것이 하늘에 오르는 길이요,
나의 아들을 따라오는 길이 아님을 알
라.
14 버릴 자와 버리지 않을 자가 구분되어
있음이니, 그 말을 듣는 것은 그 사람
에게 해당되는 것이거늘, 그게 만백성
에게 다 해당되는 것처럼 너희들이 그
리 오류를 범하지 말도록 그리하라.
15 너희들에게 단 1초를 아껴 나의 법전
을 전하라 하는 것은 너희들의 육의

삶이요, 인간 세상의 그 실타래를 순
리적으로 푼 후에 너희들의 모든 시간
을 다 바치라 함이요,
16 실타래를 푸는 것까지도 중단하며 너
희들에게 모두를 다 바치라 하는 것이
아니니, 그렇지 않다면 공의의 나 여
호와가 아니지 아니하던가?
17 너희 제자들이요, 지도자들은 이와 같
은 나의 깊은 뜻이요, 내가 원하는 그
뜻을 잘 깨달아 행하도록 하라.
18 모든 기초 질서를 지키며 의식주를 해
결하여 가정을 다스리는 반듯한 반석
위에 선 자가 모든 시간을 다 바쳐 그
리 가노록 하라. 다반, 너희들이 시간
을 어찌 쓰며 어찌 바치느냐에 따라서
너희들이 생업을 다 하면서도 그 1초
의 시간도 아껴서 과외 시간을 나에게
바쳐서 한다면 생업을 포기하는 시간
보다도 더 많은 시간의 역사를 이룰
수 있으며 많은 역사를 이룰 수 있음
이니,
19 생활과 연장된 속에서 소중히 함부로
낭비하지 말라 하는 그 나의 뜻으로
그리 받아들이고 깨우치도록 그리 전
하라.

4,397 번째 하나님 말씀

2003년 1월 2일 09시 38분

1 사랑하는 나의 아들아!
2 "네, 아버님! 말씀하옵소서."
3 지금 자신이 믿고 사는, 저희들이 가
는 그 길만이 구원의 길이요, 진정한
길이라는 믿음으로 가고 매달리고 있
는 나의 백성, 그들의 생각이 과연 어
떠하던가?
4 그와 같이 제가 가는 길만이 영원한
구원의 길이라 하는 나의 백성 그들이
얼마나 어리석은가를 너희들은 그들
에게 깨우쳐 주어야 할 것이니, 그를
깨우치기 위해서는 나의 법전을 세상
에 전하는 그 길밖에 없지 아니하던가?
5 자연 속에서 자연을 누비며 초원에 살
아가는 수십 가지 동물이 있느니라.
6 그 동물 중에는 육식을 주식으로 하며
다른 짐승을 잡아먹고 사는 그와 같은
육식동물이 있는가 하면, 초식만을 주
식으로 하여 먹고사는 동물이 있음이
니라.
7 그리고 민물에 사는 물고기는 민물에
서 살며, 또한 바닷물 속에서 사는 고
기는 바닷물 속에서 삶이니,
8 그들은 자기들이 처해 있는 것이 최고
라고 생각하며 그것만이 사는 길이라
믿고, 다른 것과 타협하지 아니하며
다른 것을 돌아다볼 수 없는 것이 그
들의 삶이 아니던가?
9 그들은 그 길을 가야만 살기에 그와
같이 부르짖는 것이니라.
10 그곳에는 무엇이든지 잡아먹는 악어
라는 동물과 악어새가 있음이니라.
11 악어가 입을 벌린 그 속에 고깃덩어리
를 주워 먹는 악어새가 있으니, 그 악
어새를 보는 다른 동물들은 어찌 생각
하는가?
12 악어 앞에 접근했다가는 저희들의 생
명을 잃고 죽어 가는 것이니, 그 악어
새를 얼마나 불쌍하며 가련한 삶이라
생각하며 보는가?
13 그러나 두렵고 공포의 대상인 그 악어

의 입에 들어갔다 나왔다 하는 그 새
는 그것이 가장 행복하고 즐거운 것이
라서 그리 살아가고 있는 것이니라.
14 지금 너희들이 가고 있는 믿음은 어떠
한 것이던가?
15 제 것만이 최고요, 제 것만이 가장 위
대하다고 생각하는 것은, 초식동물이
초식을 먹으며 그것이 가장 위대한 것
이라 하며, 육식동물이 또한 그러하
며, 악어새가 제가 살아가는 모습이
가장 행복하다고 부르짖는, 그 짐승들
이 생각하는 세상의 깨달음과 무엇이
다르겠는가?
16 그 모두는 저희 것이 최고라고 생각하
며 그렇게 살고 있는 것이니, 그들은
그와 같은 생각을 버릴 수 없음이며
그를 지울 수도 없으며 거기서 떠나서
살 수 없는 것이니라.
17 지금의 종파 너희들은 그들보다도 더
굳어져 있으며 그보다 더 응고되어 있
으며 그보다 더 이해하지 못하며 그보
다 더 깨우치지 못하는 그와 같은 믿
음으로 가고 있는 것이 너희들이니라.
18 너희들의 목숨을 던질지언정, 지금의
가고 있는 그 믿음보다 위대한 것이
없으며 그보다 더 진실한 것이 없으며
그보다 더 구원할 길이 없다 생각하기
때문이니라.
19 그러나 너희들은 들어야 할 것이니라.
20 나 여호와 창조주의 뜻을 알며 내가
이루고자 하는 길을 가고자 한다면 너
희들은 자연의 법칙을 먼저 들여다보
아야 할 것이며, 자연의 살아가는 모
습을 보는 그 속에서 너희들의 어리석
음을 깨달아야 할 것이니라.
21 민물 속에 사는 그 물고기는 바다에서
살 수 없으니 그 민물이 가장 위대하
고 소중한 것이라 생각할 것이며, 바
닷물 속에 사는 고기는 민물 속에서
살 수 없으니 그 바닷물만이 소중하며
제일이라 그리 생각하니, 저희들이 사
는 곳의 그 물속이니라.
22 개구리도 우물 안의 개구리라는 말이
있듯이, 그 우물 안에서 나오지 못하
는 개구리는 그곳이 최상이요, 세상에
서 가장 위대한 곳이라 하며 살아가지
않는가?
23 그들은 모든 자연의 돌아가는 것을 이
해할 수 없음이니, 악어새의 그 즐거
움을 들여다보지 못하며 악어 앞에 가
지 못하는 동물이 두려워하는 마음을
갖고 악어새를 불쌍히 여기듯이,
24 초식 동물이요, 잡식 동물이요, 또는
육식을 하는 동물을 보고, 어렵고 힘
들게 살아가는 그 모습을 보고 비웃는
그와 같은 형국이 바로 너희들이 가고
있는 믿음이며 너희들이 처해 있는 어
리석은 형국이니라.
25 너희들 것만이 최고라 하여 남의 것을
들여다보지 아니하며 남의 것을 보지
못하는 너희들이 얼마나 어리석은 백
성들인가?
26 자연의 살아가는 그 법칙을 들여다보
며, 자연은 더불어 살면서 서로 인정
하고 서로 이해하며 살아가야 한다는
그 이치를 거기서 한번 들여다보고 깨
우쳐라.
27 그와 같은 이치 하나를 깨우치지 못하
는 너희들은 나의 법전이요, 나의 성
령이요, 내가 내려오는 뜻을 모르니,

28 너희가 나의 뜻에 의해 살아가는 백성
이요, 나의 뜻에 따라 하늘에 오르는
만백성을 인도하는 길로 가는 지도자
라면 자연의 법칙의 위대함을 먼저 들
여다보라.
29 그 모두를 들여다보고도 너희들의 오
늘의 위치에 있음과 고집불통인 너희
들의 아집을 버릴 수 있는 그와 같은
깨달음을 얻지 못한다면 너희들은 알
수 없음이니라.
30 이제 너희들이 자연의 이치에서 그들
만이 주장하는 것을, 다 남의 것을 인
정하며 남의 행복함을 들여다볼 수 있
는 그와 같은 깨달음을 얻었다냐,
31 수천수만의 그 종파가 하나로 깨닫고
자연의 이치를 얻을 것은 무엇이더냐?
32 믿음 속에서는 나의 법전을 들여다보
는 자가 자연의 법칙을 들여다보고 깨
달음을 얻는 것과 같으니, 너희들이
나의 법전을 가슴에 안고 정독하여 깨
우치라.
33 모든 자연의 섭리를 이해할 수 있으며
상대방을 이해할 수 있는 그와 같은
동물이 되기 위해서 너희들이 모든 종
파를 넘어서 모든 종파를 하나로 보
며, 사랑하며, 그들을 인정할 수 있으
며, 그들 속에서 아름다움을 깨달으며,
34 그들 또한 크고 작은 부분에서 양이
많고 적은 것뿐이지 나 여호와의 주관
하에 그들이 존재하며 이루어진다는
것을 너희들이 깨달을 것이니,
35 남을 인정하는 그와 같은 변화의 역사
를 이루어야만 할 것이니, 너희들의
모든 그 마음의 변화를 이루는 것은
나의 법전밖에 없음을 알라.
36 너희들이 나에게 오는 길이요, 나의
진리를 얼마만큼 많이 깨우치며 전하
느냐는 너희들의 삶의 행함에 달렸으
나,
37 모든 이 세상에 존재하는 것은 나의
뜻이요, 사랑을 위해서 그들이 일익을
담당하고 있음을 너희들은 알며, 상대
방을 인정하는 깨달음을 얻으라.
38 그와 같은 것을 너희들이 깨닫지 못하
기에 내가 오늘 동물의 세계를 들여다
봐 너희들에게 가르치고자 함이니, 나
여호와가 얼마나 답답하며 너희들이
얼마나 어리석은 백성이던가?
39 자연의 섭리의 돌아가는 것을 알며 남
을 아는 동물이 되었을 때, 너희들이
나의 법전을 읽었을 때, 모두를 용서
하고 이해할 수 있으며 들여다볼 수
있는 위대한 깨우침을 얻을 수 있는
길이 여기에 있음을 알라.

4,398 번째 하나님 말씀

2003년 1월 2일 11시 09분

1 사랑하는 나의 아들아!
2 "네, 아버님! 말씀하옵소서."
3 너희들 열 명이 모였으면 그 열 명 속
에 각자 믿는 종파가 다름이니라.
4 그리고 너희들이 말하는 천주교요, 불
교요, 개신교요, 또는 여호와의 증인
이요, 수천수만 가지 부를 수 있는 종
파가 있음이니, 열 명이면 열 명대로
각자 믿는 것이 다르며 백 명이면 백
명대로 다 믿는 것이 다름이니라.
5 그러면서 너희는 너희들이 가는 길만
이 정녕 하늘에 오르는 길이요, 구원

을 받는 길이라 말함이니라.
6 너희들이 모든 종파가 다 틀리고 저희
들만이 맞다 부르짖으나, 너희도 모르
는 사이에 하나의 통일된 길을 가고
있음이니, 그것이 잘못되었다 함을 너
희들은 알겠는가?
7 너희들은 모르는 사람이 죽었다 하여
그 죽은 사람에 대한 명복을 빈다 할
때도 너희들이 얼마만큼 많은 재물을
바치며 얼마만큼 성대하냐에 따라서
등급을 매기며 등급에 따라서 행사를
하는 것이 너희들이 아니던가?
8 너희들이 말하는 개신교라 하는 곳에
서 기도해 주는 것도 또한 어떠하던가?
9 너희들이 얼마만큼 재물을 많이 바치
고 많은 역사를 했느냐에 따라서 죽은
자 앞에서, 산 자 앞에서, 그 가정에
가서, 또 환자 앞에서 기도하는 그 내
용과 열과 성의가 달라지는 것이 너희
들이 아니던가?
10 너희들이 그와 같이 하늘에 오르는 길
이요, 정녕 나에게 오르는 깨달음의
진리의 길을 가는 것은, 없으면 어떠
하며 있으면 어떠하던가?
11 그러나 너희들은 물질을 가지고 형태
가 변화됨이니, 그게 곧 너희들이 하
나의 통일된 것이 아니며 너희들의 잘
못된 믿음이 아니던가?
12 너희들이 돼지머리를 놓고 기도하는
자, 명복을 비는 자 또한 무엇이더냐?
13 너희들이 상다리를 얼마나 부러지게
차렸느냐에 따라서 너희들이 북 치고
장구 치는 그 형태가 달라지며, 너희
들이 정성을 들이는 게 달라지며,
14 9일제요, 7일제요, 5일제요, 3일제요,
그저 많이 내놓는 사람에 따라서 그
날짜를 정해서 그와 같은 행사를 하는
것이니,
15 하늘에 오르는 참진리요, 그와 같이
나 여호와의 뜻에 살아간다는 너희들
의 집단들도 얼마만큼 그가 너희들에
게 바치느냐에 따라서 또한 다름이니
라.
16 불교라는 그 집단에 가는 자들도 또
어떠하던가?
17 얼마만큼 성대하게 바치느냐에 따라
동원하는 인원이 다르며, 꽹과리 치고
북 치는 횟수가 다르며 염불하는 자세
가 다른 것이 너희들의 형국이 아니더
냐?
18 모든 형태가 너희들이 많이 바치고 많
이 주는 자, 있는 자가 원하는 대로 너
희들이 거기에 따라서 성대하게 다른
형태를 함이니,
19 하늘에 오르는 기도하는 것이며 구원
의 길을 받는 것이 재물에 따라서 다
르다면 없는 사람은 영원히 가지 못하
니, 이 얼마나 어리석고 우매한 짓을
하고 있는가?
20 참진리는 하나이니라.
21 돈으로 살 수 없으며 너희들이 어떤
재물로도 살 수 없으며 권력으로도 살
수 없는 것이 나 여호와의 참진리라
하였음이니라.
22 너희들의 마음을 바치고 마음을 주는
것이 그와 같은 것이니, 너희들이 돼
지머리를 놓고 상다리 부러지게 차려
놓고 며칠씩 장구 북 때리면서 뭐라
하는가?
23 죽어 간 너희 부모를 지옥에서 구원해

주며 천국으로 인도한다는 그와 같은
어리석은 짓을 하고 있음이니,
24 너희들이 아무리 차려 놓고 목탁을 두
드려도, 아무리 너희들이 미사를 드린
다 해도, 너희들이 나에게 기도를 한
다 해도, 어떤 종파가 아무리 어떤 짓
을 한다 해도, 죄지어 지옥에 간 자를
너희들이 구원할 능력이 없는 것이며,
너희들은 그 자격이 없음을 알라.
25 너희들이 아무리 크나큰 형식에 따라
행사를 취하며 너희들이 의식에 따라
서 어떠한 행사를 해도, 너희들이 수
천수만의 인원을 동원하여 기도하고
경배를 해도,
26 너희들이 그 의식에 따라서는 어떠한
것도 지옥문을 넘어 죄지어 죽어 지옥
에 와서 벌 받는 자를 구원할 수도 없
으며 꺼낼 수도 없다는 엄연한 사실을
알아야 할 것이니, 너희들이 얼마나
오만한 자들인가?
27 너희들이 무슨 짓을 하고 어떤 종파를
믿고 어떠한 길을 가든, 너희들이 죽
어 나에게 심판을 받아 천국으로 가는
것이요, 지옥으로 가는 것은 나의 명
에 의해 이루어진다는 것을 잊지 말라.
28 그 명령권자는 나이며 그를 행하는 것
은 나 여호와 하나뿐이거늘,
29 내가 행해 놓은 것을 어찌 인간 너희
들이 육의 세상에서, 지상의 나라도
아닌, 하늘의 나의 나라에 와 내 뜻을
거역하며 내가 명한 것을 너희들이 뒤
집어엎겠다는 그 행동을 함이니, 너희
들이 얼마나 무서운 짓이며 얼마나 어
리석은 짓이며 잘못된 자들인가?
30 그러면 너희들이 나보다 위에 있다는
말이더냐?
31 돼지머리 놓고 상다리 부러지게 차려
놓고 장구 북 치며 극락세계로 너희
부모를 보내니, 지옥에서 제가 꺼내
올 것이니, 노자를 바치고 재물을 바
치라 하여 거둬들여서 한 보따리 바리
바리 싣고 도망가는 그 무당의 하는
짓이나,
32 너희들이 많이 바치며 기도하면 그 죽
은 자 구원하며 죽어 가는 너희들 영
혼까지 살려 준다 하여 그 재물에 따
라서 행하여지는 행사가 달라지는 너
희들과 무엇이 다르더냐?
33 너희들의 그와 같은 것은 똑같으니라.
34 너희들이 불상을 갖다 놓고 불당에서
목탁을 두드리며 경건하게 염불을 외
우는 자, 재물을 많이 바치는 자에 따
라 꽹과리 치는 숫자가 다르며 북 두
드리는 숫자가 다르며, 너희들이 그와
같이 행사를 하면서 많이 바치며 큰
행사일수록 너희가 축복받는다 함이
니,
35 어리석은 중생이요, 백성이라 너희들
이 그리 말하지 않는가?
36 그 불쌍한 나의 백성들이요, 너희들이
말하는 중생을 구제한다는 것은 그리
구제하는 것이 아님을 알라.
37 아무리 너희들이 그리한다 해도, 지옥
에 가 있는 벌 받은 자를 너희들이 구
원할 수 없으며 끌어올 수 없으며 너
희들이 거기서 면죄부를 줄 수가 없다
는 이 무서운 사실을 알라.
38 모든 종파의 이름이 서로 다르다 하
나, 너희들이 나의 백성들로부터 재물
을 거둬들이는 방법은 많이 바치는 자

에게 위대한 기도를 해 주며, 미사를
드려 주며, 목탁을 두드려 주며, 돼지
머리 놓고 꽹과리 치고 북 치는 그 광
란의 장소가 달라짐이니,
39 이것이 바로 다 너희들이 똑같이 하나
의 형국이니, 너희들은 무슨 믿음이
요, 종교가 맞고 너희들 것이 우월하
다는 소리를 하지 말라.
40 내가 보기에는 너희들이 아무것도 모
르는 짐승이 먹이를 따라 쟁탈전을 벌
이는 그와 같은 추한 모습이니라.
41 한 마리의 먹이를 놓고 수만의 독수리
떼가 대들어 서로 먹고 물고 뜯는 그
와 같은 모습 외에는 아무것도 없음을
알라.
42 내가 이와 같이 하늘의 뜻이요, 내가
보는 것을 무섭게 전하여 나의 아들을
통하여 너희들에게 깨우침을 전하니,
43 너희들이 이를 사탄이요, 이단이요,
사악한 자라 하기 전에, 너희들의 그
추한 모습을 들여다보며,
44 내가 나의 아들을 통하여 기록하여 전
하는 내용에 틀린 것이 있으며 맞지
않는 내용이 있거든 너희들이 나에게
거부하고 나에게 와 따져라.
45 죽어 와서도 너희들이 나에게 과연 그
렇게 말할 수 있는가 너희 자신을 들
여다보도록 그리하라.
46 너희는 인간이요, 신이 아님을 알라.

4,399 번째 하나님 말씀

2003년 1월 2일 11시 17분

1 사랑하는 나의 아들아!
2 "네, 아버님! 말씀하옵소서."
3 나 여호와가 너를 통하여 밤과 낮을
가리지 아니하고 모두를 접어 두며,
나 여호와의 뜻이요, 나의 성령이 기
록된 나의 법전을 세상에 내려보내는
그 뜻을 알겠는가?
4 그리하여 내가 하늘의 뜻을 기록하여
책으로 만들어 너희들에게 전하고자
하는 것을 너희들은 과연 알고 있는가?
5 내가 이와 같은 역사를 이루고자 하는
것은 너희들 것만이 최고요, '남'을 사
랑하는 것이 아니라 '나'만 사랑하는
너희들의 그 마음을 다스리고자 하며,
6 지금 저희들이 가는 그 믿음만이 구원
의 길이라 하여 변할 줄 모르는 그 고
집스런 나의 백성들이 저희 자신만 지
옥으로 가는 것이 아니요, 사랑하는
나의 백성들까지도 끌고 가고 있기 때
문이니라.
7 그리고 너희들이 나의 피조물 만백성
을 잘못 가르치며 나의 뜻과는 전혀
관계없는 방법으로 가르치기에, 이 세
상이 정상적인 제 궤도를 가지 못하며
뒤죽박죽인 이와 같은 형국이 이루어
졌음이니, 이를 내가 바로잡고자 함이
니라.
8 너희들이 지금 제대로 궤도를 가지 못
하기 때문에 부닥치고 얽히고설킨 그
와 같은 가장 무서운 형국이 벌어져
있음을 너희는 알아야 할 것이니라.
9 너희들이 지금 가고 있는 그 믿음은
무엇이던가?
10 극소수의 하나의 작은 부분의 진리를
깨달으며 너희들은 그 작은 깨달음을
아는 그 안목을 갖고 그를 위하여 모
두를 다 깨달아 구원의 길에 인도하는

것처럼 착각하고 살아가기 때문이니,
11 너희들이 나의 진리를 깨우치기 전에
너희들이 악행을 하는 것이 더 많으
며, 너희들은 악을 행하기를 선보다도
더 즐거워하는 그와 같은 백성으로 나
의 피조물 만백성을 그리 살아가도록
만든 것이 아니던가?
12 그럼으로써 나의 피조물 만백성이 세
상에서 육의 삶을 살아가면서 모두는
노력하는 것만큼 편안히 얻고 취할 수
있도록 내가 내려 준 너희들의 세상
속에서 그 생활의 균형이 깨지고 있으
며, 지금 그 모두가 다 뒤죽박죽이 되
는 그와 같은 너희들이 살아가는 세상
이 되었음이니라.
13 그리하여 아름답게 순리적으로 살아
가야 할 너희들의 세상이 뒤죽박죽이
되어 있으며, 모든 것은 다 문제투성
이로 변하여 하나도 제대로 된 길을
가는 것이 없음이니,
14 이를 바로잡고자 하여 내가 지금 이리
나의 아들을 통하여 밤과 낮을 가리지
아니하며 나의 법전을 내려보내는 이
역사를 이루고 있음을 너희들은 알아
야 할 것이니라.
15 너희들은 지금 살아가는 지상에 교통
정리가 되지 않은 혼잡한 거리에서 그
모든 교통수단이 얽히고설켜 제 기능
을 발휘 못 하는 그와 같은 형국이 이
루어졌음이니라.
16 완벽한 기계가 만들어졌을 때 그 기계
는 능력을 발휘하며 성능을 발휘할 수
있는 것이거늘, 너희들은 그 기계를
만들기 전에 부분적인 하나의 부속품
을 만들고 그것이 그 능력을 발휘할
수 있는 것이라 말하며 창조주 나의
뜻이라 믿고 가고 있으며, 일부분의
한 부속품만을 만들어서 손에 쥔 자가
완성된 부품이요, 완성된 기계라 그리
말하고 있는 것이니라.
17 한 부품만을 만들고 너희들은 그 기계
가 제 기능을 발휘하기를 바라며 성능
을 발휘할 수 있다고 시험하는 자와
같은 형국을 하고 있음이니라.
18 그러니 과연 무엇이 제대로 이루어질
것이며, 이 세상의 질서가 잡히겠는가?
19 오합지졸로 서로 먼저 가고자 발버둥
치는 그와 같은 교통 대란이 이루어지
는 거리의 형국이 지금 너희들이 살아
가는 그 모습이니, 모두가 다 문제투
성이로 얽히고설켜 있는 것이 지금의
너희들이 살아가는 모습이니라.
20 그 모두는 종교 집단 너희들이 참진리
의 진정한 길이 아니요, 잘못 가는 그
와 같은 깨달음으로써 나의 피조물 만
백성을 이끌어 왔기 때문이니라.
21 그리하여 내가 지금 종교 집단 너희들
의 잘못 가는 그 모두를 다 다스리고
바로잡기 위하여, 총체적인 교통정리
를 하여 체증이 되며 얽혀 있는 그 실
타래를 풀기 위하여 그 모든 질서의
기본이요, 깨우침의 근본이요, 교본이
되는 나의 법전을 세상에 전하는 것이
니, 너희들은 이를 깨달아야 할 것이
니라.
22 너희들은 일부 부속품만을 만들어, 움
직일 수 없는 기계를 만들어서 완성품
이라며 100퍼센트 완성이 되어 기능
을 발휘할 수 있는 성능이 있는 기계
라 그리 지금 말하고 착각 속에 살아

가고 있음이니, 너희들을 어찌 바로잡
을 수 있는 것인가?
23 너희들은 그와 같이 하나의 작은 것을
들고 그것이 완성품인 것처럼 부르짖
고 고집을 피울 때, 구원의 길이 아니
요, 너희들 자신이 만든 그 계명이요,
너희들의 환상에 빠져 있음을 알아야
할 것이며,
24 너희들은 그곳에 너희들의 평생의 모
두를 다 소모하는 그와 같은 어리석음
을 범하지 말라.
25 전체 기능을 이룰 수 있는 것이요, 그
기계의 전체를 바라보아야 할 것이거
늘, 부품 하나를 들고 그 기능을 발휘
할 수 있는 것처럼 평생 너희들의 모
든 재물과 시간과 공간을 다 소모하고
살아가는 그와 같은 어리석은 백성의
삶을 살고 있음이니, 여기서 깊이 깨
우쳐 바로 서야 됨을 잊지 말라.

4,400 번째 하나님 말씀

2003년 1월 2일 11시 21분

1 사랑하는 나의 아들아!
2 "네, 아버님! 말씀하옵소서."
3 나의 백성들을 너희들의 세 치 혓바닥
으로 현혹하여, 구원의 길로 인도하는
것이 아니요, 지옥으로 이끌어 가는
너희들이 지금 가고 있는 형국이 어떠
한 것인가?
4 너희들이 전쟁터에 사람을 내보낼 때
건장한 청년에게 완벽히 사용할 수 있
는 무기를 주어 그를 전쟁터에 내보내
도 승리를 거둘까 말까 하니, 그나마
능력을 발휘할 수 있는 그와 같은 전
쟁을 치를 수 있는 것이 아니던가?
5 그러나 지금 너희 백성들은 어찌하는
가?
6 성년이 되지도 않은 자들에게 기능도
제대로 발휘할 수 없는 무기를 주어
전쟁터로 내보내는 그와 같은 형국이
너희들이니라.
7 미물로 말할 것 같으면, 미물이 허물
을 벗어 시간이 지나 그가 단단히 굳
어졌을 때 그 능력을 발휘할 수 있거
늘,
8 너희들은 미물이 허물을 벗어 굳어져
있지도 않은 그들을 세상 밖으로 내보
내며 모든 악과 싸워 이기라 하며, 그
리고 저희 천적과 싸워서 이길 수 있
다 하여 그를 내보내는 형국이니,
9 과연 허물 벗은 그 미물이 굳어지기
전에 무슨 능력을 발휘하며 어찌 저희
천적과 싸울 수 있다 생각하는가?
10 너희들은 그 이치를 깨우쳐야 할 것이
며 그 뜻을 알아야 할 것이니라.
11 지금 너희들이 그 의미를 모르고 있음
을 알라.
12 너희가 나의 백성을 지금 어찌 끌고
가는가?
13 허물을 벗은 미물과 같이 만들어진 나
의 백성을 완성품이라, 완전한 인간이
라 하여 그들을 전쟁터에 내보내 죽게
하는 자보다 더 무서운 죄와 우를 범
하고 있음을 알아야 할 것이니라.
14 참진리요, 진정한 깨우침이 없이 나의
백성에게 구원받았다 말하니, 그들이
지옥으로 가는 것은 당연한 것이니,
바로 이것이 무엇이더냐?
15 크지도 않은, 성년이 되지도 않은 자

에게 발휘할 수 없는 무기를 주어 적
앞에 내보내 그저 소모품으로 죽어 가
게 하는 그와 같은 사악한 행위를 하
고 있음이니,
16 너희들이 육만을 죽임이 아니요, 그들
의 영혼마저도 죽이는 그와 같은 행위
로 가고 있는 것이 지금의 종교 집단
너희가 가는 길이니라.
17 정녕 진실한 깨달음이요, 내가 원하는
뜻이 무엇인지도 모르면서 구원받았
다 말하며 나의 뜻이라 말하여 너희들
이 그리 그들을 끌고 감이니,
18 바로 그와 같이 죽어 가는 형국이 되
어 있는 것이 지금의 나의 백성이며,
그들을 그와 같이 몰아넣고 너희들이
뒤에서 모두를 취하고 육의 삶의 즐거
움을 얻어 가는 것이니,
19 그 능력 없는 자들을 완벽하게 만들어
장벽을 치며 전쟁을 줄이며 견디어 살
아갈 수 있도록 너희들이 참진리를 깨
우치는 것이 아니라, 그들로 장벽을
쳐 놓고 그들이 죽어 가든 말든 사악
한 그와 같은 행위를 하고 있는 것이
너희들이니라.
20 내가 그를 더 이상 볼 수 없으며 더 이
상 바라볼 수 없어, 내가 각자 저희들
이 깨우쳐 완전한 성년이 되며 완전한
제품으로서 완전한 기능을 발휘할 수
있는 기계로 스스로 만들어 가며 변할
수 있도록 너희들에게 능력을 발휘할
수 있는 그 깨달음을 전하니, 깨우침
을 전하며 그 비법을 가르쳐 주는 것
이 나의 법전이니,
21 나의 법전만이 완전한 사람으로서, 완
전히 승리를 거둘 수 있는 자로서 그
와 같이 너희가 만들어질 수 있다는
것을 너희들은 잊어서는 아니 될 것이
니 그리 알도록 하며,
22 나의 법전을 가슴에 안고 정독하라 함
이 여기에 있음이니라.

4,401 번째 하나님 말씀

2003년 1월 2일 11시 27분

1 사랑하는 나의 아들아!
2 "네, 아버님! 말씀하옵소서."
3 너희들은 정녕 알고 깨우치며 가야 할
것이니라.
4 모든 종교 지도자라 하는 사람들은 어
떠한 길을 가야 되는가?
5 자기 자신을 다스리고 가꾸어 감에 무
서우리만큼 저희 자신을 지키고 나가
야 되며,
6 나의 계명을 따르는 데 가시밭길을 맨
발로 가는 그와 같은 고통이라 하여도
그 길을 넘고 가야 되는 것이며, 바늘
방석을 맨발로 디디고 간다 해도, 고
통스럽고 힘든 길을 넘어간다 해도 계
명을 놓아서는 안 되며,
7 그 고통이 있다 해도 계명을 지키는
그와 같은 길을 가는 것이 종교 지도
자요, 만백성을 이끄는 나의 목자로서
선택된 백성임을 알아야 할 것이니라.
8 나의 법전대로 사는 자, 그리고 끝없
이 변화되어 가는 자, 그리고 가장 중
요함은 나의 성경의 비유의 뜻을 알며
십계명의 의미를 알며 나의 법전의 내
용을 아는 자가 참진리의 뜻과 나 여
호와의 이루고자 하는 그를 가르칠 수
있다는 것을 너희들은 잊어서는 아니

될 것이니라.
9 그와 같은 모두를 너희들이 들여다볼
수 있으며 들을 수 있으며 너희 것으
로 만드는 것은 고통과 고통의 길을
마다하지 아니하고 가는 그와 같은 너
희들의 노력에서만이 이루어짐을 잊
지 말라.
10 참진리요, 하늘의 뜻을 모르고 모든
종파들이 가르치고 있기 때문에 지금
종교 집단과 지도자들이 나의 백성을
어찌 가르치고 가는가?
11 그들이 구원의 길이요, 하늘에 오르는
길이라 가르치는 그 형국이 어찌 되는
가?
12 내가 하늘에서 바라보기는 그러하니
라.
13 훨훨 타는 불 속에 마른 덤불을 등에
짊어지고 뛰어들라, 그리하면 불이 붙
지 않고 죽지 아니한다 하며, 나의 백
성들을 마른 덤불을 등에 짊어지고 불
속으로 밀어 넣는 그와 같은 짓을 하
고 있는 것이 너희들이 행하는 길이며,
14 기름을 부어 너희들의 몸에 발라 불
속에 뛰어들어도 타지 않고 불붙지 않
는다며 저를 믿으라 하며 그저 기름을
부은 백성을 불 속에 집어넣는 그러한
행위를 하고 있음이니, 그들이 그와
같이 무서운 짓을 하고 있음이니라.
15 길이 아니며 갈 수 없는 그 길을 너희
들이 구원의 길이라 가라 그저 밀어붙
이며, 내일이면 불빛이 비치며 너희들
을 인도하는 빛이 올 것이니 이 캄캄
하고 앞이 보이지 않는 길이 진정한
하늘에 오르는 길이라 그리 가라 하며
너희들을 몰아붙이는 그와 같은 엄청
난 무모한 짓을 하고 있는 것이 너희
들의 형태임을 아는가?
16 너희들을 심판하는 법전을 세상에 내
려보냄이 여기에 있느니라.
17 나의 사랑하고 불쌍한 백성들에게 마
른 덤불을 등에 짊어지고 불 속에 뛰
어드는 것이 사는 길이라 하여 불나비
처럼 타 죽어 가는 그와 같은 형국으
로 나의 백성을 몰아넣는 것이 너희들
이니, 이를 보는 나 여호와가 어찌 그
대로 놔둘 수 있겠는가?
18 너희들 인간 세상에서도 정답을 모르
는 선생이 정답이라 하여 학생들에게
많이 가르쳤을 때, 그 학생들은 정답
이 왔을 때 그를 정답이라 받아들이는
자 얼마나 있겠는가?
19 오답을 정답으로 믿는 선생한테 배운
자들이 오답을 정답이라 그리하여 그
학생들이 나가 사람을 또 가르침이니,
그 제자들이 또한 정답이 아닌 오답을
가지고 가르치고 나가니,
20 그들에게 정답을 줘도 정답이 아니요,
오답을 정답이라 그리 밀어붙이고 살
아가도록 만들어 놓은 것이 너희들 종
교 지도자들이니라.
21 그러나 여기서 정답을 아는 학생이 있
을 것이며 정답을 아는 자가 있을 것
이니라.
22 그들을 위하여 너희들이 존재하며, 그
들로부터 오답을 정답이라 하는 사람
들을 돌려놓아야 하며 바로 세워야 함
이니, 이것이 얼마나 고집스러운 너희
백성들을 바로잡는 어려운 길인 줄 알
겠는가?
23 그 길을 가야 하는 것이 너희들임을

잊지 말라.
24 고통과 시련이요, 바늘방석을 맨발로
가는 그 고통의 역사를 인내하고 가는
너희들의 그와 같은 노력함만이 모두
를 감복시키며 탄복시켜, 그들이 지금
정답이라 부르짖는 것이 정답이 아님
을 깨달을 수 있는 기회가 그들에게
주어짐을 잊어서는 아니 되느니라, 사
랑하는 나의 백성들아!

4,402 번째 하나님 말씀

2003년 1월 2일 11시 49분

1 사랑하는 나의 아들아!
2 "네, 아버님! 말씀하옵소서."
3 가장 어리석은 믿음을 가진 백성의 자
세가 무엇인지 너는 알겠는가?
4 모든 종교 집단들이 저희들이 가는 길
이요, 제가 믿는 그 집단만이 위대하
며 그 길만이 구원을 받을 수 있는 길
이라 하여 가며, 나 여호와 또한 저희
들의 소유물인 것처럼 알며, 나 여호
와를 저희들만이 찾을 수 있으며 저희
들만이 나를 부르고 경배할 수 있는
저희들 것인 것처럼 착각하는 자,
5 나의 아들 예수가 피 흘려 고통스럽게
죽어 간 그 죽음 자체까지도 저희들만
을 위하여 죽어 간 것이라 착각하고
사는 환상 속에 있는 종교 지도자요,
그 길을 가는 많은 백성들이니라.
6 그리하여 그들은 구원을 받았다 말하
며 구원의 길에 들어선 것이라 그리
착각하는 백성들이니라.
7 너희들은 들어야 할 것이니라.
8 육의 입에 맞는다 하여 모든 음식을
너희들이 끝없이 먹는다 하면 너희들
의 배는 과연 어찌 되겠는가?
9 아무리 좋은 음식도 너희들이 그리 먹
어 가면 너희 몸이 상함이니, 지금 믿
어 가는 너희들의 종교 집단의 믿음이
잘못되었다 할 때 과연 어떠한 결과가
오겠는가?
10 음식을 계속 섭취하다 보면 그 배가
견디지 못하듯이, 지금 잘못 가는 종
교 집단의 믿음이 쌓이고 누적되어 너
희들은 결코 돌이킬 수 없는 그와 같
은 길을 가게 됨이니, 이 이치를 너희
들은 깨우쳐야 할 것이니라.
11 너희들이 먹는 그 음식이 너희들만을
위해서 세상에 존재하며 너희들만을
위해서 모든 동식물이 존재하며 모든
것이 존재한다 생각하는 어리석은 자
보다 더 어리석은 자가 나 여호와가
저희들의 소유물이요, 저희들만을 위
하여 존재하며, 나의 아들이 고통의
그 길을 걸어간 것 또한 저희들만을
위하여 존재한다 생각하는 자들이니,
가장 어리석은 백성이 너희들이니 그
를 알아야 할 것이니라.
12 모든 백성을 위하여 세상의 모든 음식
이요, 동식물을 취하여 먹고살 수 있
도록 만들어 준 것을 다 너희들만을
위해 존재한다 그리 말하나니, 그것이
얼마나 어리석은 이치인지 아는가?
13 모든 백성이 나의 아들이요, 나의 딸
이며 나의 창조물이거늘, 어찌하여 극
소수의 얼마 되지 않는 너희들만이 나
의 아들이요, 나의 딸이라 그리 착각
속에 살아가는가?
14 너희들은 그 환상부터 깨야 할 것이니

라.
15 모든 너희들이 취해서 만들 수 있는
그 음식의 재료며 원료요, 그 모두는
너희들이 똑같이 취할 수 있도록, 노
력하는 자는 취할 수 있도록 그리 내
가 내려 준 것이거늘, 내가 몇몇의 백
성만을 위하여 내려 준 것이라는 그
억지를 쓰지 말라.
16 그것을 누가 믿으며, 누가 그를 따르
며 그리 생각하겠는가?
17 그리하여 지금 만백성이 너희들의 종
교 집단을 비웃고 있으며 너희들을 어
리석은 자라 그리 비웃느니라.
18 '선하고 아름답게 살며, 사랑을 나누
며, 하나님의 계명대로 살아가는 것이
면 구원 받을 것이거늘, 어찌하여 저
리도 요란하게 저희들만이 구원을 받
는다는 그와 같은 행동을 하고 있는
가?' 하며 너희들을 불쌍한 백성으로
보고 있느니라.
19 '예수를 믿으라. 그리하면 천국에 갈
것이라' 너희들이 높이 써 들고 길거
리에 다니며 고성방가로 소리를 지르
니, 그것을 보는 백성이 뭐라 말하느
냐?
20 너희들을 정녕 선택된 백성이라며 부
러워하며 너희들을 위대한 백성이라
말하느냐?
21 제 분수도 모르는 불쌍한 인간들이라
그리 말하며 너희들을 불쌍히 여기고
지나가는 것이 그들임을 알라.
22 길거리에서 하나의 100원짜리를 달라
손을 내미는 자보다도 더 불쌍하고 처
량한 것이 너희들이며, 그와 같이 너
희들을 그보다도 더 비참한 인간으로
들여다보고 있는 만백성이 있다는 것
을 잊지 말라.
23 이 무서운 사실을 너희들이 깨달아야
할 것이니, 나 여호와요, 나의 아들의
죽음 모두가 너희들만을 위하여 존재
하는 것처럼, 너희들의 소유물인 것처
럼 착각하지 말라.
24 만백성이 구하여 먹고살 수 있는 모든
동식물이요, 음식이요, 그 모두를 내
가 내려 주었듯이, 너희들은 똑같이
그 대우를 받을 수 있으며 취할 수 있
음이니,
25 나 여호와 또한 너희들의 국부적인 몇
사람 것이 아니요, 만백성을 위하여
존재하는 아버지요, 만백성 아들과 딸
의 아버지임을 너희들이 잊지 말라.

4,403 번째 하나님 말씀

2003년 1월 2일 11시 53분

1 사랑하는 나의 아들아!
2 "네, 아버님! 말씀하옵소서."
3 너는 160권의 법전이 세상에 나오도
록 만들어 내는 데 잠시도 게을리해서
는 아니 될 것이며,
4 세상에 나의 법전이 나와 만백성에게
전하는 일이요, 그들이 이를 보고 깨
우치는 그 역사에 네가 잠시도 게을러
서도 안 되며 나태해서도 아니 됨을
알라.
5 160권의 법전이 세상에 나오는 데 네
가 정녕 게으르며 태만해서는 안 된다
는 것을 내가 다시 한 번 너에게 깨우
쳐 줌이니,
6 나의 백성들이 나 여호와를 잊어 가고

있는 이 형국에 내가 원하는 것이 과연 무엇인지를 너는 알고 있지 아니한가?
7 내가 어떠한 방향으로 흘러가며 무엇을 역사하고자 하는지를 너는 잘 알고 있음이니라.
8 모든 나의 백성들이 나에게 점점 가까이 와야 되며 나의 뜻을 따라 행해야 되거늘, 나의 백성들이 나로부터 점점 멀어지는 방향으로 달려가고 있으며 그 길을 가고 있음이니라.
9 구약의 그 역사를 이루었던 시대보다도 지금의 백성들이 점점 더 멀어지며 더 사악해서 가고 있으며,
10 그리하여 나의 아들 예수를 던져 너희들을 구원하려 했고 나의 아들이 그 고통의 시련을 넘으며 너희들을 깨우치려 했던 그 시대의 백성들보다 나의 아들딸이 점점 더 멀어지는 지금의 형국이 되어 있음이니,
11 나에게 가까이 와야 될 나의 백성들이 세월이 흐르고 시간이 갈수록 점점 멀어지는 이와 같은 사태를 바라보는 나 여호와의 심정이 얼마나 괴롭고 고통스럽겠는가?
12 눈으로 볼 수 없는 것이 지금 너희들의 살아가는 모습이요, 위선적인 믿음이요, 나 여호와요, 우리 부자의 이름을 팔며 구원의 길이라 인도하며 착취하며 가장 사악한 행위를 하고 있는 너희들을 바라보는 나 여호와의 아픈 마음을 너희들은 정녕 아는가 모르는가?
13 너희들의 구원이요, 하늘에 오르는 길이요, 너희들의 마음을 천사요, 나 여호와와 같은 마음으로 변하게 하기 위해서, 잘못 살아가는 나의 백성 너희들을 위하여 과연 창조주인 내가 무엇을 더 완벽하게 고쳐야 되며 더 희생하여야 되며 변해야 되는가?
14 나에게 어떤 고통을 너희들이 원하는가?
15 나에게 과연 어떠한 희생을 너희들은 원하는가?
16 내가 어떠한 고통과 시련을 너희들에게 보여 주어야만 너희들이 나의 법전을 읽으며 이게 나 여호와의 뜻이요, 창조주가 마지막 너희들을 구원하기 위하여 내려보내는 성령의 뜻이라 믿고 반성의 길을 갈 수 있겠는가?
17 너희들이 원하는 대로 나 여호와가 가고자 함이니라.
18 너희들이 더 완벽하고 더 시련의 고통을 나 여호와에게 원해서 너희들이 법전을 읽고 깨우칠 수 있다 하면, 나 여호와는 더 어떠한 희생도 감내할 것이니, 나 여호와의 이 뜻을 너희들이 깊이 깨우쳐 받아 주기를 바라노라.

4,404 번째 하나님 말씀

2003년 1월 2일 12시 02분

1 사랑하는 나의 아들아!
2 "네, 아버님, 말씀하옵소서."
3 지금 종교 지도자들이요, 너희들이 믿음의 길을 가는 형국이 과연 어떠하던가?
4 배를 산으로 끌고 가며 산에다 배를 띄우려 하는 형국이니라.
5 배는 물 위에 띄워야 하며 강 위에 뜨

는 것이 배가 아니던가?
6 그 배를 산에다 놓아야만 뜨며 산에서
배가 필요한 것이라 그리 억지를 쓰고
있는 것이 지금 종교 지도자들이 가고
있는 형태며, 행하고 있는 무법천지와
같은 짓이니라.
7 너희들이 어찌하여 그리하는가?
8 종교 지도자를 신도가 단죄하지 못하
며, 잘못 가도 그를 깨우쳐 가르칠 수
가 없는 것이 너희들 종교 지도자와
신도와의 그 차이이며 백성과 차이라
그리 말함이니, 이것이 얼마나 무서운
일인가?
9 저희 자신들의 편의주의에 의하여, 저
희들이 죄짓고 사악한 것을 그저 덮어
주며 보지 못하게 하며 봐서도 안 된
다 하니, 어느 독재자요, 폭군도 이와
같은 폭군은 없음이니라.
10 그러하니 바로 무엇이더냐?
11 배를 산에다 띄우라는 그와 같은 악정
을 하는 폭군보다도 더 무서운 것이
너희들이니라.
12 종교 지도자는 나 여호와로부터 선택
된 자이기에 너희를 신도가 심판할 수
없으며, 잘못되는 짓, 불의한 짓, 간음
이요, 강간이요, 사기를 친다 하여도
그를 심판할 수 없으며 그를 다스릴
수 없으며 그를 용서해야 된다 그리
말하며, 봐서도 안 된다 그리 가르치
는 것이 지금의 종교 집단이니,
13 내가 나의 하늘의 법도를 너희들에게
다시 한 번 깨우쳐 이르고자 함이니
이를 명심하여 듣도록 하라.
14 하늘의 법도는 무엇이더냐?
15 나로부터 선택된 지도자는 나 여호와
의 뜻을 알아야 할 것이며, 내가 이루
고자 하는 그 역사의 뜻을 아는 자, 그
와 같은 자가 나로부터 선택된 자임을
내가 다시 한 번 기록하여 너희들에게
전하니, 이 뜻을 가슴에 깊이 새겨 너
희들이 행하도록 그리하라.
16 나로부터 선택된 지도자는 내가 내린
십계명 그대로 살고자 노력하는 자,
그것이 너희 영혼의 구원의 생명줄이
라는 것을 아는 자며, 나의 법전대로
살아가고자 하며 나 여호와가 어떠한
시대에 무엇을 이루고자 하며 지금의
내가 어떠한 역사를 이루고자 하는지
나의 뜻을 알아야 하는 것이며,
17 이를 아는 자가 나로부터 선택된 지도
자며 너희들이 함부로 단죄할 수 없는
나의 목자임을 알라.
18 나의 목자는 세월이 가면 변하여 나의
성령과 같이 변하는 자이니, 그러기에
그와 같은 자를 너희들이 바라봤을 때
그도 변하지 못했을 때는 너희들이 당
연히 단죄하며 깨우침을 줘야 하거늘,
19 하물며 나에게 선택되지도 않은 종교
지도자가 저희들의 불의한 짓을 봐서
도 안 되며 다스릴 수도 없다 그리 가
르침이니, 얼마나 그들이 어리석은 자
인가?
20 내가 이루고자 하는 뜻을 알지 못하는
자는 나로부터 선택된 자가 아님을 알
라.
21 너희들은 지금 거짓 선지자가 세상에
온다 그리 말하였음이니라.
22 지금 이 세상에 거짓 선지자가 수없이
와 있음이니라.
23 너희들 말대로 마지막 시대에 거짓 선

지자가 온다 온다 한 그 말처럼, 2천
년 전부터 '거짓 선지자가 온다.' 하고
너희들이 지껄이고 전하고 내려왔던
것이 아니던가?
24 지금 거짓 선지자가 수없이 와 있음이
니라.
25 2천 년 동안 너희들이 부르짖는 동안
에 수없는 거짓 선지자가 와 지금에
역사를 하고 있으며, 예수가 재림한다
는 그 말도 너희들이 2천 년 동안 부
르짖고 오는 것이 아닌가?
26 나의 아들 예수가 재림하여 너희들만
이 구원을 받는다, 구원할 수 있다 그
와 같이 너희들이 지금까지 부르짖고
있음이니,
27 2천 년 동안 너희들이 그 하나를 가지
고 나의 사랑하는 백성에게 주는 것도
없이 그저 거둬들이는 장사만 해먹고
지금까지 온 것이 아니던가?
28 그러면서 항상 너희들은 뭐라 하는가?
29 새 시대에, 지금에 사는 너희들의 그
시대에 새로운 것이 오며, 지금 바로
너희들이 회개하고 깨우쳤을 때 나의
아들 예수가 재림하여 너희들을 구원
하는 것이며,
30 그리고 거짓 선지자들이 만연하니 거
기에 귀 기울이지 말라 너희들이 그리
말함이니, 이는 거짓 선지자들이 수없
이 와 있음이니, 거짓 선지자가 무엇
인지 너희들은 아는가?
31 나의 성령을 제대로 알지도 못하고 나
의 뜻을 알지도 못하면서 나의 피조물
만백성을 하늘에 구원의 길이라 인도
하고 있는 지금의 종교 지도자, 모든
종교 집단 너희들이 거짓 선지자들임
을 알라.
32 예수의 재림의 역사는 영원한 보혜사
가 온다 하였으니, 지금 나의 법전이
세상에 내려지며 나의 법전이 전해지
는 것이 예수가 재림하는 그와 같은
역사로서,
33 나의 성령이 직접 세상에 내려와 영원
한 보혜사로서 너희들과 더불어 새로
운 시대를 열어 갈 수 있는 것이니 이
를 알라.
34 지금 잘못 가르치는 종교 지도자가 거
짓을 가르침이니 그게 바로 거짓 지도
자이니라.
35 방대한 물질과 조직을 가지고 있으며,
나 여호와의 뜻을 모르며 내가 이루고
자 하는 뜻을 모르며 성경의 비유의
뜻을 모르면서 그것이 하늘에 오르는
길이라고 가르치는 지금의 종교 지도
자요,
36 금의 말에서 은으로 변하며 그와 같이
변질되어 쇳가루가 지금 떨어져서 아
우성치고 있는 그것이 바로 너희들이
거짓 선지자이니,
37 이 세상에 거짓 선지자가 이미 와서
덮고 있음이니라.
38 너희들은 말세에 거짓 선지자가 온다
하니, 이 넓은 세상에 한 사람의 거짓
선지자가 와서 무엇을 전하며 이루겠
는가?
39 너희들이 지금 뿌리를 내리고 있는 그
것이, 이 세상을 덮고 있는 것이 거짓
선지자들이 와서 이와 같이 말세가 되
었으니,
40 그를 단죄하고 자르고자 지금 내가 법
전의 칼을 세상에 내려보냄이니 그를

단죄하는 것이니라.
41 새로운 참진리요, 나의 성령이요, 나의 법전이 내려옴이 거짓 선지자가 행하는 것이 아니라, 잘못 가르치는 종교 지도자, 나 여호와의 뜻을 모르고 이끌어 가는 종교 지도자가 거짓 선지자이니,
42 너희들은 거짓 선지자에게 이미 매료되고 거기에 세뇌되어 제 분수를 모르고 저 자신을 모르고 지금 '아멘, 할렐루야!' 소리 지르며 찾아가는 것이니 그리 알라.
43 거짓 선지자의 제자가 너희들임을 깨우치라.

4,405 번째 하나님 말씀

2003년 1월 2일 12시 19분

1 사랑하는 나의 아들아!
2 "네, 아버님! 말씀하옵소서."
3 너희들은 이 세상 모든 것을 나 여호와로부터 받아 관리하는 자라 그리 알라 하였으며, 너희들이 관리자로서 존재한다 내가 너희들에게 일찍이 깨우쳐 줬음이니라.
4 너희 개인이 가지고 있는 모든 재산이요, 또한 그 모든 것들은 다 나 여호와의 것이니, 너희들은 관리자라 내가 말하였으며, 관리자의 마음으로써 살라 하였음이니라.
5 관리자라는 것은 잘 관리하고 쓰다가 주인이 왔을 때 그를 그대로 돌려주는 것이 너희들의 직분을 다함이 아니던가?
6 그를 깨고 그를 망가트리며 그를 너희들이 소모한다면, 이는 관리자로서 제 직분을 다하지 못함이니라.
7 지금 너희들이 관리자로서 잘못 쓰고 있으며 잘못 사용하고 있음을 알아야 할 것이니라.
8 또 너희들은 관리자로서 그 직분을 다하지 못하며 바로 서지 못한 백성으로서 너희들이 지금 있음을 알라.
9 너희들이 관리자라면 내가 너희들에게 내려 준 아름다운 그 성령의 마음이요, 천사와 같은 마음을 잘 관리하고 가꾸어 너희들이 구원을 받는 길에 오르도록 내가 너희들에게 그 모두를 다 심어 주었건만, 너희들은 그를 다 버렸으며 그를 짓이겼음이니라.
10 그리하여 지금과 같이 너희들이 사악한 마음이요, 선을 행함이 아니요, 악한 마음이 너희들을 지배하고 있으며, 사랑이요, 베풂이 아니라 저만을 사랑하며 제가 최우선인 생각 속에 살아가는 너희들로서 지금 변화되어 있음이니라.
11 그뿐이던가?
12 세상에 존재하는 모든 재물까지도 너희들이 다 관리하는 것이라 하였거늘, 그 관리 또한 너희들이 잘못하고 있음이니라.
13 내가 너희들에게 그를 잘못하고 있다 함은, 너희들이 당연히 써야 할 곳이며 아름다운 곳이며 사랑을 베풀며 기초에 어긋나지 않은 너희들의 삶을 위하여 사용하고 관리하면 되는 것을,
14 너희들은 구원을 받겠다는 그 장삿속으로써 구원을 받는 그 표를 사는 곳에 나의 재물과 모두를 거래하고 바치

는 그와 같은 형국으로 되어 있음이
니, 너희들이 관리자로서 잘못 가고
잘못 쓰고 있음을 알아야 할 것이니라.
15 모두를 다 너희들이 잘못 사용하고 있
음을 알라.
16 너희들이 손으로 지은 성전에 바치는
행위가 제일 무서운 너희들의 잘못한
행위임을 알라.
17 너희들이 대가도 없이, 받는 것 없이
주기만 하는 거래도 아니요, 주고받는
것도 없는 보이지 않는 나의 아들의
피로써 보혈로써 대속받았으며 죄 사
함을 받았다는 그 말 때문에 너희들이
지금까지 갖다 바치고 그들에게 상납
하며 그들에게 모든 시간과 모두를 바
친 것이며,
18 제왕적으로 그들을 모시며 너희들이
종과 같은 낮은 자세로써 살아온 세월
이 얼마나 길고도 긴 세월을 살아왔는
가?
19 그 모두를 다 나로부터 받아 당당한
모습으로 한 개인으로서 인격체로서
관리하고 다스려야 되는 그 모두까지
도 너희들이 송두리째 말살 당하는 그
와 같은 삶을 살아왔으니,
20 너희들이 육신의 관리를 잘못했으며
재산의 관리를 잘못했으며 깨달음의
영혼의 관리를 잘못했음을 알아야 할
것이니, 너희들이 그 대가를 치르는
그 죄의 무거움만 있음이니라.
21 잘못 가르친 지도자가 있어 너희들은
그를 보고 따르기만 했다 해서 그 지
도자가 너희들의 죄를 대신 지며 너희
들이 지고 가는 그 죄가 가벼워지는
그와 같은 역사를 이룰 수만 있다면
나 여호와가 무어라 말하겠는가?
22 그러나 각자 한 행위에 대해서는 각자
가 책임져야 되는 이 엄연한 사실을
너희들은 깨달아야 할 것이니라.
23 지금 믿음의 길을 가는 백성 너희들은
장사꾼의 그 길을 가고 있음이니라.
24 믿음이란 장사가 아님이니라.
25 베풂이니라.
26 그리고 행함이니라.
27 그리고 아름답게 살아가는 그 마음이
변하여 계속 변화되는 아름다운 쪽으
로 전진하는 그와 같은 삶을 살아가는
것이 너희들이 바로 모두를 다 얻을
수 있는 길이라는 것을 잊어서는 아니
됨을 알라.

4,406 번째 하나님 말씀

2003년 1월 2일 22시 04분

1 사랑하는 나의 아들아!
2 "네, 아버님! 말씀하옵소서."
3 너희들 인간 세속에 살아가면서 책임
자의 자리에 앉아 있는 사람은 그만큼
자기가 거느린 부하요, 그 직원의 숫
자만큼 더 고통이 있으며 노력이 있으
며, 생각하고 배려함이 깊어야 하는
것이니라.
4 그리하여 너희들이 경륜을 쌓으면서
직급이 높아 가며 또 많은 부하요, 많
은 직원을 거느릴수록 그와 같이 살아
가는 것이 인간 세상의 삶이 아니던가?
5 지금 너는 만백성을 구하는, 나의 성
령을 받아 나의 뜻을 법전으로 기록하
여 책으로 만들어 만백성을 구하는 대
명을 이룸이니, 네가 고독하고 외로운

그 길을 가는 것은 당연한 것이 아니
던가?
6 너 스스로 두려워하며 불안해하는 마
음을 갖지 말라.
7 네가 나의 성령을 받아 책으로 만들어
냄이니, 이 법전이 세상을 덮을 날이
머지않았으며, 이를 보고 깨우치는 나
의 만백성의 그 수를 헤아릴 수 없음
이니, 그와 같은 역사의 변화가 이루
어졌을 때 너 스스로 그때 가서 알게
될 것이니,
8 네가 오늘의 삶에 바르며 한 점의 부
끄럽이 없는 그와 같은 자세로 서는
그 시간의 훈련에 네가 얼마만큼 단기
간에 내가 훈련하고자 하는 그 목적을
이루느냐에 달렸음이니, 내가 너를 다
스리고자 하는 그 목표와 목적이 있음
이니라.
9 내가 너에게 기대하고 원하는 그 성과
가 거두어질 때 모든 역사의 변화는
이루어질 것이니,
10 이제는 네가 훈련할 시간이 없으며 너
를 기다릴 시간이 없으며 너를 더 이
상 다스릴 시간이 없음이니라.
11 바로 서고 바로 가는 그것밖에 네가
해야 할 일이 없음이니, 바로 서도록
그리하라.
12 네가 흔들려서는 아니 됨이니, 내가
너에게 명하는 그 뜻을 깊이 깨우쳐야
할 것이니라.
13 한 민족이요, 한 집단을 이끌어 가는
것이 아니요, 창조주 나 여호와의 뜻
에 따라 만백성을 구하는 그 대업의
대명을 수행하는 너로서는 너 자신이
흔들리는 마음의 자리가 있어서는 안
되며, 한 점의 부끄럼이 있는 삶을 살
아서는 아니 됨을 잊지 말라.
14 이것이 네가 갖추어야 할 것이며 가야
할 길이며, 네가 그리 이루어졌을 때
나 여호와로부터 은혜와 축복이 있음
을 잊어서는 아니 되느니라. 이를 명
심하라.

4,407 번째 하나님 말씀

2003년 1월 2일 22시 08분

1 사랑하는 나의 아들아, 너의 제자들에
게 일러 일깨워 주라.
2 너희들이 나의 법전을 기록하여 나의
성경을 만듦이니, 너희들이 인간 세상
에서 이루어지는 어떠한 학문을 연구
하는 것이 아니며, 학문의 스승에 따
라 너희들이 그를 위하여 책자를 만들
어 내는 것도 아니며, 너희들이 무엇
을 기록하여 남기는 그와 같은 교재를
만드는 것도 아님이니라.
3 이 세상을 창조한 창조주 나 여호와의
성령을 받고 들어서 나의 아들을 통하
여 전하는 그 모두를 책으로 만들어
이 세상 만백성을 영원히 구하는 그
길로 인도하는 대명을 너희들이 수행
하고 있음이니, 이것보다도 중요한 것
이 어디에 있겠는가?
4 그와 같이 중요한 대명을 수행하며 만
백성을 구하는 그 일을 맡고 있는 자
로서 너희들의 삶의 자세가 발라야 함
을 잊어서는 아니 되는 것이니라.
5 너희들이 육의 편안함을 생각하며 마
음속에 즐거움을 생각하며 육신의 편
안함을 생각하고 산다 하면 너희들은

이 대명을 이룰 수 없음이니라.
6 너희들 자신이 안락한 삶을 찾기 시작하면, 너희들이 편안한 삶이요, 즐거운 삶이요, 육의 향락 속에서 그를 들여다보며 그를 즐기기 시작한다면, 너희들은 너희 가슴에 나의 성령의 씨앗을 심을 수가 없으며 뿌리를 내릴 수 없는 것임을 알아야 할 것이니라.
7 너희들은 만백성을 구하는 나의 선택된 백성으로서, 지도자로서 존재하여야 하며,
8 너희들의 삶의 자세가 또한 남들에게 비추어 한 점의 부끄럼이 없는 모범된 삶을 살아가는 그와 같은 너희들의 삶으로 인하여 나의 피조물 만백성이 나의 아들을 따르며 너희들을 따라 변하는 그 길을 갈 수 있으며, 그들이 바로 서서 하늘에 오르는 구원의 길을 볼 수 있는 것이니,
9 너희들의 자세가 얼마나 바르며 곧아야 되는 것인가를 너희들은 잊어서는 아니 될 것이니라.
10 너희들이 살아가는 속에서 향락과 안락함과 편안함 속에서 더 편안함과 마음의 즐거움을 찾는 그와 같은 쪽에 너희들이 마음을 돌려서는 절대 아니 됨을 알라.
11 너희들이 육신의 편안함과 육신의 즐거움을 먼저 생각하는 그와 같은 삶을 살아서는 안 된다는 것을 깊이 깨우쳐야 할 것이니라.
12 내가 너희들에게 반복하고 반복하여 깨우쳐 줌이니, 너희들은 오늘의 가는 그 고통과 시련의 길을 즐거운 마음으로 받아들이며 행하여야 할 것이며, 육의 향락의 즐거움으로 빠져들어 가서는 아니 됨을 명심하고 또 명심하도록 그리하라.

4,408 번째 하나님 말씀

2003년 1월 2일 22시 16분

1 사랑하는 나의 아들아!
2 나의 피조물 만백성 너희들은 어찌 살아가는가?
3 너희들이 사탄이요, 미신이라 말하는 그와 같은 믿음을 가고 있는 그 백성들은 어찌 살아가는가?
4 부적이라는 것을 종이에 색색의 글로 써 그것을 돈을 주고 사고 돈을 주고 얻어 그를 지니고 다니는 것이 지금 잘못된 믿음으로 가는 자들이 아니던가?
5 너희들이 말하는 사탄이요, 사악한 자의 뿌리라는 무당이요, 무속인들이 또한 너희들에게 그와 같은 부적을 써 주고 금화와 은화를 대신 받음이니, 너희들은 그를 지니고 다님으로 인해서 마음이 편안하며 근심 걱정을 덜어 준다 그리 믿고 그를 써서 몸에 지니고 다니느니라.
6 그러나 너희들이 그들을 이단이요, 사탄이요, 그와 같은 잘못된 자라 말하기 전에, 지금 믿음으로써 나 여호와의 이름을 부르며 나의 아들의 보혈로써 구원을 받았다 하는 너희들이 살아가는 형태를 한번 들여다보라.
7 너희들은 십자가라는 것을 너희들 가슴에 달며 귀에 달며 너희 몸에 달고 다니는 그와 같은 행위를 하지 않는가?

8 그리고 너희들이 믿는 각종 종교의 상
징물을 너희들이 만들어서 몸에 붙이
고 달고 다니는 그와 같은 형국으로써
살아가지 아니하는가?

9 너희들이 그와 같이 십자가의 형태요,
또 믿음의 상징물인 그것을 만들어 달
고 다니는 것은 바로 무엇이더냐?

10 나 여호와로부터 보호를 받으며 은혜
를 받고자 하는 것이 아니던가?

11 너희들이 주렁주렁 달고 다니면 나 여
호와로부터 은혜와 축복을 받는다 생
각하며, 그럼으로 너희들은 믿음과는
관계없는 마음의 편안함을 얻는다 하
며 그 편안함을 얻기 위해 그와 같은
행위를 하고 다니고 있음이니,

12 그저 종이에다 각종 색상의 부적이라
는 것을 써서 그를 돈으로 사 가슴에
안고 다니는 자들이나 너희들이 믿는
종교요, 종파의 그 상징물을 만들어
너희 몸에 붙이고 다니는 것은 다 너
희들이 마음의 편안함과 위로를 얻고
자 함이니, 거기에 어디 진정한 믿음
이 있으며 과연 진정한 깨달음이 있는
가?

13 그러고서도 너희들이 지금 믿음의 길
을 가고 있으며 구원을 받은 백성이라
그리 말하느니라.

14 그것뿐이더냐? 너희들의 모든 종파에
서는 지금 너희 나름대로 명칭을 만들
어 각 직급을 팔아먹음이니, 이게 바
로 계급 사회에서 계급을 팔아먹던 그
와 같은 시대의 너희들의 형국이 아니
던가?

15 과연 그와 같이 너희들이 돈을 주고
사는 각 직급의 명함은 성경 어디에
기록되어 있으며,

16 나의 아들 예수가 그 제자들로부터 그
직급을 붙여 주면서 금화와 은화를 거
둬들이는 그와 같은 사악한 짓을 하였
던가?

17 너희들의 모든 종파에서 직급의 그 이
름을 붙여 줌은 너희들에게 돈을 받고
그를 팔아먹으며 장사를 하기 위해 저
희들이 지어낸 이름이며 계급이며 명
칭임을 너희들은 알아야 할 것이니라.

18 성경 어디에도 그와 같은 명칭은 없으
며, 그 이름을 지어 주며 직급을 내려
주면서 금화와 은화를 받아들이는 그
와 같은 역사는 없음이니라.

19 그리하여 한 번 그 직급을 받으면 너
희들은 그 직급의 대가라 하여 명분을
위해 수시로 평생 금화와 은화를 바치
며,

20 너희 가족은 돌아보지 못하며 형제에
게 나누어 주지 못하면서도, 거기에서
너희들의 이름 석 자의 값을 하기 위
하여, 너희들이 돈으로 산 직급과 그
직위를 지키기 위하여, 남들에게 생색
을 내기 위하여 쓰지 말아야 될 나의
금화와 은화를 써 가면서 살아가는 것
이 너희들이 지금 살아가는 형국이니,
얼마나 너희들이 어리석고 추한 모습
이던가?

21 그뿐이던가? 너희 종교 집단의 지도
자들이 집단을 이끌고 명예를 얻고자
하는 자, 또는 나라를 다스리는 정치
적인 명분을 가진 자, 그와 같은 허영
에 떠 있는 자들, 또 이름 석 자를 얻
기 위해 가장 허영 속에 살아가는 그
와 같은 인간들과 밀착되어,

22 나 여호와의 명을 받아 행하는 것처럼 너희들이 그들과 같이 밀착하는 행위는 없는가?
23 너희들 집단의 능력과 너희들의 인원의 그 숫자를 필요로 하는 자들에게 밀착되어, 너희들이 너희를 따라 하늘에 오르는 길이라 하여 믿고 가는 백성을 그들에게 팔아넘기는 그와 같은 행위를 하는 것이 나 여호와의 이름을 팔아 나의 명의를 빌어 너희들이 나를 욕되게 하며 나를 짓밟는 행위임을 알아야 할 것이니라.
24 이와 같은 행위를 하는 종교 지도자, 잘못 가는 자들을 깨우쳐 주며 바로 세우도록 하는 것이 나로부터 선택된 백성 너희들이 해야 할 임무임을 알아야 할 것이니라.
25 너희들 집단의 숫자를 필요로 하는 자, 명예를 얻기 위하여, 또한 저희들이 인간의 정치적인 지도자로서 군림하기 바라는 그들과 너희들이 깊은 관계를 맺어 가며 그들에게 대가를 받는 것은 어떠한 행위인가?
26 너희들은 구원을 받고자 너희들을 진정한 종교 지도자인 줄 알고 따라온 만백성을 속이며 그들에게 권모술수로써 그들을 이용하여 팔아먹는 행위를 하고 있음이 아닌가, 종교 지도자 너희들이 스스로 너희 자신을 바라봐야 할 것이니라.
27 너희들이 과연 너희 한 사람의 종교 지도자로서 너희들을 따르는 백성이 없다면 누가 너희들을 찾아갈 것이며, 누가 너희들을 필요로 할 것이며, 너희들이 손을 들어주는 그 대가를 지불하겠는가?
28 너희들은 그와 같은 자요,
29 그들보다 너희들이 나의 법전이요, 나의 성령을 듣고 깨우친다면 나로부터 선택된 백성이 얼마나 위대하며 소중한가를 알 것이거늘,
30 어찌하여 너희는 인간의 집단의 명예와 정치적으로 그 스스로 변하고자 하는 자들에게 너희들을 따르는 그 백성을 팔아먹는 그와 같은 흉악한 짓을 하는가?
31 그런 자가 없는가 한 번 돌이켜 생각해 보도록 그리하라.
32 그리하여 그와 같은 자가 없거든 나의 법전이요, 내가 나의 아들을 통하여 내리는 이 성령의 뜻이 잘못됐다 말하나,
33 그와 같은 자가 있거든 너희들은 이것이 너희들을 심판하기 위한 마지막 시대에 내리는 나의 무서운 성령임을 알라.

4,409 번째 하나님 말씀

2003년 1월 2일 22시 29분

1 사랑하는 나의 아들아!
2 "네, 아버님! 말씀하옵소서."
3 너의 제자들과 나의 법전을 읽는 사랑하는 만백성 그들에게 너희들은 깊이 심어 주며 깨우쳐 주어야 됨을 알라.
4 너희들이 지은 죄를 회개하며 구원받고자 경배의 기도를 드리며 너희들이 용서를 빌며 그와 같이 기도하는 것은 나 여호와를 찾으며 나 여호와에게 기도드리고 경배하면 되는 것을,

5 너희는 이 길을 선택하지 아니하며 나
의 아들 예수로 하여금 모두가 구원을
받으며, 너희가 구원을 받는 길은 그
것뿐이라 생각하며, 나의 아들과 내가
동등하다 그리 너희가 알고 깨우쳐 가
르침이니, 이를 어찌하여야만 되겠는
가?
6 너희들이 나의 아들의 이름으로써 기
도하며 그로써 구원을 받으며, 삼위일
체라 하여 나의 아들과 내가 동등하다
고 그리 평가하고 그리 알고 믿음을
가니, 불쌍한 나의 아들을 욕되게 하
며, 그가 나 여호와 앞에서 얼마나 거
북하며 그가 자리하기가 얼마나 힘들
고 어려운 것인가를 너희들은 아는가?
7 어찌하여 너희들은 나의 아들 예수를
한 번 죽게 하고 그것으로써 깨닫지
못하며, 또 예수에게 그와 같이 창조
주 아버지인 나와 아들이 같다는 그와
같은 망령된 말로써 나의 아들을 그리
욕되게 만드는가?
8 너희들은 나 여호와를 능멸하는 것이
며 나를 욕되게 하는 행위임을 또한
알아야 할 것이니라.
9 나의 아들과 내가 같은 직급이며 같은
신이라 너희들이 말하는 것은 너희들
이 나를 능멸함이니라. 이를 잊지 말
아야 할 것이니라.
10 너희가 지금 넘고 고쳐야 될 가장 최
우선의 과제는 성부와 성자와 성신이
요, 삼위일체라 그와 같이 가르치는
것, 그와 같이 너희들 머릿속에 젖어
있는 것을 폐기 처분하지 아니하면 너
희들은 정녕 깨달음을 알 수 없는 것
이니라.
11 보낸 이는 창조주 나 여호와요, 보냄
을 받은 것은 나의 아들이거늘, 인간
세상의 너희도 부자지간에 같은 동급
으로 보지 아니하며 거기에 격이 있거
늘, 어찌하여 창조주 나 여호와가 나
의 아들과 같다고 그리 평하고 그리
말하며, 나의 아들의 이름을 부르고
기도함으로써 구원을 받는다 그리 너
희들이 지금 가고 있는가?
12 이는 너희들이 깨우쳐야 할 가장 중요
한 것임을 알아야 할 것이니라.
13 그리고 또한 십계명은 구약 시대의 것
이요, 구약 시대의 버려진 계명이기
때문에 너희들이 십계명은 중요시할
것이 아니라 하며, 그리고 새로운 시
대에 신약 성경으로써 그 모두를 대
변한다 그리 가르치는 것, 그리 너희
들이 깨달아 알고 있는 것, 그와 같은
생각 또한 너희들이 버려야 함을 알라.
14 또한, 가장 무서운 것은, 내가 내린 계
명을 인간이기에 지킬 수 없기에 그를
접어 두며, 인간이기에 죄를 짓고 용
서를 빌면 구원을 받는다는 그와 같은
너희들의 가르침이며, 이것을 또한 버
리지 아니하면 절대 아니 됨을 알아
야 할 것이니라.
15 이와 같이 너희들이 버리고 지워야 할
것을 내가 하나하나 나의 법전에 기
록하여 세상에 전하니, 이것을 읽는
너를 따르는 제자들과 많은 백성 너희
들은 이를 알아야 할 것이며, 그리고
지금 구원의 길이라 하여 종교 집단에
서 헤매고 있는 그 백성들에게 이 이
치를 깨우쳐 주어야 함을 너희들은 알
아야 할 것이니라.

16 너희들은 그리고 또 깨달아야 할 것이
니라.
17 믿음의 길을 가고 있는 백성 너희들은
나 여호와의 성령의 뜻과, 나의 아들
의 죽음이요, 고통과 그 모두를 생각
하며 거기서 깨우치고자 전하고자 하
는 그와 같은 깨달음을 얻어 믿음의
길을 인도하며 가르치는 것이 아니라,
18 너희들은 종교 지도자로서의 권위와
종교 지도자 저희들의 생각으로 전하
는 그 말을 나 여호와의 성경이요, 성
령이요, 가르침보다도 더 중요시하며
존중하며,
19 너희들 종교 지도자가 하는 이야기는
성경이요, 성서에 기록되어 있는 나의
십계명보다도 더 소중하다 생각하며
절대적인 것으로 믿고 따름이니, 그와
같이 따라가는 너희들의 지금의 형국
이 되어 있음이니,
20 과연 그것이 진정한 믿음의 길을 가고
있는 것인가?
21 성경의 가르침이요, 나의 아들 예수가
행한 그 기적이요, 나 여호와가 너희
들에게 깨우치고자 하는 그 참뜻의 중
요함을 벗어나서, 너희들은 인간의 종
교 지도자가 하는 그 권위를 더 존중
하며 그들이 가르치는 것만이 절대적
인 것처럼 믿고 가는 그와 같은 잘못
된 형국으로 지금 흘러가고 있음이니,
얼마나 너희들이 잘못 가고 있는가를
깨우칠 때가 되었음을 알라.
22 하늘의 법으로서 하늘의 뜻을 거역하
는 그 믿음에서 너희들이 깨어나야 할
것이니라.
23 인간의 종교 지도자가 가르치는 것이
나 여호와의 성령과 성경보다도 더 절
대적이라는 그 믿음을 가지고 가는
자, 그리고 그리 받고자 가르치고 그
오만한 자세로 서 있는 종교 지도자
들, 그들을 단상에서 단죄하지 아니하
면 너희들 스스로 영원히 구원을 받지
못하는 그 죽음의 길에서, 구원을 받
는 것이 아니요, 지옥으로 간다는 것
을 잊어서는 아니 될 것이니라.
24 이제 너희들은 십계명에서 가르치는
그 뜻보다 더 위대한 것이 없음을 알
아야 할 것이며, 나의 성서에 기록하
여 너희들에게 가르치는 그 참뜻을 이
해하며 비유로써 기록된 뜻을 깨우쳐
너희 것으로 만들 때 그보다 더 위대
한 가르침이 없음을 알아야 할 것이니
라.
25 나의 뜻과 내가 이루고자 하는 한계를
넘어 군림하고자 하는 것이 종교 집단
이요, 그 집단 속에서 지도자로서 단
상에서 설교하며 가르치는 자들이 지
금 그와 같이 가고 있음이니,
26 그들의 잘못됨을 너희들이 다스리지
아니하며 그 잘못됨을 그대로 방치해
둔다면 너희들의 죄 또한 무서움을 알
아야 할 것이니라.
27 이제 그를 맹종하며 맹목적으로 따르
는 나의 백성 너희들 스스로 그들을
단죄하며 다스리며,
28 너희들이 나로부터 멀어져 가는 그 길
을 가는 것이 아니요, 너희들이 가는
길을 멈춰 나의 법전을 받아 정독하고
깨우쳐 내 품에 돌아오는 그 길로 돌
아서는 대변화의 역사를 이루지 아니
한다면 너희들은 영영 구원의 길을 볼

수 없으며 구원을 받을 수 없다는 것을 알게 될 것이니 그리 알라.

4,410 번째 하나님 말씀

2003년 1월 2일 22시 36분

1 사랑하는 나의 아들아!
2 지금 모든 종교 집단에서 만백성을 구원하고자 지도하고 이끌어 가는 자들이 단상에 서서 나의 피조물 만백성 너희들에게 뭐라 설교하며 뭐라 강론하며 너희들을 가르치고 있는가?
3 저희들이 강론하는 설교에 적극 따라오며 저희들의 손으로 지은 성전을 운영하기 위하여 금화와 은화를 열심히 내는 자, 그리고 모든 시간을 다 바쳐 종교 지도자의 지시에 따라 살아가는 그와 같은 백성은 구원을 받으며 죽음 속에서도 구원을 받으며, 또한 기도하는 자 그들의 조상까지도 구원을 받을 수 있다 그리 가르치는 것이니,
4 이것이 얼마나 너희들이 나의 어리석은 백성들을 현혹하며 그들로 하여금 저희들 자신을 다스릴 수 없는 무능력한 나의 백성들로 만드는가?
5 이성을 차리지 못하는 그와 같은 백성들로 현혹해 만들어 놓고 그들에게 각종 방법으로써 지금 모든 금화와 은화를 거둬들이는 사악한 행위를 하고 있음이니, 과연 이를 바라보는 나 여호와는 어떠하겠는가?
6 너희들 종교 지도자들이 재물을 거둬 모으기 위한 수법으로써 너희들을 현혹하고, 너희들 자신을 사리 분별할 수 없는 그와 같은 방법으로 이끌어 가는 그들의 속사정과 그들이 행하고 있는 추한 모습을 나 여호와는 하나도 놓치지 않고 다 알고 그를 보고 있음이니, 내 마음이 과연 어떠하겠는가?
7 이제 나의 법전을 읽는 백성 너희들은 깨우쳐야 할 것이며, 나의 아들을 따르는 제자 너희들 또한 지켜야 할 것이니라.
8 너희들의 종교 집단에서 어떠한 행사를 하든, 너희들이 어떠한 형식으로써 어떤 의식의 절차를 밟아 빌고 또 빈다 하여도, 아무리 너희들이 그와 같이 빌고 빌어도 이루어지는 것이 하나도 없거늘, 너희들은 그리 말하느니라.
9 너희들이 기도하고 경배함으로 인하여 죽을 자도 살 수 있으며, 너희들 또한 죽어 극락세계요, 또는 천국에 간다 하며 그리 생각하고 있음이니,
10 아무리 너희들이 어떠한 형식이요, 절차요, 금화와 은화를 쌓아 놓고 모든 산해진미를 쌓아 놓고 울고불고 통곡을 해도 지옥에 가 있는 자 구원받을 수 없다는 사실을 너희들은 알아야 할 것이니라.
11 너희들이 또한, 지은 죄에 대한 벌을 받아 구원의 길이 아닌 지옥의 길에서 그 대가를 치르고 있는 자 절대 용서를 받지 못하며, 너희들은 지옥에서 구원하여 건질 능력이 없는 자들이거늘,
12 구원해 줄 수 있는 것처럼 그와 같이 현혹하는 자, 그들에게 너희들이 현혹되어서는 아니 됨을 알아야 할 것이니라.
13 너희들이 지은 죄에 대한 대가를 치르

고 안 치르는 것은, 너희들이 천국에
오르는 길이요, 지옥에 가서 그 대가
를 치르고 안 치르는 것 그 모두는 나
여호와만이 할 수 있는 길이며, 나 여
호와 외에는 그 누구도 할 수 없는 것
이거늘,
14 너희들이 그와 같이 그들을 구원할 수
있다 생각하며 지옥에 가 있는 그 영
혼을 구하는 역사를 이룰 수 있다 그
리 만들어 나의 피조물 만백성을 현혹
함이니, 여기에 넘어가서는 안 되며
현혹되어서도 안 됨을 알라.
15 그 모두는 나의 뜻이니라.
16 기복 신앙에서 너희들이 극락세계에
갈 수 있다 말하는 것은 다 허무한 짓
임을 알아야 할 것이니라.
17 그리고 종교 지도자들이 바로 서지 못
한 자, 한 점의 부끄러움이 없이 살지
못하는 그와 같은 자들, 성서의 비유
의 뜻을 이해하지 못하며 비유의 뜻을
알지 못하는 자들이 너희들을 가르친
다 하는 것이 얼마나 나에게 도전적이
며 나 여호와를 능멸하는 죄인가를 너
희들은 알아야 할 것이니라.
18 너희들이 그와 같은 의식의 행위를 아
무리 크고 작게 치르며 울고불고한다
하여도 너희들이 지은 죄의 대가를 받
고 안 받는 것하고는 아무런 관계도
없음이니,
19 너희들의 죄의 벌은 나 여호와가 명하
고 내리기 때문이니, 아무도 그를 면
죄해 줄 수가 없는 사실을 너희들은
깨우치라.
20 얼마나 너희들이 불쌍하고 가련한 인
생이던가?
21 너희들이 살아오면서 지은 죄에 대하
여 후회하며 죄짓고 살아온 지난날의
과거에 후회하며 가슴 아파 운다 하
면, 그 죄를 너희들이 용서받을 수 있
는 것은 수다 떠는 말로써 용서받는
것이 아니니라.
22 죄를 짓지 않고 살도록 너희들이 회개
하고 깨우쳐서 후회했던 그와 같은 죄
의 행동을 하지 아니하고 바른 마음으
로 살아가는 그것만이 구원을 받을 수
있으며 너희들의 영혼을 구원할 수 있
는 길이니, 그것은 스스로 너희들이
함이니라.
23 남이 기도로써 해줄 수 없으며 너희들
의 손으로 지은 성전에 그 죄의 온상
에 아무리 재물을 갖다 바치고 아무리
큰 의식의 절차요, 화려한 의상으로써
금화와 은화를 갖다 붓고 한다 하여도
너희들은 이루어질 수 없음을 알라.

4,411 번째 하나님 말씀

2003년 1월 3일 07시 57분

1 사랑하는 나의 아들아!
2 "네, 아버님! 말씀하옵소서."
3 너희들이 지금까지 믿어 오며 살아가
면서 사탄이라 하는 것은 하나의 미물
인 뱀을 놓고 상징하며, 모든 것은 뱀
으로서 사탄이라 너희들이 규정하는
것이니, 그와 같은 믿음이요, 생각을
이제 너의 제자들은 바꿔야 할 것이니
라.
4 그리고 많은 나의 법전을 읽은 백성
너희들 또한 그와 같은 눈을 떠야 할
때가 이제는 되었음이니라.

5 너희들은 뱀이라는 것으로만 상징하
여 그가 사탄이 아니요,
6 나의 아들이요, 내가 사랑하는 아들
딸, 그리고 나의 아들의 제자들, 나의
법전을 읽은 백성 너희들이 바르고 옳
게 가는 그 길을 방해하는 그 모든 것
이 다 사탄인 것이니라.
7 너희가 가고자 하는 것을 호랑이가 공
격하여 가지 못하게 한다면 그 또한
사탄인 것이며, 너희 인간관계에서 인
간이 또한 너희를 못 가게 만들며 너
희를 쓰러트리고자 할 때 그것이 또한
사탄의 행위를 하는 것이 아니던가?
8 그와 같은 형태의 형국으로써 모든 것
을 봐야 할 것이며 그리 이제는 깨달
음을 얻도록 하고, 하나의 미물인 뱀
만이 모든 사탄의 상징인 것처럼 너희
가 사탄이요, 사악한 자라 그리 생각
하는 개념을 버리도록 하라.
9 너희들의 죄의 죄목이 세상에 살아가
면서 한 가지 죄목으로써 모든 게 이
루어지는 것이 아니요, 너희들이 죄를
짓고 사는 천 가지 만 가지 모든 것이
다 각각 그 죄목에 따라 다르듯이 그
와 마찬가지이니라.
10 바르고 곱게 깨달음을 가고자 하는 너
희들을 방해하는 어떠한 것도 다 사탄
이며, 너희들을 쓰러지게 유혹하는 것
이 다 그때그때마다 사탄이니라.
11 그러니 얼마나 많은 것이 너희들을 쓰
러트리고자 하며 그 사탄들이 너희 주
변을 감싸고 있는가?
12 그와 같은 긴장의 마음으로 세상을 봐
야 될 것이며, 사탄을 그리 생각하고
살아야 할 것이니라.
13 아무리 순진한 양이라 하여도 믿음의
길을 가는 너희들을 쓰러트리고자 하
며 너희들을 방해한다 하면, 너희들의
마음을 동요시키는 짓을 한다 하면 그
게 바로 사탄이 아니던가?
14 천 가지 만 가지 모든 죄는 그 죄에 대
해서 죄목이 다르고 벌이 다르듯이 그
와 같은 것이니라.
15 죄를 죄로써 하나로 묶을 수 없으며
선을 선한 것으로써 하나로 묶을 수가
없듯이 그 가짓수마다 다 다르며 행함
마다 다른 것이니,
16 너희들 주변에서 너희들이 가는 그 믿
음의 마음을 흔들며 동요를 이루는 그
모두가 다 사탄의 행위이니, 그리 알
고 그리 생각하며 살아가도록 해야 할
것이니라.
17 그러니 천 가지 만 가지 너희들이 바
로 가고자 하는 마음을 흔들리게 하는
것, 그것이 다 사탄의 형태로써 너희
들을 유혹하고 공격함이니, 때로는 모
든 것이 그리 변하는 것이니라.
18 그리 변하는 것들에 대해 너희들의 마
음을 다스리며 그를 싸워 이길 수 있
는, 어떠한 형국과 어떠한 형태로 도
전하는 그 모두를 다 물리칠 수 있는
그와 같은 마음의 자세를 갖고 살아가
야 할 것이니라.
19 뱀이란 그 미물만이 사탄이요, 사악한
것이라 그리 생각해서는 아니 되는 믿
음에서 이제 너희들이 그 길을 바라보
도록 그리하라, 사랑하는 나의 아들딸
들아!

4,412 번째 하나님 말씀

2003년 1월 3일 08시 08분

1 사랑하는 나의 아들아!
2 "네, 아버님! 말씀하옵소서."
3 정녕 너는 무엇을 나로부터 보았는가?
4 "네, 아버님! 보았사옵나이다.
5 아무리 제가 철석같이 믿는 제자요, 그 제자는 완벽한 믿음으로 가는 사람이라 말하며, 제 마음과 제 속과 제 뜻과 그 모두가 일치된다 생각하는 사람도,
6 제가 막상 사탄과 싸움을 할 때 그는 목숨 바쳐 최선을 다하여 저를 돕지 못한다는 것, 그리고 돕지 않는 것을 보았사옵나이다.
7 그가 그리 돕지 않는 것은 제가 사탄과 버거운 어렵고 힘든 싸움을 하며 몸부림치고 있을 때, 그는 제가 정녕 여호와 하나님의 아들이라 하면 제가 스스로 싸워서 이기기를 바라는 마음도 있으며,
8 그 위기와 절명의 순간에 그는 다른 생각을 할 수 있는 그와 같은 모습을 보았사옵나이다."
9 나의 아들아, 모든 인간의 마음이며 너의 제자들 마음이 또한 그러하니, 그 마음부터 다스리라 그리 전해야 할 것이니라.
10 그 마음을 그리 다스리지 아니한다면 너희들은 결국 나의 뜻을 이루는 그 길을 갈 수 없으며 나로부터 받는 그 영광의 축복을 받을 수 없음이니라.
11 네가 심히 버거운 사탄과 싸움을 할 때 너보다 열배 백배 더 열과 성의를 다하여 같이 싸워 이겨야 될 것을, 다른 짓을 하며 다른 생각을 할 수 있는 것이 지금 너를 따르는 제자들이며 나의 법전을 읽는 백성의 마음이니, 너희들은 여기서 이를 선하여 들으라.
12 지금 나의 법전이 나 여호와의 성령이요, 나의 아들은 나의 아들임이니, 너희들이 그와 더불어 목숨을 바쳐 같이 가고자 하는 그 굳은 결의가 없이는 너희들은 항상 떨어져 나갈 수 있는 그와 같은 형국이 됨을 잊어서는 아니 될 것이니라.
13 너희들은 정녕 물고기가 몸부림을 치고 목숨을 보호하고자 싸울 때 그 떨어져 가는 비늘과 같은 자들이 되겠는가, 아니면 끝까지 그 물고기를 지키는 그 비늘로서 남는 백성이 되겠는가?
14 내가 이제는 나의 아들을 통하여 너희들의 심정을 전하고자 내가 나의 아들에게 그리 보여 주었음이니,
15 나의 아들인 그는 아무리 변질된다 하여도 그 믿음을 믿을 것이며 그 철석같은 마음은 변화되지 못한다 하였으나,
16 나의 아들이 사탄과 싸울 때 그들이 최선을 다하여 나의 아들을 도움이 아니요, 같이 그 사탄을 죽이고자 함이 아니요, 나의 아들을 시험하고자 함이니,
17 나의 아들이 시험에 넘어져 죽었을 때 바로 제가 죽으며 제가 무너진다는 것을 그들은 생각하지 못하느니라.
18 그리고 나의 아들이 무너짐으로 인하여 나의 법전이 세상에 내려갈 수 없으며, 천 년에 걸쳐 새로운 역사를 이

루며 만백성의 기본이요, 근본이 되는
나의 법전이 세상에 내려오지 못한다
는 것을 너의 제자들은 생각하지 못하
고,
19 오늘의 네가 싸워서 이길 수 있는가
없는가 그와 같은 시험의 대상으로 생
각함이니라.
20 이제는 너의 제자들에게 이르라.
21 나의 아들 너도 강적을 만나 쓰러질
수가 있음이니, 그를 받쳐서 이룰 수
있는 것은 너희들의 조그마한 그 마음
을 바쳐 법전을 믿으며 나를 믿는 그
충만된 마음이 있다면 나의 아들과 다
름이 없음이니, 그 힘을 받쳐 주었을
때 나의 아들이 이길 수 있지 아니하
겠는가?
22 나의 아들이 사탄에게 물려, 범에게
물려, 호랑이에게 물려 죽는 그 순간
에 너희들이 옆에서 그 사탄에게 일격
을 가한다면 나의 아들은 그 위험에서
탈출할 것이며 그 사악한 자에게 쓰러
지지 아니하지 않겠는가?
23 네가 정녕 나 여호와의 아들이요, 선
택된 하나님의 아들이라 하면, 그리고
만백성을 구하러 왔다면 사탄에게 질
수 없을 것이라 하며 그냥 관망하는
마음으로 변하는 그와 같은 시험하는
마음을 가져서는 아니 되느니라.
24 그와 같은 마음을 가지고 있는 것이
지금 너를 따르는 제자들이요, 나의
법전을 읽고 깨우친 백성들이 생각하
고 보는 눈이니라.
25 그와 같은 마음으로 너를 돕지 아니하
며, 또 그들은 두려워서 돕지 아니하
며, 그리고 그 심성에 또 그와 같이 사
악한 마음이 일순간에 너희를 지배하
여 그를 돕지 아니하는 그와 같은 형
국으로 변화될 수 있음이니, 너의 제
자들이 그와 같은 마음으로 가서는 아
니 된다 일깨워 주라.
26 이는 오로지 내가 나의 성령을 태워
만백성을 구하려 내리는 법전이요, 심
판의 기본이라 하면, 그걸 그대로 너
희들은 목숨을 다 바쳐 믿어야 될 것
이며,
27 지금 나의 아들이 160권의 법전의 대
역사를 이루는 것은 모세의 기적이요,
예수의 기적보다도 더 위대한 기적이
니, 이는 곧 내가 직접 관장하며 내가
너희들과 같이 있음을 믿어야 할 것이
니라.
28 그 마음을 그리 가지고 있는 자가 한
사람도 없음이니라.
29 너의 제자 중에 그와 같이 저희들이
어렵고 힘든 그 시련을 겪으면서도 너
를 따를 수 있는 자 한 사람도 없음이
니, 내가 보는 너의 제자들의 마음이
요, 나의 법전을 읽는 백성들이 그러
하니라.
30 설마 긴가민가하는 그 의심과 의혹의
마음의 뿌리를 아직도 버리지 못하고
있는 것이 너의 제자들이요, 나의 법
전을 읽고 깨우쳤다는 만백성들이 그
러하니라.
31 나의 법전을 읽고 깨우쳐 저희들이 무
서움을 알고 두려움을 알면서도 '설마
이럴 수가 있을까, 이리될 수 있을까,
이것이 진정한 하나님의 말씀일까?'
하고 거기서 의혹하며 불안한 마음을
가지며 의심하는 마음으로 구원의 그

빛을 바라보지 못하며 반석 위에 서지
못하는 그와 같은 형국으로 가는 것이
나의 백성 너희들이니,
32 이제 너의 제자들부터 그 마음을 다스
리라 그리하라.
33 가장 가까운 제자요, 가장 믿는 제자
요, 네가 가장 의심하지 않는 제자요,
너와 더불어 같이 죽음의 길을 갈 수
있다는 그 제자들 중에 정녕 한 사람
도 없음이니, 어렵고 힘들고 유사시에
그들이 등을 돌릴 수 있는 그와 같은
것이니,
34 내가 그들을 탓하고자 하는 것이 아니
요, 그들의 마음의 자세를 그리 돌리
고 단속하라는 것이니라.
35 그들이 그와 같은 마음을 버리지 못하
고 갈 때, 그는 정녕 천사요, 아름다운
나의 마음과 같은 성령을 가진 백성으
로서 구원의 길을 갈 수가 없으며 구
원을 받을 수가 없음이니라.
36 너희들은 나의 아들을 믿을 때, 그가
정녕 여호와의 아들이요, 나로부터 선
택된 아들이라면 모든 사탄을 이길 것
이라 그리 생각할 것이나,
37 너희들은 그리 생각하기 전에 나의 아
들이요, 만백성을 구하는 법전을 만드
는, 하나님으로부터 선택된 아들이 지
금 힘겨운 싸움을 하며 죽어 가고 있
을 때 그를 살리는 것이 너희들의 도
리라 하여, 너희들이 사탄과 싸우는
나의 아들을 돕겠다는 그 일념으로써
몸과 마음을 바쳐 그 위기를 같이 넘
어가고자 하며 나의 아들을 지키고 보
호하고자 하는 그 마음만이 나를 믿는
것이며, 나의 법전을 믿는 것이며, 나
의 아들을 믿는 역사임을 알라.
38 어떠한 이유든 간에 위험에 처해 있는
나의 아들을 돕고자 하는 마음이 일순
간에 나와 나의 아들과 더불어 그 사
탄을 물리칠 수 있는 그와 같은 행동
으로 접어드는 자만이 첫째는 나를 믿
는 것이니,
39 그 나를 믿으며 나의 법전을 믿는 마
음이 아닐 때 너희들은 구원을 받을
수 없기에 너희들의 마음을 그리 다스
리라 함이니, 너희들을 책함이 아니니
라.
40 그래도 많은 백성들이 백 가지 중에
아흔 개를 의심한다면, 너희들은 아흔
개를 믿으며 열 개요, 하나를 의혹하
는 마음이니, 너희들이 얼마나 정화되
고 아름다운 마음이더냐?
41 그 뿌리를 이제 다 버릴 때가 되었음
이니 버리라 함이니라.
42 내가 너희들을 사랑하느니라.
43 모두의 그 의혹의 마음의 뿌리를 버리
도록 그리하라.

4,413 번째 하나님 말씀

2003년 1월 3일 08시 21분

1 사랑하는 나의 아들아!
2 "네, 아버님! 말씀하옵소서."
3 내가 너에게 바로 서라 함은 만백성을
똑같이 사랑하며 똑같이 보는 마음을
가지라 하였음이니, 차별을 두어서는
아니 된다 하였느니라.
4 너는 생각하느니라. 자주 만나며 네가
같이 대화하며 너와 더불어 나의 성전
을 관리하며 그 모두의 역사를 이루고

자 하는 사람들을 자연히 네가 더 사
랑하고 더 알게 되며,
5 더 깊이 알다 보니 편안한 관계가 될
것이며 그들로 하여금 네가 더 이름을
더 부르게 되며 더 생각하게 되는 것
이 인간의 마음이라 너는 그리 생각하
며 그게 타당하다 그리 생각할 것이니
라.
6 그러나 그와 같은 마음을 네가 갖고
있어서는 아니 됨을 알라.
7 인간관계에 너희들 세 사람이 있는 중
에서 두 사람이 서로 더 가까우면 하
나는 소외당하며 저는 그들보다 가깝
지 못하다는 것을 알게 됨이니라.
8 인간의 사랑도 그러함이니, 나로부터
명을 받아 160권의 법전을 세상에 전
하여 만백성을 구하는 나의 아들인 네
가 누구를 가까이하며 누구를 멀리하
고 편애할 때,
9 그들은 인간관계에서 인간으로부터
사랑을 받고 얻는 것이 아니라 나 여
호와로부터 그가 사랑을 받고 못 받는
그와 같은 무서운 쪽으로 생각을 하게
되며 그와 같이 견주어 그 마음을 보
게 되어 있음이니, 그 마음의 아픔이
얼마나 큰 것인가를 너는 알겠는가?
10 그들의 마음이 하나로 되기를 바라기
전에, 그들이 네가 생각하는 수준이
요, 네가 원하는 그와 같은 길로 가기
를 바라기 전에, 네가 그들을 똑같이
사랑하는 그 마음을 다스리고 바꿈이
우선 급선무임을 알아야 할 것이니라.
11 너는 알아야 할 것이니라. 모두가 너
에게 등을 돌리고 사람들이 돌아설 때
며 나의 법전을 공격할 때며 나의 성
전을 공격하고 너를 공격할 때,
12 네 주변에 가까이 있던 사람들, 너와
더불어 네가 신뢰했던 사람들이 등을
돌릴 때 무서운 결과를 낳게 되는 것
이 아니던가?
13 너와 멀리 있으며 너를 잘 몰랐던 그
제자들은 또한 그와 같이 네가 어렵고
힘들 때 묵묵히 따라가는 사람이 있지
않은가?
14 그와 같은 이치를 생각해 보라.
15 과연 네가 누구를 사랑하며 누구를 더
가까이해야 되는 그 이치인가?
16 네 마음은 그리해서는 아니 되니, 네
가 정녕 나의 법전을 위하여 나의 성
령을 위하여 앞에서 일하며 앞에서 따
르는 자들만이 너를 도우며 나의 법전
이 나감을 도우며 나의 성전을 돕는
것이 아니라, 멀리서 바라보고 있는
자도 무한히 너에게 힘과 용기를 주며
그로 하여금 모두의 역사를 이룰 때
등을 돌리지 않는 자가 될 수 있듯이,
17 그와 같은 이치를 생각한다면 네가 지
금 미래를 잘 알지 못하면서 누구를
사랑하고 누구를 가까이하며 누구를
더 기억하며 누구의 이름을 더 불러
주는 그와 같은 행위를 자제할 수 있
는 깨달음을 얻었을 것이니라.
18 너는 그들이 똑같은 경지에 오르며 똑
같은 마음으로 가기를 바라지 말라.
19 그는 네 욕심이니라.
20 네 마음을 비우고 네 마음을 다스림이
먼저 급선무이며, 그것은 간단히 할
수 있지 않은가?
21 똑같이 사랑하라.
22 누가 나의 법전을 만드는 그 역사에

영원히 남아 너를 도울 수 있는 소중
한 사람이요, 나의 백성인지 그것을
너는 모르고 나는 아느니라.
23 네가 남을 편애하여 사랑하고 그를 아
끼는 것은 인간관계에 서로 정을 나누
고 서로 가까이하고 멀리 하는 것이
아니니라.
24 나 여호와가 사랑하고 사랑하지 아니
함으로 그들은 그리 느끼며 나로부터
멀어지는 느낌을 갖게 될 것이니, 그
런 마음을 네가 주어서는 아니 될 것
이니라.
25 내 뜻을 모르며 내 마음을 모르며 내
속내를 모르며 미래에 어찌 변할 수
있는 나의 아들딸인지를 모르면서 네
가 인간적인 면에서 그리 본다면, 이
는 네가 나를 욕되게 하며 나를 능멸
하는 죄임을 알라.
26 나의 성전에 오는 백성 모두를 다 사
랑하라.
27 내가 잘못된 자를 잘못된 자라 명할
때 네가 그들로부터 등을 돌리며 그들
을 다스리는 것은 내가 용납할 수 있
으나, 그 명함이 없는 모든 백성은 똑
같이 사랑하라.
28 너는 내가 사랑하라 했으면 그리 사랑
하면 되는 것이니, 눈을 감고 세상을
보는 안목을 가져라.
29 눈을 감고 세상을 보니 무슨 색이 있
던가? 아무것도 없지 않더냐?
30 나의 백성들이 그러하니라.

4,414 번째 하나님 말씀

2003년 1월 3일 09시 45분

1 사랑하는 나의 아들아!
2 "네, 아버님! 말씀하옵소서."
3 세상사 살아가는 데는 지켜야 할 도리
가 있으며, 자기가 갖추어야 할 길이
있으며, 자기가 행해야 할 도리가 있
음이니라.
4 믿음의 가는 길이요, 진정한 참진리의
길을 가는 나로부터 선택된 백성 너희
들은 인간의 육의 행동이 소중하며 육
의 행동에 의하여 모두가 영원히 구원
을 받고 못 받는다 내가 너희들에게
그리 가르쳤음이니,
5 인간이 행해야 할 도리와 인간이 해야
할 일을 다하지 못한다 하면 그는 나
로부터 선택된 백성이 아니니라.
6 너희들의 부모를 찾아뵈며 부모에 대
한 예의를 갖추며, 형제를 사랑하며
도리를 다하는 것이 먼저 근본이며 우
선임을 너희들은 알아야 할 것이니라.
7 너희들 인간이 살아가면서 그 도리요,
할 일을 다하지 못했을 때 그는 너희
들에게 죄가 된다 내가 말하였으며,
8 육이 어찌 생각하고 어찌 행동하느냐
에 따라서 너희들이 복을 받고 못 받
는 것을 떠나서, 너희들이 도리를 다
하느냐 다하지 못하느냐 하는 그 성장
되는 마음속에서 너희들이 모두를 다
지킬 수 있음이니,
9 세상사 인간관계의 도리를 다해야 하
며 그를 소홀히 해서는 아니 되는 것
이니라.
10 너희들의 육의 행함이 영의 믿음이요,

영적인 구원에 매달리는 것보다도 더
소중하다 하였음이니, 너희들은 인간
의 도리를 다하는 것이 먼저라는 것을
잊지 말라.
11 너희들이 믿음이라는 것을 빙자하며
기도하는 성전에 가기 위하여, 너희들
이 주일이라 하여 지키는 그와 같은
것을 지키기 위하여 너희들이 인간의
도리를 다할 수 없고 하지 아니하고
사는 것은 잘못된 것이니라.
12 너희들이 인간의 애경사가 항시 있는
것이 아니지 않던가? 너희들은 일주
일에도 몇 번씩 너희들의 손으로 지은
성전에 가 기도하고 광란의 짓을 하며
소원을 빌며 눈물로써 기도를 하느니
라.
13 그러나 인간관계의 부모요, 형제간에
이루어진 애경사의 그 일은 1년에 몇
번이 일어나는가?
14 몇십 년에 한 번씩 일어나는 것이며,
1년에 한두 번씩 너희들이 찾아뵙는
인간관계의 그 도리를 소홀히 한다 하
면 되겠는가?
15 부모에 대한 기쁨의 날에 너희들이 찾
아가는 것은 1년에 한두 번이거늘, 너
희들이 수십 번씩 바치는 그 시간에
한두 번을 빠진다 하여 너희들이 지옥
으로 간다 그리 가르치는 자가 얼마나
사악한 자인가?
16 그와 같이 생각하는 자는 저희들이 인
간의 도리를 다하고자 하지 아니하며
게으른 자이니라. 축복과 영광이 없는
곳에 너희들은 아무것도 하지 않겠다
는 그와 같은 욕심이니,
17 너희들이 인간관계에서 찾아뵙는 것
이 성전에 다니는 것처럼 1주일에 몇
번씩이요, 1년에 몇 백번씩 가는 그와
같은 것이 아니라, 몇백 번 중에 한두
번을 빠지는 그것을 너희들이 죽음이
요, 무슨 큰 탈이라도 나는 것처럼, 그
리고 나 여호와가 너희들을 버리는 것
처럼 그리 생각하는 그 생각 자체를
바꾸라.
18 과연 너희들이 부모를 위하여 1년에
몇 번을 움직이며, 너희 형제를 위하
여 몇 번을 움직이느냐?
19 꼭 움직이고 만나 타협하고 협조하고
위로하여야 할 그때조차도 빠지는 것
은 너희들이 사악한 자이니, 그러한
자들이 무슨 축복을 받으며 영광을 받
으며 하늘에 오르는 길이 있다 생각하
는가?
20 다 부질없는 꿈에서 깨어나도록 그리
하라.
21 인간의 도리가 먼저 소중함을 잊지 말
라 하라.
22 인간의 도리는 작은 것이요, 나 여호
와에게 오르는 길은 크나큰 길이며,
감히 인간이 살아가는 도리와 그 형편
에 비유할 수 없는 것은 당연한 것이
니라.
23 그러나 큰 둑이 개미구멍에 의하여 무
너지듯이, 인간의 도리는 가장 작은
것이나 그 작은 것을 행하지 아니하는
자는 큰 것을 행할 줄 모르며, 큰 것을
행한다 해도 정도의 길로 행함이 아니
요, 그저 너희들의 욕심에 의해서 행
하는 어리석은 백성임을 잊지 말라,
사랑하는 나의 아들아!

4,415 번째 하나님 말씀

2003년 1월 4일 01시 07분

1 사랑하는 나의 아들아!
2 "네, 아버님! 말씀하옵소서."
3 모든 나의 백성들이 정도의 길을 가지 못함으로 모두가 쓰러지며, 앞에 보이는 그 영광의 목적지까지 가지 못하고 주저앉고 마느니라.
4 너희들이 하나의 목적을 이루기 위하여 하는 그 노력이 이루 말할 수 없이 크고 고통스럽거늘, 하늘에 오르는 길이요, 참진리의 길을 가는 백성이 가는 길이 얼마나 힘들고 어려운 길인가를 너는 알아야 할 것이니라.
5 백 가지 만 가지 모든 그 생활 속에서 정도로 가야 하며 바른길을 선택하여 가는 것이 바로 믿음의 길을 가는 백성이 가야 하는 길이기 때문이니라.
6 너희들이 한두 가지 선한 일이요, 아름다운 일을 했다 하여 정녕 선한 백성으로 변화되는 것이 아니며, 너희들이 하나의 아름다운 일을 했다 하여 그 잘못된 죄의 허물이 하나가 벗어지는 것이 아니며 너희들로부터 떨어져 나오는 것이 아님이니라.
7 너희들이 그와 같은 생각에서 지금의 믿음을 가고 있다면 너희들은 잘못 가고 있음을 알아야 할 것이니라.
8 너희들이 선한 것은 선한 대로 악한 것은 악한 대로 남는 것이 너희들이 살아가는 그 벌책에 대한 원칙임을 알아야 될 것이니라.
9 너희들이 그 수천수만 가지 중에 한두 가지의 선한 일을 했다 하여 너희들이 천사가 되며 아름다운 백성으로 되는 것이 아니니라.
10 너희들이 부닥치고 걸리는 모든 일들에서 너희들이 악을 저버리고 선을 선택하며, 그 모두의 선이 충만되었을 때 너희들이 바로 선한 자로 변화되는 것을 알아야 할 것이니, 너희들은 그와 같은 깊은 뜻을 알아야 할 것이니라.
11 너희들이 살아가는 중에 너희들이 부닥치는 그 많은 육의 삶 속에서 너희들이 한두 가지, 몇 가지를 선한 일을 했다 하여 너희들 자신의 마음이 선한 자가 되며 마음이 정립되며 깨달음이 경지에 올랐다 생각하지 말라.
12 그는 일부분에 불과한 것이며 너희들이 행한 숫자만큼밖에 되지 않음이니, 세상에 많이 부닥치는 세월 속에서 너희들이 선을 베푸는 것이 얼마나 베풀고 살며 질서에 어긋나지 않는 삶을 얼마나 산다 생각하는가?
13 그 수천수만 가지를 바로 세우고 가는 것이 너희들의 깨달음이요, 나 여호와에게 오는 길이라는 것을 잊지 말라.

4,416 번째 하나님 말씀

2003년 1월 4일 01시 12분

1 사랑하는 나의 아들아!
2 너희들이 말하는 바다 위에 떠 있는 크나큰 배도 그가 균형과 방향을 잃었다면 어찌하는가?
3 너희들이 타고 다니는 모든 기계가 제 방향과 균형을 잃고 제 마음대로 행동한다면 그 결과는 어떤 일이 일어나겠

는가?
4 모든 것들이 제자리를 지키지 못하며
제 방향을 잃으며 제 길을 잃어버리고
저희 맘대로 흔들려 흘러간다면 과연
이 지상은 어떠한 형국이 생기겠느냐?
5 너희들은 견딜 수 없으며, 그 무질서
함 속에서 나의 사랑하는 백성 너희들
이 존재해 살 수 없는 것이 육을 가지
고 있는 그와 같은 형태이니라.
6 모든 것이 제자리를 지키며 정상적으
로 움직일 때 너희들이 존재할 수 있
는 것이 아니던가?
7 하물며 하늘에 오르는 길이요, 영혼의
세계에 영원히 구원을 받는다는 그 믿
음을 가고 있는 나의 백성들이며, 너
희 조상부터 지금까지 내려온 너희들
의 그 종교 집단들이 균형과 방향을
잊어버리고 지금 흐르고 있다는 것을
너희들은 알고 있는가?
8 제자리를 잊어버리고 흘러가는 그와
같은 형국이 지금 바로 너희들이 가고
있는 믿음이니라.
9 나 여호와가 원하는 나의 계명이요,
참진리요, 하늘의 뜻이요, 너희들이
사랑을 베풀며 살아가도록 그리 가르
치고 인도하는 것이 아니라 물질만능
주의로 모든 것이 변해 버렸으니, 믿
음 자체의 그 집단이 더 물질에 의하
여 끌려가는 그와 같은 지금의 형국이
되어 있음이니라.
10 너희들이 하늘의 진리를 벗어나서는
어떠한 것도 이루어질 수 없으며 하늘
의 진리요, 그 원칙을 벗어나서는 아
무것도 영원히 지속되는 것이 없다 함
을 모르고 있음이니라.
11 그러니 지금 참진리요, 진정한 믿음의
길이 아닌 물질만능주의로 변해져 있
는 너희들이 과연 구원의 길을 가고
있다 생각하는가?
12 진리는 하늘의 뜻이요, 참진리를 어긋
나서는 아무것도 영원히 존재할 수 없
다는 것을 너희들은 알아야 할 것이니
라.
13 너희들은 성경의 깨달음이요, 하늘의
뜻을 깨우치며 배우는 것이 아니라 물
질만능주의 종교 집단으로 변질되었
으니, 너희들의 세상은 멸망하게 되어
있으며, 내가 만든 이 지상의 아름다
운 세상이 제자리를 지키는 것이 없도
록 만들어 놓은 것이 바로 지금의 종
교 집단이니라.
14 나의 백성들이 길을 잃게 하였으며 그
들이 지금 사리분별을 못 하도록 만든
것이 종교 집단이요, 나의 백성을 그
리 마약중독보다도 더 무서운 중독자
로 만들어 놓은 것이 너희들이니라.
15 그리하여 지금 세상은 멸망하게 되어
있으며, 이대로 세월이 흐른 다음에
악이 세상을 지배하며 선한 자 뿌리를
내릴 수 없는 그와 같은 형국이 되어
있음이니, 지금 멸망 직전이라 이리되
었음을 너희들은 알아야 할 것이니라.
16 그리하여 내가 나의 사랑하는 백성 너
희들을 더 이상 방치하며 버려둘 수
없기에 나의 성령을 태워 내려보내 법
전이라 하여 이 세상에 내림이니,
17 너희들이 이 뜻을 어찌 그리도 모르
며, 이를 보고 정독하여 너희들 것으
로 만들어 구원의 길을 찾고자 하지
아니함이니,

18 너희들이 이와 같은 삶을 버리며 나의
법전을 버려두며 십계명에 따라 살아
가는 그와 같은 변화의 역사를 이루지
아니하고 지금과 같은 생활로써 계속
된다면, 너희들은 과연 무어라 말하는
가?
19 동물과 같은 자로 변화되는 것이 너희
들임을 알아야 할 것이니라.
20 인간이라 하면 진리를 듣고 깨우침을
들으며 질서에 파괴되지 않는 도덕적
인 가르침을 들어서 그걸 받아들이고
배우고 살아가는 것이 인간의 지혜를
가진 것이 아니던가?
21 그러나 너희들이 참진리요, 진정한 나
여호와의 뜻이라는 것을 보지도 않으
려 하며 듣지도 않으려 하며 귀를 막
고 살아간다면, 너희들이 아무리 외쳐
도 듣지 못하고 살아가는 짐승과 무엇
이 다른가?
22 지금 나의 피조물 만백성을 짐승과 같
이 이끌어 가며 짐승처럼 만들어 놓은
것이 수천 년 동안 흘러오면서 믿음의
길이 흘러온 것이니라.
23 너희들이 악습과 폐습에서 벗어나지
못하고 지금까지 종교 집단들이 나의
피조물 만백성을 짐승으로 만드는 그
와 같은 형국의 짓을 하고 있음을 알
아야 할 것이니라.

4,417 번째 하나님 말씀

2003년 1월 4일 01시 19분

1 사랑하는 나의 아들아!
2 인간인 너희들이 내가 지은 이 아름다
운 성전에다 너희들의 성전을 또한 지
어 놓고 그 성전에서 어떠한 행위를
하고 있는가?
3 그곳에서 종교 지도자라 하여 가르치
는 자, 또 그곳에서 구원을 받고자 가
서 배우는 나의 백성들이 진정한 진리
의 믿음의 길을 가고 있는 것인가?
4 너희들은 그리 말할 것이니라. 너희들
만이 구원의 길이요, 진정한 믿음의
길을 가고 있다 하며, 너희들 외에는
어떠한 믿음이요, 어떠한 종파도 너희
들은 이해하려 하지 않으며 받아들이
려 하지 아니하는 것이 지금의 너희들
이 가고 있는 것이니라.
5 그러나 그것이 나에게 오르는 길이 아
니요, 나를 경배하는 것이 아니요, 나
의 아들 예수의 죽음을 애도하는 것이
아니라는 것을 내가 너희들에게 말함
이니, 너희들은 이를 거부할 것이며
나 여호와가 전하는 이 성령의 책을
사탄의 것이라 말할 것이니라.
6 이는 너희들을 잘못 평가하며 너희들
을 잘못 알고 있다 그리 말할 것이니
라.
7 너희들은 여기서 깨우쳐야 할 것이니
라.
8 너희들이 아름다운 성전이요, 사랑을
베풀며 나누는 그 성전이라는, 너희들
의 손으로 지은 곳에서 어찌하는가?
9 거짓말을 버젓이 하면서도 그 거짓말
에 대한 죄의식을 모르며, 부끄러운
줄 모르며, 그것이 죄가 된다는 것을
모르며, 거짓으로 하여금 살인과 같은
무서운 짓을 하고 있다는 것을 모르고
사는 나의 백성들이니, 과연 너희들은
그곳에서 거짓된 짓을 하지 아니한다

생각하는가?
10 그리고 너희들은 아첨하기를 일삼으
며, 너희들이 종교 지도자에게 아첨하
는 것으로써 너희들은 나에게 믿음의
길을 온다 생각하며 지도자에게 아첨
하는 것이 참진리의 길이라 그리 깨우
치고 있음이니,
11 서로가 아첨을 일삼고 있으니, 너희들
이 시기하고 질투하며 저희들끼리 다
투는 그와 같은 행위가 얼마나 많이
그곳에서 벌어지고 있는가?
12 수천수만 가지의 그 뜻이 다를 때마다
너희들은 질투하며 시기하는 그와 같
은 곳이 너희들의 손으로 지은 성전이
니, 과연 거기가 회개하고 기도하며
나에게 경배한다는 곳이라 너희들이
말할 수 있는가?
13 이러한 곳이 너희들이 지금에 지어 놓
은 성전의 실상이며, 너희들이 하고
있는 짓이 그와 같으니라.
14 과연 그곳이 구원의 길이요, 나 여호
와의 참뜻을 가르치며 진리를 가르쳐
만백성을 구하는 성전이라 너희들이
말할 수 있겠는가?
15 내가 나의 아들을 통하여 기록하라 한
이 뜻이 정녕 너희들과 위배된다면 너
희들이 나의 법전을 덮고 읽지 아니하
여도 내가 너희들을 탓하지 아니할 것
이니라.
16 그러나 나 여호와는 너희들이 볼 수
없는 그 이면의 깊은 곳까지 볼 수 있
으며, 종교 지도자의 살아가는 행위며
또 성전에 와서 구원을 받고자 하는
백성 너희들 자신도 모르는 그 마음까
지도 내가 볼 수가 있음이니라.
17 그러니 너희들이 잘못 가는 그것을 내
가 바로잡고자 하는 것이며, 이를 바
로잡지 아니하였을 때 너희들은 영원
히 아름다운, 내가 이루고자 하는, 하
늘에서와 같은 지상의 낙원을 이 세상
에 이룰 수 없음이니, 지금 너희들이
그와 같은 형국을 이루어 왔음이니라.
18 너희들이 내가 이루고자 하는 그 지상
의 낙원을 이룰 수 없는 그와 같은 형
국의 사악한 백성으로 변하여졌으니,
그것이 종말의 시대와 같은 것이 아니
고 과연 무엇이던가?
19 내가 그리하여 그를 더 볼 수 없기에,
나의 메시지를 나의 아들을 통하여 책
으로 만들어 너희들을 구원하고자 하
며,
20 이 세상의 인류 만백성을 하나로 통일
하며 언어를 통일하며 생활의 관습을
통일하며 너희들이 기도하는 것을 통
일하며, 나에게 경배하며 구원의 길이
어떤 것인가를 나 여호와가 하나로 만
들어 내 뜻을 너희들에게 바로 깨우쳐
주고자 그 역사를 지금 이루고 있음이
니, 나의 뜻이니라.
21 만백성을 통하여 내가 이를 바로잡고
자 하며 만백성이 하나가 되는 그와
같은 길을 인도하고자 하는 것이 나의
뜻임을 너희들은 알아야 할 것이며,
22 그리하여 나의 법전을 읽고 깨우친 백
성 너희들이 바로 서지 아니하며 너희
들이 실패하고 또 잘못 가는 그와 같
은 길을 선택하여 간다면, 이 지상은
영원히 멸망의 불 속에서 구원하지 못
할 것이며, 모든 나의 재앙으로 덮인
다는 것을 너희들은 알아야 할 것이니

라.
23 너희들이 바로 서서 나의 법전을 읽고 깨우쳐 만백성을 구하며, 온 인류요, 이 세상의 백성을 하나로 묶으려는 나 여호와의 뜻을 받들어 행할 때 나 여호와의 뜻이 이루어지는 것이거늘,
24 너희들이 이를 행하지 아니할 때 나 여호와에게 너희들이 고통의 짐을 지워 줌을 너희들은 잊어서는 아니 될 것이니 그리 알라.

4,418 번째 하나님 말씀

2003년 1월 4일 01시 29분

1 사랑하는 나의 아들아!
2 "네, 아버님! 말씀하옵소서."
3 내 사랑하는 너의 제자들과 나의 법전을 읽고 깨우친 백성, 그리고 이를 보고 깨우칠 수 있는 만백성, 너희들에게 내가 나의 아들을 통하여 간곡히 전하노니, 이를 명심하여 행하도록 그리하라.
4 너희가 지금 육신에 있을 때 너희들이 기도하고 묵상하는 것이 얼마나 소중하고 귀한 것인가를 알라 이르라.
5 너희들이 살아 있는 이 시간이 얼마나 너희들에게 귀하고 소중한 것인가를, 너희들이 나에게 경배하고 기도할 수 있으며 너희들의 죄를 하나하나 사할 수 있으며 너희들 가슴속에 있는 그 죄의 뿌리들을 하나하나 밀어낼 수 있는, 너희들이 살아 있는 지금 이 시간이 가장 소중하며, 그 역사를 이룰 수 있는 것이라 그리 전하라.
6 그러기에 너희들이 단 1초라도 헛되이 버리지 말아야 할 것이며, 단 1초라도 소홀히 해서는 아니 됨이라는 것을 너의 제자들에게 전해야 할 것이니라.
7 너희들이 존재하는 이 지상이, 너희들이 육을 다스리며 변할 수 있는 이 시대가, 이 시점이 얼마나 너희들에게 소중한 것인가를 깊이 깨우쳐, 소중한 시간으로써 잠시도 소홀함이 있어서는 아니 될 것이니라.
8 지금 사탄이요, 사악한 자들이 이 세상을 파괴하며 너희가 구원을 받을 수 없도록 온 세상의 만백성을 다 무너트리고 있으며, 그들이 사탄의 소굴로 인도하여 끌어가고자 하며 지옥 불로 너희들을 끌고 가고자 하는 것이며, 지금 모두를 다 바쳐 그들이 그와 같은 역사를 이루고자 하는 그 세상에 너희들이 존재하고 살고 있음을 알아야 할 것이니라.
9 이제는 그 사탄들의 사악함이 극에 달하여 나 여호와의 뜻이 세상에 전해지지 못하도록 하며, 사탄들이 지금에 저희들의 시대가 끝나는 것을 알고 있기에 가장 발악에 가까운 기세로써 기승을 부리고 있음을 너희들은 알아야 할 것이니라.
10 그리하여 구약과 신약의 시대에 그 어느 성서에도 기록되지 아니하였으며 성서에도 볼 수 없는 그 내용을, 하늘에 오르는 길이요, 도리가 무엇인가를 하나하나 자세히 기록하여 내가 나의 성령을 태워 나의 아들의 가슴을 통하여 세상에 내려보냄이니라.
11 이는 사탄들이 저희들이 존재할 수 없

다는 것을 알고 있기 때문이니라.
12 나의 법전이 세상을 다 덮었을 때 저
희들은 뿌리째 뽑히며 저희들이 존재
할 수 없기 때문에 나의 법전이 나오
기까지 그들의 방해와 너희들을 존재
하지 못하도록 하는 것이 극에 달해
있음을, 너희들은 모르나 나 여호와는
알고 있음이니라.
13 너희들을 시험하며 넘어트리고자 하
는 그들의 방법이 수천수만 가지이니
너희들은 그를 모르고 있는 것뿐이니
라.
14 그러하니 너희들이야말로 어찌 서야
될 것인가?
15 어떠한 고통과 시련도 견디고 이겨야
되는 것이 너희들임을 잊어서는 아니
될 것이니라.
16 너희들이 존재하고 있는 이 시대에 나
의 아들이 이를 이겨야 함이며, 나의
아들이 지탱해 나갈 수 있도록 그리
받쳐 주어야 할 자가 너희들이기에,
너희 제자들은 기도와 경배를 게을리
하지 말며, 너희들이 깨우침의 변화에
잠시도 게을리해서는 아니 되는 것을
알아야 할 것이니라.
17 너희들의 변하는 모습이요, 너희들의
깨우침만이, 너희들이 그 모두의 천사
와 같이 아름답게 변하는 그 마음만이
나의 아들에게 힘이 되기 때문이니라.
18 너희들이 그와 같이 변하였을 때, 나
의 아들이 힘을 얻으며 나의 아들이
자신 있게 싸워 나갈 수 있는 그와 같
은 용기를 얻게 됨이니, 바로 너희들
이 먼저 변하는 것이 얼마나 소중한
것인가를 알아야 할 것이니라.
19 지금 사탄들이 저희들의 시대가 다 끝
나 가는 것을, 저희들이 무너지지 않
으려고 기승을 부리며 악을 쓰고 있는
이 시점에, 너희들이 수없는 시험을
당하며 그들로부터 시험을 받고 있다
는 것을 알아야 할 것이니라.
20 너희들은 모르나 매사에 너희들이 어
렵고 힘든 길을 가도록 하는 것이, 그
들이 너희들을 시험하며 너희들을 쓰
러트리고자 하며, 그리하여 너희들이
바로 서지 못하며 나의 아들로부터 등
을 돌리며 나의 아들로부터 떠나는 그
역사를 이루고자 하는 것이 사탄이요,
악마들이 하고 있는 일임을 너희들은
알아야 할 것이니라.

4,419 번째 하나님 말씀

2003년 1월 4일 01시 35분

1 사랑하는 나의 아들아!
2 "네, 아버님! 말씀하옵소서."
3 나 여호와가 직접 너희들에게 명하노
니, 너희들은 깊이 깨우쳐 너희 것으
로 만들어야 함을 잊지 말라.
4 지금 만백성의 구원의 시작이, 그리고
버릴 자와 구할 자의 그 심판이 시작
되고 있으며 그것이 진행되고 있음을
너희들은 알아야 할 것이니라.
5 그리하여 나의 법전을 정독하며 그 내
용에 따라 대변화를 이루어야 하는 것
이 너희들이 가야 할 길이니라.
6 이 지상이 변화되며 만백성을 깨우쳐
나의 뜻에 따라 너희들이 악을 뿌리치
며 선함을 행하는 대변혁의 혁명이 이
루어질 수 있느니라.

7 지금 너희들은 모든 사탄들로부터 조
롱과 비방을 받으며, 너희들을 매도하
고자 하는 것이 사탄들이 지금 하고
있는 것이며, 바로 서고자 하는 나의
아들을 따르는 제자 너희들부터 쓰러
트리고자 그들이 너희들을 시험하고
있음을 알아야 할 것이니라.
8 사탄들이 이와 같은 갖은 방법으로써
지금 너희들을 시험하고 있으며 너희
들을 무너트리고자 하는 그 속에서 너
희들이 무너지면 아니 됨이니라.
9 너희들이 이기고 바로 서야 됨을 알아
야 할 것이니라.
10 2천 년 전 나의 아들 예수를 사탄이
시험하였으며 나의 아들까지 무너트
리고자 했던 그들이 예수가 이루고자
했던 그 역사를 대신하는 나의 아들과
그를 따르는 제자 너희들을 지금 얼마
나 시험하며 흔들어 놓으며 무너트리
고자 하는지 너희들은 알고 있는가?
11 예수에게 시험했던 것보다도 더 무서
운 방법과 더 간악한 방법으로써 너희
들을 시험하며 너희들을 무너트리고
자 지금 그들이 모든 방법과 수단을
가리지 않고 있음을 나는 알고 있음이
니, 너희들도 또한 그와 같은 마음의
준비를 하고 살아야 함을 잊지 말아야
할 것이니라.
12 너희들은 지금 아무것도 모르고 있음
이니라.
13 그러나 그들이 무한한 시험 속에서 너
희들을 무너트리고자 하며 쓰러트리
고자 하고 있음이니, 너희들이 그 속
에서 무너지면 아니 됨을 알아야 할
것이니라.
14 내가 나의 아들과 너희들에게 지금 모
든 역사를 이루고자 하나, 너희들을
무너트리고자 너의 제자들을 쓰러트
리고자 하여 너희들을 지금 시험의 대
상으로 삼고 있는 것이 사악한 사탄들
이니, 너희 마음을 굳건히 하여 너희
스스로 다스려 넘어지지 아니하는 그
역사를 보여야 할 것이며, 굳건히 서
는 모습으로써 가야 함을 잊지 말라.
15 내가 지금 너희들이 겪고 있는 그 모
든 시련을 너희들에게 직접 전하는 이
뜻을 알아야 할 것이니라.
16 나의 아들 예수를 시험했으며 그를 핍
박했으며 그를 무너트리고자 했던 그
사탄들보다도 더 무서운 방법과 무서
운 시련으로써, 수천수만 가지 방법을
동원하여 너희들을 자멸시키고자 하
며, 너희들을 무너뜨려 짓밟아 저희들
이 다스릴 수 있는 그와 같은 사악한
자로 만들기 위하여 그들이 지금 너희
들을 무서우리만큼 시험하고 있음이
니,
17 너희들이 지금 겪고 있는 그 시험과
고통이 나의 아들 예수의 시대에 그
제자들이 겪었던 시험보다도 더 무서
운 시련과 고통으로써 너희를 무너뜨
림이니라.
18 이제 너희들이 바로 섬으로써 사탄이
요, 사악한 자들이 뿌리를 내릴 수 없
으며, 천 년에 걸쳐 새 역사를 이루고
자 하는 것을 알기에 마지막 시대에
그들은 최후의 발악을 다하고 있음이
니,
19 그 속에서 싸워 견디는 자가 바로 너
의 제자들이며 나의 법전을 읽고 깨우

친 백성들이니, 너희들이 굳건히 서는
그 세월 속에서 너희들이 모두를 볼
수 있는 그와 같은 영광을 얻게 됨을
잊어서는 아니 될 것이니라.
20 싸워서 이기는 자만이, 인내하는 자만
이, 버티는 자만이 나를 볼 수 있음을
알라.

4,420 번째 하나님 말씀

2003년 1월 4일 01시 46분

1 사랑하는 나의 아들아!
2 "네, 아버님! 말씀하옵소서."
3 너희들이 깨달음의 경지에 오르는 마
음은 일순간에 정반대의 현상으로 변
화될 수 있다 하였느니라.
4 선한 길을 가는 백성이 악으로 넘어져
가는 것은 일순간이요, 선에서 악으로
넘어오는 길은 쉬우나, 악에서 선으로
넘어오는 것은 너무나 고통스러우며,
그 고통의 세월 속에서 너희들이 싸워
다시 서야 하는 그와 같은 어려움과
시련이 있음을 알아야 할 것이니라.
5 그러나 너희들은 나로부터 지혜와 능
력을 가지고 세상에 나간 은혜를 받은
백성들이니, 너희들은 너희 자신의 마
음에서 너희 마음을 어찌 다스리느냐
에 따라서 너희들이 모든 것을 다 이
룰 수도 있으며 얻을 수도 있으며, 또
한 고통과 시련 속에서 버티며 싸울
수 있는 그와 같은 능력도 가지고 있
는 것이니라.
6 또한, 너희들이 스스로 무너지는 것도
너희들의 마음에 달렸느니라.
7 그것이 너희들이 가지고 있는 나로부
터 받은 은혜요, 특성이니라.
8 그러나 너희들은 지금 선에서 악으로
무너지고 쓰러지는 것이 일순간이요,
선에서 악으로 가기는 일순간이나, 악
에서 선으로 다시 돌아오는 것은 너무
나 멀고도 어려운 그 길이라 내가 너
희들에게 그리 가르쳤으나, 지금의 믿
음의 길을 가는 백성들이 과연 어찌
생각하고 가는가?
9 인간 세속에서 지은 죄의 대가로 나로
부터 심판을 받아 지옥에 와 그 대가
를 치르고 있는 너희들이 그 지옥에서
일순간에 나와서 천국으로 곧바로 올
라올 수 있다 그와 같이 생각하는 것
이 지금 믿음의 길을 가는 자들이 가
고 있는 형국이 아니던가?
10 너희들은 나로부터 벌을 받아 지옥에
갔을 때도 어떤 일순간에 너희들이 천
국으로 곧바로 오는 변화를 이룰 수
있을 것이라는 그와 같은 생각을 버려
야 할 것이니라.
11 그 모두는 너희들의 착각임을 알아야
할 것이니라.
12 이와 같은 생각을 하고 있는 너희들이
정녕 나 여호와의 뜻을 아는 자들이
며, 내가 무엇을 이루고자 하며 내가
심판하는 자니 그 벌이 무엇인가를 알
며, 너희들이 지은 죄의 대가로 받는
벌에 대한 것을 무엇을 알고 있는가?
13 너희들은 아무것도 알지 못하며 그를
상상할 수도 없으며 너희들의 마음으
로써 만들 수도 없으며 너희들이 그림
으로 그와 같은 역사를 기록할 수도
없으며 그려 놓을 수도 없는 것이니라.
14 구원의 기준이 무엇인지도 알지 못하

는 백성들이 그와 같은 허무맹랑한 생
각을 하고 있으며 그 착각 속에 살아
가고 있으니, 너희들은 이 순간부터
그와 같은 생각을 버려야 할 것이니라.
15 수없는 시간 동안 아름답게 살아가고
자 노력하고 노력하는 그 속에서 너희
들이 다져지는 것이 나로부터 상을 받
는 것이요, 순간적인 너희들의 변화로
써 어떠한 상을 받아 구원을 받는다는
그와 같은 생각을 너희들은 버려야 할
것이니 그리 알라.
16 그와 같이 너희들이 죽어 일순간에 지
옥에서 천국으로 올 수 있다고 생각하
기 때문에 너희들이 이 세상에 살다
와 일순간에 나 여호와를 찾으며 나를
경배하며 그와 같이 죽어 갈 때 너희
들이 구원을 받는다는 그와 같은 생각
을 하게 되며,
17 그로 인하여 너희들이 얼마나 오만한
자들이며 하늘의 이치를 모르는 백성
들이 가지고 있는 생각인가를 알아야
될 것이니라.
18 이는 곧 너희들이 죽어 가는 자 앞에
가서 기도하고 경배하면 그가 구원을
받으며 나의 나라에 올라왔다 그리 말
하고 기도하는 자들이 죽은 자 앞에서
거짓 하며 사기극을 벌이고 있는 그
추한 모습의 행위를 해서는 아니 될
것이니 그리 알라.
19 어려서부터 성장하는 과정에서부터
아름답게 살아오며 선을 추구하며 살
아온 자도 그가 나로부터 구원을 받을
까 말까 하거늘, 너희들이 일순간에
죽을 때 나 여호와를 찾는다 하여 구
원을 받으며 천국의 문에 들어설 수
있다 그와 같이 하여 그 의식을 행함
이니,
20 과연 너희들이 얼마나 어리석은 짓이
며, 이룰 수 없는 것을 가지고 나의 백
성들을 우매하게 현혹하여 그들에게
그와 같은 형국으로써 가르치는가?
이게 얼마나 잘못된 것인가를 너희들
이 죽어 내 앞에 왔을 때 너희 스스로
부끄러워 고개도 들 수 없는 그와 같
은 형국이 될 것이니 그리 알라.

4,421 번째 하나님 말씀

2003년 1월 4일 02시 04분

1 사랑하는 나의 아들아!
2 "네, 아버님! 말씀하옵소서."
3 너희들은 나 여호와를 믿으며 말로써
행하며 나의 아들 예수를 찾음으로,
또한 나의 아들 예수를 찬양하며 그를
구세주라 부름으로써 구원의 속에 들
어와 있다는 착각을 하고 있는 것이
지금의 믿음을 가고 있는 자들이며,
4 너희들 스스로 어떠한 과오 속에서 신
앙의 길을 가고 있는지 그 자체도 모
르고 있는 것이 지금 믿음의 길을 가
고 있는 백성이 가는 형태이니라.
5 나 여호와를 생각하고 말로만 나를 믿
는 확고한 생각만 가지고 있다 해도
너희들이 지금 구원을 받을 수 있다
하며, 구원을 받았다는 그 틀 속에 들
어와 구원을 받았다 그리 깨닫고 있는
것이 너희들이니라.
6 너희들이 말로써 생각으로써, 나 여호
와가 존재한다고 믿는다는 그 생각만
으로써 구원을 받는다 말로 그리 믿음

을 가고 있음이니, 너희들이 얼마나
착각 속에 너희 스스로 넘겨짚고 지금
믿음의 길을 가고 있는 것인지 알고
있는가?
7 너희들은 일순간에 나를 믿고 찾으면
모든 죄 사함을 받으며 용서를 받으며
구원을 받는다고 생각하는 것이니,
8 내가 일찍이 너희들에게 가르쳤듯이,
너희들이 되는 대로 인생을 아무렇게
살다가 죽음 직전 그 순간에 나를 부
르고 믿으면 구원을 받는다고 그리 가
르치며 행하고 있는 것이 지금 너희들
이 이루고 있는 것이니,
9 너희들은 이를 생각지도 말아야 할 것
이며, 그와 같은 말 자체를 전하는 것
이 얼마나 어리석은 것인지 알아야 할
것이니라.
10 너희들은 살아가면서 악의 행위요, 죄
를 짓는 것이 무엇인지 아는가?
11 너희들이 죄를 짓는 그것은 너희들의
마음의 중심에서, 너희들이 착하게 사
는 그와 같은 마음이요, 선을 행함으
로 인하여 그 악한 마음들이 너희 마
음속의 그 중심에서 조금 밀려나는 것
뿐이요,
12 너희들이 용서를 받아서 너희들로부
터 그 죄가 하나하나 떨어진다 그리
생각하지 말라.
13 너희들이 선행을 하나 함으로써 너희
들이 지금까지 지은 죄가 하나씩 씻어
지며 떨어진다는 그런 착각을 하지 말
라.
14 너희들이 마음을 바로잡으며 선한 일
을 행하며 너희들이 선함을 행할 때
너희들 중심에 있는 그 사악한 마음들
이 밖으로 밀려 나가는 것뿐이니, 너
희들로부터 완전히 떨어져 나감이 아
님을 알아야 할 것이니라.
15 이와 같이 너희들이 지은 죄가 무서우
며 너희들이 선행한 것도 또한 무서움
이니, 이 이치를 안다면 너희들이 믿
음의 길에 서서 지금 구원을 받았다
하며 구원을 받은 것처럼 말하는 것이
얼마나 어리석은가를 알아야 될 것이
니라.
16 너희들은 정녕 너희들이 지은 죄가 어
떠한 선행을 했다 하여 완전히 씻어지
며 떨어진다 생각하지 말라.
17 다만, 너희들의 마음의 중심에서 선한
자에게 밀려 악한 마음들이 그저 밖으
로 밀려 나가 잠깐 자리를 옮겨 떨어
져 있는 것뿐이니라.
18 그러나 너희들이 잠시라도 사악한 마
음을 가졌을 때 그는 역으로 더 큰 사
악한 마음으로써 너희들을 지배하는
것이 그들의 근성이며 악한 뿌리들이
하는 행위이니라.
19 그러니 너희들은 그와 같은 이치를 깨
달아 항상 긴장하고 너희들이 선을 선
택하여 살아가는 행위를 중단해서는
아니 되는 것이니라.
20 내가 그리하여 너희들이 초를 다퉈 선
함을 깨우치며 변해 가는 모습으로 살
아가라 함이니, 이를 너희들은 알아야
할 것이니라.
21 너희들이 선을 선택하고 살아가는 그
와 같은 마음을 긴장하지 아니하였을
때 너희들이 구원을 받을 수 없는 것
이거늘,
22 너희들이 살아가면서 '내가 지금 악한

일을 하고 있는가, 선한 일을 하고 있
는가?' 그와 같은 생각을 견주어 볼
겨를도 없이 너희들이 선을 선택하는
그와 같은 시간으로 살아가야 할 것이
니라.
23 너희들은 정녕 시간이 없음이니라. 지
금까지 너희들이 살아오면서 지은 죄
는 수없이 많으며,
24 그 죄가 선행을 한다 해도 그것이 하
나하나 씻어져서 변하는 것이 아니라
마음의 중심에서 물러나 너희들의 마
음 주변에서 항상 침투할 기회를 노리
고 자리만을 옮겨 앉아 바라보고 있는
형국이라 하였음이니, 너희들이 잠시
도 게을리해서는 아니 되느니라.
25 그리하여 너희들이 살아가면서 이것
이 선한 일이며 악한 일이며, 악함과
선함을 놓고 내가 무엇을 선택할까 그
와 같은 견줄 시간도 없는 것이니라.
26 무조건 선을 선택하고 살아가도 너희
들이 선을 행하기에 시간이 없으며,
너희 마음속에 자리 잡고 있는 그 선
한 마음 자체가 충만할 수 있도록 악
한 것을 밀어내는 그 역사를 이루기도
바쁨이니,
27 너희들이 선한 일을 행함에 있어서 견
주고 생각하고 따지고 할 시간이 없는
것이 너희들이 선을 행하며 살아가야
하는 긴박한 상황임을 깨우쳐 주도록
그리하라.

4,422 번째 하나님 말씀

2003년 1월 4일 02시 10분

1 사랑하는 나의 아들아!
2 "네, 아버님! 말씀하옵소서."
3 선을 행하였다 하여 너희들이 지은 죄
의 대가가 치러지며 그 죄가 하나씩
떨어지는 것이 아니라 내가 너에게 말
하였음이니라.
4 그리고 너희들이 선한 것을 한두 가지
이루었다 하여 너희들이 선함을 행하
며 경지에 올랐다 그리 생각하지 말라.
5 수천수만 가지 행하며 부닥치는 그 속
에서 너희들이 선을 행할 때마다 너희
들의 마음이 선한 쪽으로 변화되어 있
으며 너희들이 완벽한 나의 성령의 뜻
에 따라 살아간다 그리 생각하지 말며,
6 너희들은 꾸준히 노력하고 변화되는
그 역사를 이루어야 할 것이니라.
7 나 여호와가 너희들의 마음 자세를 바
라보기를 어찌 보는가?
8 썩은 물이 그릇에 그득히 담겨 있는
것처럼 너희들 마음에 사악한 마음이
너희들을 지배하고 있으며, 언제라도
사악한 마음이 돌출하여 밖으로 너희
들을 지배하는 그와 같은 형국의 마음
이 되어 있음이니라.
9 그러니 썩은 물로써 그득히 채워져 있
는 그 그릇을 과연 비운다는 것이 쉬
운 것이던가?
10 너희들 마음속에 선은 볼 수 없으며
악한 마음이 그득히 채워져 있으니,
그릇 속에 썩은 물이 담겨 있는 것과
같으니라.
11 그러니 그릇 속에 썩은 물이 그득히
담겨 있는 그곳에 너희들이 생수를 한
방울 떨어뜨린다 하여 그 물이 다 깨
끗해지며 그 그릇에 있는 물이 생수로
서 너희들이 먹고 쓸 수 있는 물로 변

해졌다 생각하는 어리석음을 가져서
는 아니 될 것이니라.
12 정녕 그 그릇에 담겨 있는 썩은 물을
너희들이 생수로 변하게 할 수 있는
것은 꾸준히 생수를 부어 그가 계속
넘쳐 그 썩은 물이 흘러나가도록 하여
야 할 것이며,
13 그리하고도 너희들이 계속 생수를 붓
고 또 부었을 때 그 그릇에는 생수로
써 그득히 채워지는 그와 같은 일이
이루어지며 그 역사가 이루어짐이니
라.
14 너희들은 이와 같은 이치를 가르쳐야
할 것이니라.
15 지금 종교 지도자들이 신도들을 어찌
끌고 가는가?
16 지금의 종교 지도자들은 악이 무엇이
며 선이 무엇이며, 어떤 것이 선이고
악인지 그 자체도 모르면서 그들을 깨
우쳐 하늘에 오르는 길이라 인도하여
가고 있으며,
17 저희들 스스로 어떤 것이 나 여호와가
원하는 것이며 참진리의 뜻인가를 그
자체도 모르고 지금 가르치고 있으니,
그 속에서 배워 구원을 받는다는 나의
백성들이 과연 어찌 구원을 받을 수
있겠는가?
18 내가 오늘 너희들에게 이르나니, 그릇
에 그득히 담겨 있는 그 썩은 물을 부
어 낼 수 있는 것은, 한두 방울의 생수
를 떨어뜨렸다 하여 그 물이 깨끗해졌
다 착각하는 것처럼, 너희들이 지금
살아가면서 한두 가지 선한 일을 했을
때 너희들이 그와 같이 변화되는 것처
럼 착각하고 사는 것이 나의 백성들이
니라.
19 그러니 너희들은 이 이치를 깨달았다
하면, 너희들이 살아가면서 얼마나 아
름다운 마음으로써 선한 행동을 하면
서 살아가야 하겠는가?
20 계속 너희들 마음속에 생수를 붓는 것
과 같은 역사를 하지 아니하면 너희들
이 변화될 수가 없다 함을 잊지 말라.
21 이제는 내가 너희들에게 깨우쳐 주었
음이니, 너희들 마음이 썩은 물을 담
고 있는 큰 그릇과 같다 하였음이니라.
22 그 썩은 물을 담고 있는 너희들의 마
음에 너희들이 생수를 계속 부어 넣는
선행을 중단하지 말고 행하도록 그리
하라.
23 그것만이 너희들이 구원을 받을 수 있
는 길이며 하늘에 오를 수 있는 영광
을 얻게 되는 이치임을 깊이 깨우쳐야
할 것이니라.
24 내가 말하기를 썩은 물이 그릇에 그득
히 채워져 있으니 그 물을 생수로 만
든다는 것은 너희들이 새로운 물을 계
속 부어야 한다 했으니,
25 너희들 마음이 그릇에 그득히 썩은 물
이 담긴 것같이 그러하니, 너희들의
그 마음이 나의 천사요, 나 창조주 여
호와의 심성과 같이 변한다는 것은 너
희들이 선행이라는 것을 계속 붓고 또
부어서 너희들 마음이 넘쳐야 됨을 잊
지 말라.
26 너의 제자들과 나의 피조물 만백성이
요, 나의 법전을 읽는 백성은 그 이치
를 알아, 선행을 붓고 또 부어 너희들
의 가슴에 있는 검은 마음이 다 넘쳐
흐르도록, 그와 같은 이치를 깨우쳐

행하도록 그리하라.

부 록

【하나님께서 가르쳐 주신 운동】

천재지변이 일어날 때, 동물이나 미물들은 미리 알고 대피하지만, 인간은 알지 못하고 큰 화를 당합니다. 하나님께서 인간에게 가장 높은 지혜를 주시고 완벽하게 창조해 주셨기에 동물들보다 더 잘 알 수 있지만, 욕심으로 마음이 혼탁해져서 한 치 앞을 보지 못하는 것입니다.

마찬가지로, 인간은 누구나 스스로 필요한 운동을 해서 건강을 지킬 수 있도록 하나님께서 만들어 주셨습니다. 우리의 머리에서 우리 몸에 필요한 동작을 해 달라고 끊임없이 신호를 보내지만, 인간이 혼탁하게 살아서 그 신호를 알아채지 못합니다. 그러니 자연스럽게 자기 몸이 원하는 그 신호를 따라서 운동하는 것이 하나님께서 가르쳐 주신 운동 방법입니다. 바로, 우리의 영이 육을 이끄는 운동입니다.

▶ 하나님 운동법

1. 눈을 감고, 발을 어깨너비로 벌리고 바르게 선다.
2. 몸에 힘을 풀고, 허리를 숙이면서 손과 머리를 아래로 내린다.
3. 허리를 펴고 싶을 때, 천천히 펴면서 하고 싶은 동작을 하면 운동이 시작된다. (사람마다 다르다.)
4. 멈추지 말고, 어떤 동작이든지 자기 몸의 느낌대로 계속 이어서 한다.

▶ 참고 사항

① 눈을 감은 상태로 아무 생각 하지 않고, 자기 몸의 느낌대로 움직입니다.

② 마음을 비우고, 욕심을 버리고, 지난날의 잘못을 반성하면서 몇 차례 시도하다 보면, 자기도 모르게 하고 싶은 동작이 끊임없이 생깁니다.

③ 운동 장소는 방 안이든 운동장이든 관계없으며, 걷거나 달리고 싶을 때는 눈을 떠도 됩니다.

④ 매일 40분 이상, 주 4회 이상, 3개월 이상 하면 음식 조절에 들어갑니다.
- 음식으로 생긴 병은 음식으로 치료하게 되며, 어떤 음식을 먹어야 하는지 스스로 알게 됩니다.
(자기 몸에 필요한 음식만 먹고 싶어집니다.)

⑤ 사랑하는 사람과 함께 운동하면 서로 치료해 주기도 합니다.

⑥ 운동을 하다가 몸의 어느 한 부분을 계속 손으로 자극한다면 그쪽에 이상이 있는 것이니, 의사에게 상담을 받고 적절한 치료를 받으면 됩니다.

⑦ 다이어트 및 기타 건강관리에 효과적입니다.

⑧ 꾸준히 운동하여 영이 맑아지면, 자신의 과거와 미래를 스스로 보게 됩니다.

누구나 스스로 하실 수 있습니다.

간행사

《새로운 성경》은:

· 새로운 성경은, 하나님께서 선량하고 선한 자를 선택하여 십계명을 암송하도록 하시고, 십계명을 암송한 다음에 음성으로써 들려주시는 말씀을 듣고 그대로 카세트테이프에 녹음해서 받아쓴 책입니다.

· 90분짜리 녹음테이프 700여 개에 달하는 말씀으로, 1999년 8월부터 2004년 7월까지 총 160권(권당 288쪽)을 완싱하였으며, 그 이후에도 현재까지 계속 말씀을 내려 주고 계십니다.

· 새로운 성경은 "하늘을 두루마리 삼고 바닷물을 먹물 삼아 쓰고 써도 다 못 쓴다"는, 끝없이 방대한 하나님의 말씀이 두루마리로 직접 내려오는 것입니다. 이러한 새로운 성경은 구약과 신약을 폐하려는 것이 아니라 "인봉된 성서의 비유의 뜻"을 상세히 설명하여 완성하고자 하나님께서 직접 내려 주신 말씀입니다.

《새로운 성경》의 구성:

· 제 목: 2013년, 160권 모음집을 발간하면서, 본 도서의 제목을 "하나님! 말씀하옵소서"에서 《새로운 성경》 으로 명해 주셨습니다.

· 단행본: 각 권당 288쪽(신국판) 책이 160권까지 시리즈로 출판됩니다.
(모음집은 단행본을 16권씩 묶어서, 총 10부로 구성됩니다.)

《새로운 성경》의 성경적 근거:

· 신약 성경 [요한복음] 16장 13절에 "진리의 성령이 오시면 그가 너희를 모든 진리 가운데로 인도하시리니 그가 자의로 말하지 않고, 오직 듣는 것만을 말하며" 하신 말씀처럼 하나님의 음성을 들은 것만 기록하였으며,

· "장래 일을 너희에게 알리시리라" 하신 말씀과 같이 개인, 나라, 인류의 "장래"일을 하나님께서 알려 주시는 것만 기록하여 책으로 만들었습니다.

《새로운 성경》의 기록 방법:

- 1999년 8월부터 하나님께서 저에게 들려주시는 음성을 기록하였습니다. 처음에는 제가 들은 말씀을 불러 주면 저의 아내가 기록하여, 2000년 1월 29일에 1권 초판이 세상에 나왔습니다. 2000년 4월부터는 주시는 말씀을 받아 녹음기에 기록하여 시리즈로 출간하기 시작하였습니다.

- 녹음을 시작하면서 하나님의 말씀을 받는 데 가속도가 붙었고, 2001년 5월 3일에 1부(1~16권까지)를 인쇄하여 출판하였으며, 2004년 7월까지 총160권 분량의 말씀을 받아 기록하였습니다.

하나님께서 저에게 주신 것은:

- 첫째, 만백성을 상대로 내려 주시는 "기도", 둘째, 수시로 내려 주시는 "묵상", 셋째, 개인의 과거, 현재, 미래를 알려 주시는 "개인 기도", 넷째, 개인의 건강을 위해서 내려 주시는 "음식 처방", 다섯째, 하나님께서 가르쳐 주신 "운동"등이 있습니다. 이 중에 첫 번째, "기도"를 책으로 편찬하였습니다. 사람의 생사, 개인의 미래에 관한 천기는 수록하지 말라 하셨습니다.

강론 안내:

- 하나님께서는 지금도 매일 저에게 새로운 하늘의 비밀의 말씀을 내려 주고 계십니다. 수시로 내려 주시는 말씀을 정리해서 제자를 육성하라는 말씀에 따라 매주 강론을 하고 있습니다. 누구나 무료로 들으실 수 있습니다. (book160.com)

《새로운 성경》을 읽는 분들에게 드리는 선물:

- 개인 기도: 개인의 과거, 현재, 미래에 관하여 말씀을 내려 주십니다.

- 음식 처방: 사람은 음식을 먹고살다가 건강을 잃으니, 음식과 운동으로 건강을 되찾는 방법을 알려 드립니다. 단, 하나님이 계심을 믿고, 십계명을 지키겠다고 진실로 서약하는 분들께 알려드립니다.

《새로운 성경》의 은혜와 기적:

- 새로운 성경 전160권은 16권씩 묶어서 총 10부의 모음집으로 구성됩니다. 모음집 한 부를 읽고 깨우치는 자에게 하나님께서 다음과 같은 기적이 있다고 하셨습니다.

· “첫째, 그가 죽어 하늘에 갔을 때 그의 죄를 묻지 아니하며, 구원을 받는 위대한 은혜가 있으며, 둘째, 그의 소원과 소망이 이루어지고, 셋째, 죽은 자(부모, 형제, 자식, 사랑하고 은혜 입은 분)의 이름으로 구입한 책을 읽고 누군가 한 사람이 깨우칠 때, 그 죽은 자가 지옥에서 천국으로 구원을 받게 되며, 넷째, 유산, 중절 수술 등으로 태어나지 못한 아이를 위하여 구입한 책을 보고 한 명이 깨우쳤을 때, 그 아이가 사람으로 다시 한 번 태어나는 은혜를 받는다.”

· “새로운 성경”을 3회 이상 정성을 다해 정독하는 자, 성서의 비밀을 알게 되고, 세상의 이치를 알게 되며, 세상을 지배하고 통제할 수 있는 지혜를 다 얻게 된다고 하셨습니다. 이 책은 만백성이 정독하고 이웃에게 전하여, 평생 가슴에 묻은 슬픔과 고통의 짐을 벗고 미래를 위한 힘찬 삶을 살아가도록 하는 책입니다.

끝으로

· 하나님께서는 흰 눈이 세상을 덮듯이 새로운 성경을 온 세상에 전하라고 하셨습니다. 《새로운 성경》을 각국어로 번역해서 온 인류에게 구원의 길을 깨우쳐 주고, 그 수익으로 가난하고 어려운 백성을 구제하여, 만백성의 영과 육을 함께 구원하는 선지자의 임무를 수행하라고 저에게 명하셨습니다.

· 하늘에서 내려 주신 말씀의 보화를 만백성에게 나누어 주는 것이 선지자의 임무라고 하셨습니다. 새로운 성경을 통해서 얻는 재물을 사용할 곳도 하나님께서 일일이 명해 주십니다. 모든 재물은 저의 자의로 쓸 수 없고, 하나님께서 명하시는 대로만 쓰여집니다.

· 어떤 명분으로든 십일조나 각종 헌금을 거두어들이지 말라 하셨으며, 국내뿐 아니라 각국에 성전과 단독 서점을 운영하며, 한국의 많은 젊은이들을 전 세계에 지도자로 내보내라고 하셨습니다.

· 우리는 세계적으로 새로운 성경을 보급하며 어려운 이들을 돕는 역사를 해 나갈 것입니다. 지금까지 비록 몇 명 안 되는 제자들과 함께 이러한 일을 역사했지만, 앞으로도 계속 하나님께서 기뻐하시는 일들을 해 나갈 것입니다. 부족한 저희에게 여러분들의 지혜와 성원을 보내 주시기를 바랍니다. 많은 분들의 참여와 도움을 간절히 기다립니다. 감사합니다.

한국어로 내려온 《새로운 성경》 단행본을 출간하며
2016년 4월 10일

발행인 **김 용 철**

한국어로 내려온

새로운 **성 경** · 4부 · 제59권

지은이 하나님 말씀
대역자 김용철

초판인쇄 1쇄 2017년 4월 3일

펴낸 곳 도서출판 하얀마음
등록번호 제 10-2107호 (2001년 2월 14일)
주소 서울시 노원구 덕릉로86길5, 2층
전화번호 02) 313-1114
팩스 02) 393-5554
전자우편 book160@hanmail.net
편집위원 조나영 김미향 이석교
제작지원 김서영 이상빈 김정기 이병우 이순남 서성자 이규숙

도서상담 1600-7527
ISBN 978-89-5875-159-5 (04230)
978-89-5875-100-7 (세 트)

값 10,000원
잘못된 책은 구입하신 곳에서 바꾸어 드립니다.

※이 책은 10부로 제작되며, 각 부 16권씩 총160권으로 구성됩니다.※

1부	2부	3부	**4부**	5부	6부	7부	8부	9부	10부
1권	17권	33권	49권	65권	81권	97권	113권	129권	145권
2권	18권	34권	50권	66권	82권	98권	114권	130권	146권
3권	19권	35권	51권	67권	83권	99권	115권	131권	147권
4권	20권	36권	52권	68권	84권	100권	116권	132권	148권
5권	21권	37권	53권	69권	85권	101권	117권	133권	149권
6권	22권	38권	54권	70권	86권	102권	118권	134권	150권
7권	23권	39권	55권	71권	87권	103권	119권	135권	151권
8권	24권	40권	56권	72권	88권	104권	120권	136권	152권
9권	25권	41권	57권	73권	89권	105권	121권	137권	153권
10권	26권	42권	58권	74권	90권	106권	122권	138권	154권
11권	27권	43권	59권	75권	91권	107권	123권	139권	155권
12권	28권	44권	60권	76권	92권	108권	124권	140권	156권
13권	29권	45권	61권	77권	93권	109권	125권	141권	157권
14권	30권	46권	62권	78권	94권	110권	126권	142권	158권
15권	31권	47권	63권	79권	95권	111권	127권	143권	159권
16권	32권	48권	64권	80권	96권	112권	128권	144권	160권